KB230891

기독교 교육학은 무엇인가?

■ 박 종 석 지음

기독교 교육학은 무엇인가?

KSI 한국학술정보㈜

연구자가 기독교교육학을 공부한 햇수는 학부와 대학원 석·박사 과정을 포함해 모두 9년이고, 기독교교육 관련 일을 해 온 지는 27년째이다. 이제 돌아보니 '참 오랫동안 기독교교육과 연관을 맺고 있었구나!' 하는 생각이 든다.

그 세월 동안 마치 뚫리지 않은 체기처럼 내게 학문적 만성질환처럼 늘 머리 속에 남아 있던 생각은 '이건 아니다!'는 생각이었다. 즉 '기독교교육학이 현재 하고 있는 것 같은 그런 것은 아닐 것이다'라는 의구심이었다. 이런 생각은 결국 '기독교교육학이 무엇이냐?'는 정체성을 묻게 되었고 그에 대한 대답 중의 일부가 바로 이 책의 내용이다.

연구자는 이 책에서 기독교교육학이 늘상 해오던 것처럼 신학과 사회과학의 어중간한 종합적 응용적 성격의 연구를 통해서는 '기독교교육학'이라는 학문 자체뿐만 아니라 교회에 유효한 것이어야 할 기독교교육학의 기능 역시 제 역할을 하지 못하리라는 문제의식을 갖고, 기독교교육학이 어떻게 다른 학문에 의존하지 않고 독립적인 자율성을 가질 수 있는 지를 박사학위 논문을 통해 나름대로 탐구해 보았다. 그리고 이 책은 박사학위 논문을 근간으로 새롭게 쓴 것이다. 이 같은 탐구는 초보적인 수준의 것이므로 앞으로의 연구에 의해 더 정교화되어야 할 것이다. 그리고 이 연구는 기독교교육학을 하는 여러 방식 중의 하나일 뿐이다.

그런데 이나마도 연구자의 고유한 사상이라고 말할 수 없다. 어떤 면에서 이 책 내용의 대부분은 전 서울대학교 장상호 교수로부터 왔다고 할 수 있다. 연구자가 기독교교육학의 정체성에 대해서 고민하고 있을 때, 시원하게 각성의 물꼬를 터 준 분이 그분이었기 때문이다. 또 한 분 목포대학교의 최성욱 교수와의 전화와 메일을 통한 교류 역시 연구자에게 큰 도움이 되었다. 이 책의 내용은 그분들의 생각을 그저 기독교교육학에 응용한 것에 지나지 않는다고 할 수 있다.

이 책의 내용이 현재의 기독교교육학의 학문 방식에 대해 의구심을 가진 사람들에게 '기독교교육학을 이런 차원에서도 할 수 있구나' 하는 생각과 더불어, 새로운 시각과 차원에서 기독교교육학을 하도록 하는 도전이 되었으면 하는 바람이다.

2009년 9월
저자

I

서 론

기독교교육학을 연구해 온 사람은 그 기독교교육학과 관련해서 다음과 같은 질문을 던질 수 있을 것이다.

"기독교교육학은 지금까지 해온 것처럼 그렇게 해야 하는 것인가?"
"기독교교육학은 왜 교회 현장에 잘 맞지 않는가?"

첫 번째 물음은 기독교교육학의 정체성에 관한 것이고, 두 번째 물음은 기독교교육학의 효율성에 대한 것이다. 그런데 이 두 가지 문제는 하나의 문제라고 할 수 있다. 그것은 '기독교교육의 학문적 정체성이 무엇이냐'는 것이다. 만일 기독교교육이 학문적으로 잘 정립된다면, 첫째 문제는 자연스럽게 해결되고, 둘째 문제의 해결에도 큰 도움이 될 것이다.

첫 번째 물음에 대해 좀 더 구체적으로 두 가지로 물을 수 있다. 하나는, '기독교교육학은 신학과 사회과학을 응용하는 학문이냐'는 것이고, 다른 하나는, '기독교교육학이 일반교육학의 체계를 따르는 것은 타당한가' 하는 것이다. 기독교교육학은 오랫동안 신학에 의존하여 연구되어 왔다. 그러나 신학으로는 해결할 수 없는 문제들이 발생하면서 사회과학을 수용하게 되었고, 그래서 현재의 기독교교육학은 신학과 사회과학 사이에서 양자를 응용하는 학문이 되었다. 여기에 전문성을 추구하다보니 자연스럽게 교육이라는 공통분모를 가진 교육학의 영향을 받게 되었고, 그 체계를 수립하는 데 전적으로 일반교육학의 범례를 따르게 되었다.

기독교교육학과 관련해서 던질 수 있는 두 번째 물음은 '기독교교육학이 교회의 교육현장에서 실효성을 발휘하지 못하는 이유는 무엇이냐'는 것이다. 그 원인은 기독교교육학과 교육현장 그 둘 다에 있을 것이다. 그러나 기독교교육학에서 그 원인을 찾아보면, 두 가지가 발견된다. 하나는, 기독교교육학과 현장의 관련성 문제이다. '기독교교육학이 교육현장과 무관하게 탐구되고 있는 것은 아닌가' 하는 것이다.

'기독교교육이 무엇이냐'는 문제와 '교회의 교육현장에 적절한 기독교교육학은 무엇인가' 하는 문제의 해결책에 접근하기 위해서는 첫째, 기독교교육의 학문적 정체성을 수립해야 하고, 둘째, 교회의 교육현장에 적절한 기독교교육 이론을 제시해야 할 것이다.

기독교교육학은 두 면에서 위협을 받고 있다. 첫째, 학문적 정체성의 위기이다. 기독교교육학이란 학문이 실천신학의 한 분야로 출발한 후, 그 기원과의 밀착성을 떨쳐 버리지 못하고 신학으로부터 지대한 영향을 받아왔다. 이에 대한 비판은 기독교교육학이 사회과학을 수용하도록 만들었다. 신학과 사회과학의 양 축 사이에서 기독교교육학은 방향성을 상실하고 있다. 신학에로 향하면 그것으로 설명할 수 없는 교육적 상황들에 대한 해결책을 찾을 수 없으며, 사회과학에로 향하면 기독교의 초월적 차원이 외면당하게 되는 상황이 될 것이다. 결국 기독교교육학이 취하게 된 입장은 신학과 교육학의 하위전공 영역들의 결합이라는 모호한 형식을 취하게 되었다. 그 결과 전체로서 하나의 통일성을 가진 기독교교육학의 가능성은 더욱 희박해지게 되었다.

둘째, 교육 현장과의 분리이다. 기독교교육학 학문공동체는 서구, 특히 미국의 기독교교육학에 경도되어 있다. 더구나 한국 기독교교육학 학문공동체의 주류는 그 같은 서구의 기독교교육학 이론을 충실하게 전달하는 일을 사명처럼 감당해 왔다. 그 결과 한국의 기독교교육 현실과는 부합되지 않는 학문 활동으로 현장과는 무관한 현학적인 상아탑 속의 학문이 되어가고 있다.[1]

따라서 기독교교육학의 정체성 수립은 학문 자체의 발전에도 목적이 있지만, 무엇보다 교회 현장에 도움을 줄 수 있는 기독교교육학이 되기 위해서도 필요하다. 학문성의 정립은 실천의 규명뿐만 아니라, 실천으로부터 이론을 형성하며 실천을 인도할 수 있는 이론을

---

[1] 일반적인 입장에서만 보더라도 한국 교회의 문제는 신앙 유산 전달의 고리 상실, 교육 현장(교회학교, 가정 등)의 붕괴, 교회 기능의 이원화, 교회와 사회의 다리 상실 등이다(은준관, "한국 기독교교육의 위상 모색: 교육신학적 입장에서", 「기독교교육」296 [1993·3], 32−37). 이 같은 문제들의 해결이 현재와 같은 성격의 기독교교육학으로 가능할지는 의문이다.
왜냐하면 한국의 기독교교육학은 서구 중심의 이데올로기에 사로잡혀있기 때문이다. 그 같은 처신은 학문 이론의 맥락성을 무시한 태도이다. "예를 들어, 코오(George A. Coe)는 1910년대 미국사회를 보면서 그 사회에 구체적인 기독교 진리의 구현을 위해 '기독교교육의 사회화', '하나님의 민주주의' 등을 이론적으로 체계화하였으나, 한국의 기독교교육학자들은 그의 이론을 그대로 전달만 했지 한국의 상황, 한국의 민주주의 문제에 대해서는 무관심하다." 김성재, "한국 기독교교육의 위상 모색: 한국적 삶의 상항에서", 「기독교교육」296 (1993·3), 40.

형성하는 데 큰 기여를 할 것이다.

기독교교육학의 학문적 정체성을 수립하기 위해서 먼저, 학문론의 입장에서 기독교교육학이 자율적 학문이기 위해 필요한 요건들에 대해서 알아볼 것이다. 이어서 그런 조건들에 맞추어 기독교교육학을 구성해 볼 것이다. 그리고 그것을 성서의 엠마오 사건을 통해 예증할 것이다. 그리고 여기서 언급한 기독교교육학이 그 학문적 정체성을 보다 발전시키기 위해서 필요한 타학문과의 교류를 주체적 입장에서 어떻게 해야 할 것인지에 대해 모색할 것이다.

이 책에서 주로 사용하는 방법은 구조주의적 방법이다. 학문의 자율성을 획득하기 위한 초기 단계에서 나름대로의 체계를 구성하기 위해서는 구조주의적 방법이 가장 유용한 방법으로 알려져 있다. 또한 기존의 기독교육학을 파악하거나 타 분과학문과의 연계에 관한 문제의 파악에도 구조주의적 방법은 유용하다.

기독교교육학은 교회학교를 중심으로 한 응용적 연구라는 전통의 허물을 벗고 하나의 자율적인 학문체계를 구축해야 하는 과제에 직면하고 있다. 기독교교육학이 이러한 상황을 인식하고 재출범을 하고자 한다면 적어도 기독교교육이 분화된 맥락을 지닌 하나의 고유한 세계이며, 독자적인 개념 체계에 의해서만 포착될 수 있다는 것을 입증해야 할 것이다. 이런 배경에서 기독교교육을 자율적인 체제, 즉 구조로 보는 접근방식은 거의 필연적으로 요청된다고 하겠다.

구조주의적 방법은 구조언어학에서 태동한 이래, 인류학, 사회학, 문학, 심리학 등 다방면에서 개별학문의 자율성을 확립하는 데 기여한 것으로 평가되고 있다. 구조언어학에 의한 언어학에서의 혁신은 학문의 자율화에 기여한 구조주의적 접근의 모범적인 전례로서 후속하는 여러 학문들에 적지 않은 영향을 주고 있다. 언어학의 경우에서처럼, 구조주의는 탐구대상의 자율성은 물론, 그것을 탐구하는 개념체제 또한 타학문에의 의존을 허용하지 않는 엄격한 독립성을 강조한다. 구조주의에서 말하는 구조는 바로 이러한 학문적인 독립정신의 결실로서 그 방법적인 특징을 여실히 반영한다. 즉 구조란 그것을 구성하는 요소들의 내적 관계로 이루어지는 전체로서, 그것 밖의 어떤 것에도 의존하지 않으며, 자체의 자율적인 속성에 의해 스스로를 변형시키고 유지하는 것으로 파악된다. 이렇게 볼 때, 기독교교육을 하나의 구조로 본다는 것은 결국 이러한 구조주의 기본정신을 충실하게 따름으로써 기독교교육학의 자율성을 확립해 나간다는 것을 뜻한다.

구조주의적 방법은 기독교교육학의 자율성을 탐색하는 VI장에서 주로 적용된다. 그러나 연구의 다른 내용들에 대해서도 구조주의적 방법은 다른 방법에 비해 비교적 자주 사용될 것이다. 따라서 이 책 전체에 걸쳐 구조주의적 방법은 연구의 주요 방법이 된다.

이 책에서 언급되는 내용은 한국이라는 지역을 전제로 한다. 그리고 사용되는 자료들과 탐구 논리는 주로 사회과학적이다. 그 까닭은 오늘날의 기독교교육학은 다양한 신학적 기반 위에서 진행되고 있으나 신학적 차이 때문에 학문적 논의가 불가능하여 분열된 상태가 아니며, 그와 같은 상황은 기독교교육이라는 학문 안에는 신학을 넘어선 공유의 영역이 있음을 가늠케 한다. 그런 까닭에 기독교교육학에서 논의의 비중을 차지하는 것은 신학이 아니라 교육을 포함한 사회과학적 내용이기 때문이다.[2]

---

2) 한국의 기독교교육학회가 보수와 진보를 모두 포함한 기독교교육학자들의 단체라는 것이 이 사실을 반증한다. 이는 진보와 보수로 대립되어 있는 신학 분야에서는 볼 수 없는 현상이다. 기독교교육학의 대표적 학술지인 「종교교육」(*Religious Education*)이 진보와 보수, 가톨릭과 유대교의

II

학문의 조건

　학문에 대해 본서의 성격과 관련하여 살펴보자. 그 내용은, 학문을 이루는 조건을 기독교교육학의 정체성 수립의 차원에서 분과학문의 독자적 영역에 초점을 맞추어 고찰할 것이다. 그리고 학문의 방법에 대해서 검토하되, 새로운 분과학문의 성립과 긴밀한 관련이 있는 구조주의를 중심으로 살필 것이다.

A. 학문의 성격

일반적으로 '학문' 하면 서양에서 말하는 학문을 의미한다. 그럴 경우, 학문은 일종의 과학이 된다.[1] 학문과 동의어로 쓰일 때의 과학은 그 학문 자체를 말하기보다 학문이 과학처럼 엄정해야 한다는 의미에서 학문의 성격을 가리킨다.[2] 과학으로서의 학문은 개개의 지식이 내적 연관하에 결합, 조직되어 하나의 전체로 모여 있는 것이다.[3] 그것은 예술적 인식같이 감성적 형상(image)으로 보여지거나, 또한 종교와 같이 상상적인 세계상을 그리는 것과는 달리, 논리적 사고를 이용하여 일반적이고 필연적인 인식을 가져오는 특성이 있다.

그러나 학문은 가치중립적일 수 없다. 포퍼(Karl R. Popper)는 관

---

1) 학문이 객관성을 띤 과학적 의미로 사용되는 것은 그 기원으로부터 연유된 듯하다. 학문이 그리스에서 출발할 때 그것은 철학이자 과학이었다. 따라서 학문으로서의 철학이 과학적 성격을 포함하게 되어 학문하면 과학성을 전제하게 된 듯하다. Will Durant, *The Story of Philosophy*, 황문수 역, 『철학 이야기』 (서울: 고려대학교 출판부, 1998), 3－4; 임경순, 『과학사개론』 (http://www.postech.ac.kr/press/hs/C01/C01S003.html) 참조.

2) 또한 과학은 학의 연구 영역에서 생긴 특수한 학, 예를 들어, 철학, 자연과학, 사회과학, 그리고 그 밑의 기초 제 분과 등을 의미하기도 한다(소광희, "학문의 이념과 분류", 『현대의 학문 체계: 대학에서 무엇을 배울 것인가』, [서울: 민음사, 1994], 320). 그러나 리(James M. Lee)는 '학문'을 '과학'의 부분요소로 본다. 예를 들어, 심리학이라는 학문은 사회과학이라는 과학의 일부를 구성한다. *The Shape of Religious Instruction: Social Science Approach* (Mishawaka, IN: Religious Education Press Inc., 1971), 95.

3) 지식은 정보의 일종인데, 정보 중에서 선택된 것이라고 할 수 있다. 학문은 일정한 방침과 원리에 따라 이 지식을 통일한 체계를 말한다. 오늘날 정보·지식사회에서는 학문의 뜻으로 '지식 생산 체계'라는 말도 쓰인다. 이홍구, 『학문론 서설』 (서울: 경인문화사, 1988), 14, 18.

찰자가 자신의 주관적 관점에서 가설을 선택하기 때문에 어떤 이론도 추측일 뿐 결코 진리가 아니기 때문에 보편적 이론을 거부한다.[4] 그러므로 학문의 엄정성을 주장하는 이들의 희망과는 달리 학문은 시공간적 제약을 받기 때문에 엄정한 객관적 학문은 이상이다. 그래서 일군의 학자들은 학문을 엄정성보다는 도구적인 차원에서 이해해야 한다고 주장한다.[5] 이들은 학문의 이론은 실재 세계에 대한 법칙이나 지식이 아니라 구체적인 목적에 맞게 다양한 구조와 성격을 가지는 것이기 때문에 이론의 보편적 구조를 물을 수 없다고 본다.[6]

학문은 엄정한 과학처럼 보이지만, 사실은 한 사회가 연구, 교육, 학습할만한 가치가 있다고 설정한 지식의 체계적인 집합이라고도 볼 수 있다. 이 생산된 지식은 보다 효과적인 접근을 위해 그 내용과 성격, 또는 수준에 따라 세분, 조직되어 수요자의 요구와 능력에 상응해 공급되는 것이 보통이다. 따라서 학문의 구체적 범위와 내용 및 체계는 그 사회의 문화적 수준 뿐 아니라 그 사회가 지향하는 이념의 목표와 성격, 그리고 그 이념의 담지자인 지식인의 존재 형태와 성격에 따라 크게 규정되기 마련이며, 이에 부합되지 않는 지식은 비록 체계적이고 합리적일지라도 이단으로 배척되거나 결코 공식적으로 권장, 교육되지 않는 비정통 또는 주변적인 것으로 분류되어 그 효용성도 부정된다.[7]

그러나 학문이 전적으로 인간의 주관에 달린 임의적인 것은 아닐

---

4) Karl Popper, *Conjectures and Refutations: The Growth of Scientific Knowledge*, 이한구 역,『추측과 논박』(서울: 민음사, 1996), 152.
5) S. Amsterdamski, *Between Experience and Metaphysics* (Dordrecht: D. Reidel, 1975), 47.
6) Norwood R. Hanson, *The Patterns of Discovery: An Inquiry into the Conceptual Foundations of Science*, 98−99. 송진웅 역,『과학적 발견의 패턴: 과학의 개념적 기초에 대한 탐구』(서울: 민음사, 1995).
7) 이성규, "동양의 학문 체계와 그 이념", 소광희 외,『현대의 학문 체계: 대학에서 무엇을 배울 것인가』(서울: 민음사, 1994), 9.

것이다. 학문의 이론에는 객관성이 있다. 결국 과학은 객관과 주관에 의해 구성되는 것이므로 학문을 엄밀한 의미에서의 과학으로만 생각해서는 안 될 것이다. 이 책에서는 엄정한 이론적 체계로서의 과학적 의미에서의 학문적 입장을 택하지만 그 성격에 있어서는 앞에서 언급한 내용과 같이 가치 개입적이다.

동양의 학문 개념은 서양의 그것과 다르다.[8] 동양의 경우, 학문은 도의 체득을 통한 인격적 완성에 그치지 않고, 따라서 개인의 독선이 아닌 타인의 교화가 항상 요구되는 수기·치인(修己·治人)의 학문이었다.[9] 그런 만큼 실천과 실용이 강조되었다고 할 수 있다.

동양 학문의 핵심은 탐구자 자신에게서 찾아야 한다.[10] 동양의 학문과 서양의 학문을 굳이 나누고 그 특징을 찾아낸다면, 동양의 학문은 "대상을 분석함으로써 자신을 바꾸고, 바뀐 자신의 눈으로 다시 대상을 분석함으로써, 마침내 대상과 내가 발전적 하나로 되는 곳을 찾아가는 삶의 방법론"[11]이다.

---

8) 학문 일반을 지칭하는 용어와 그 개념은 의미는 다르지만 동양에서는 오랜 것이다. 그 개념은 선조 대대로 거듭 규정하고 다듬어 왔다. 그래서 서양의 학문을 '학(dicipline, science, Wissenschaft)', 동양의 학문을 '학문'(學問, "배우고 묻는다"는 말이다. 배우고 묻는 것은 두 가지 뜻이 있다. 스승이 이미 지니고 있는 지식을 배우고 묻는다는 뜻이기도 하고, 아직 알려지지 않은 사물의 이치를 배우고 물어 밝혀낸다는 뜻이기도 하다.)으로, 용어 자체를 구분하는 경우도 있다. "학은 세계의 객관적 존재 방식 그 자체를 지식으로서 받아들이는 것을 목적으로 하지만, 학문은 '군자는 배움으로써 이를 모아 자기의 덕을 쌓고, 질문으로써 이를 구별하며, 관대함으로써 이에 굽히며, 인(仁)으로써 이를 행한다'(「역경」)에서 볼수 있는 것처럼, 수양의 수단(또 지배의 수단)으로서 천의(天意)를 아는 것이다."
"학", 임석진 외편, 『철학사전』 (서울: 중원문화, 1994), 760.
 9) 이성규, "동양의 학문 체계와 그 이념", 22.
10) 박현, "김용옥! 노자 말하면서 버터냄새 풍기지 말라", 「신동아」486, (동아일보사, 2000·3), 414.

　　동양 학문은 학문의 길이자 스스로를 '다시 하는' 수행의 길이다. 수행은 주체혁명을 지향하는 실천의 길이며, 학문은 주체혁명의 방법론과 그 삶의 방식을 탐구하는 길이다. 이 두 갈래는 결코 독자적일 수 없다. 그것은 동양 학문이란 수레를 받쳐주는 두 개의 바퀴다. 동양 학문은 두 바퀴로 끌고 가는 큰 수레이며, 수레 밖에서 수레를 이해하는 것이 아니라, 직접 수레를 타고 앞으로 나아감으로써 자아를 한 단계 높이는'삶의 양식'이다. 즉 동양 학문은 단순한 이론이나 학문이 아니라 하나의 독특한 삶의 양식으로, 그 성격상 주체혁명보다는 객체혁명에 치중하는 근세 이후의 서양 학문과 뚜렷하게 대비되는 모습을 보인다.12)

---

11) *Ibid.*

12) 서양 학문은 사물 자체에 대한 보편적 인식을 이념으로 삼아왔다. 실천보다는 이론 쪽에 강조점이 놓여졌던 것이다. 오늘날 우리의 학문 체계는 거의 전적으로 후자에 의존해 있다고 해도 과언이 아니다. 소광희, "학문의 이념과 분류", 소광희 외,『현대의 학문 체계: 대학에서 무엇을 배울 것인가』(서울: 민음사, 1994), 320.

서구 학문과 동북아 학문 사이의 차이를 다음과 같이 변별할 수도 있다. 첫째, 내면의 문제다. 기독교라는 의타적 종교와 외부세계에 관한 '객관적' 탐구를 일차적 과제로 삼는 과학이 공존해 온 서구에는 내면을 닦는'수양', '수신'이 학문의 범주에 속하지 않았다. 아우구스티누스(Augustine)에 와서야 내면 개념의 실마리를 찾을 정도로 서구 학문은 객관주의적 성격을 띠고 있었던 것이다. 다만 "너의 혼을 돌보라!"고 한 소크라테스(Socrates)를 비롯한 일부의 사상가들에게서 내면에 대한 관심을 엿볼 수 있다. 중세의 '교양과목'에도 물론 이런 분야는 존재하지 않았으며, 근대의 성립 이후에 등장한 기계론, 실증주의, 유물론 등의 사조는 그런 경향을 더욱 강화시켰다.

19세기 정도에 이르러 서구 학문에서는 '반성철학'이 등장하게 되며, 이 전통에서 비로소 인간 내면에 대한 섬세한 탐구들이 시작되었다. 물체와 신체가 명확하게 구분되기 시작한 것도 이 즈음이다. 후설이'유럽 학문의 위기'라고 말한 것은 결국 객관화로 치달은 서구 과학이 인간마저 사물화하는 경향에 이른 상황을 뜻한 것이며, 현상학은 실증주의, 유물론, 기계론 등을 논박하고 인간의 내면을 찾기 위한 노력이었다고 위에서 서양으로부터는 학문의 이론적 성격을, 동양으로부터는 실천적 성격13)을 그 특성으로 볼 수 있었다.14) 이것은 학문이 어떠해

할 수 있다.

이에 비해 동북아 학문에서는 내면의 수양이 일찍이 학문으로서 자리 잡았다. 개인적인 내면의 수양이'학문'이라는 것은 현대인의 어감에 잘 맞지 않는다. 그러나 이것 자체가 우리가 '학문'이라는 말에 대해 서구적인 개념을 가지고 있음을 암시한다. 특히 불교가 전래된 이후 내면의 수양은 모든 지식인의 필수 덕목으로 자리 잡는다.

둘째, 전통 사상들을 떠받치던 중요한 원리들 중 하나는 존재와 가치의 일치이다. 더 '실재한다'는 것은 더 '가치 있다'는 것을 뜻하고, 하나의 사물이 더 존재한다(여러 사물들이 존재한다는 뜻이 아님)는 것은 곧 그 사물이 더 가치 있다는 것을 뜻했다. 이를 '가치-존재론'이라 부를 수 있다. 이러한 사유구조는 물론 중세에 더 강화된다. 성리학 체계에서도 전형적인 가치-존재론을 볼 수 있다. 모든 사물은 그것이 내포하고 있는 '이'(理)의 품격을 통해서 가치가 평가된다. 이러한 가치-존재론은 특히 중세에 이르러 전통사회의 신분구조와 동형적으로 발전되었다.

그러나 근대의 도래 이후 존재와 가치는 갈라지며, 과학은 형이상학으로부터 독립한다. 갈릴레오(Galileo Galilei)와 마키아벨리(Niccolo Machiavelli)는 아리스토텔레스(Aristoteles)로부터 벗어난다. 이제'존재론'의 광휘는 사라지며, 학문은'사실'에 입각한 실증적 탐구로 정의된다.

셋째, '세계'이해의 차이이다. 서구에서 과학이 다루는 세계는'객관적인' 세계다. 우리가 살아가는 세계는 주관적인 세계다. 이 세계는 우리의 기분과 감정, 상황과 분위기, 편견 등이 묻어 있는 세계다. 요컨대 삶의 세계는 의미의 세계다. '대상'을 객관적으로 파악한다 함은 이런 주관적 요소들을 걷어내고 그 사물을 사물 자체로서 파악함을 뜻한다. 따라서 이러한 과학이 고도로 발달함에 따라 이제 우리에게 익숙한 세계는 어디론가 증발한다. 생명체는 세포의 집합체가 되며, 물체는 텐서 방정식에 따라 운동하는 입자의 집합체가 된다. 그토록 수많은 소망과 추억을 담고 있던 밤하늘의 별은 돌덩어리로 전락한다. 기(氣)와 정(情)이 흐르던 세계는 이제 수량화되고 함수화되었다. 이정우, "20세기 한국과 사유의 변환", 「emerge」(중앙일보사, 1999·12).

13) 여기서 '실천적' 성격은 '실용적'인 것과 구별되어야 한다. 실용적인 것은 학문의 수단적인 가치를 뜻하지만, 실천적이라는 것은 보다 삶 개입적인(life included) 성격을 의미한다.

14) 이런 사실을 통해서도 알 수 있듯이 학문은 그것이 발생된 토양성을 무시할 수 없는 것이다.

야 하느냐는 기준이 될 수 있다.[15] 학문은 이론을 추구하면서도 실천을 염두에 두어야 한다. 이런 면에서 기독교교육학의 탐구에 동양적 학문의 성격을 도입할 경우, 서양학문에서의 실천성의 약화 측면을 상당 부분 보완해 줄 수 있을 것이다. 그 가능성은 첫째, 기독교교육학은 일단 기독교교육 현상을 대상으로 탐구되기 때문이다. 그런 면에서 서양의 이론들에 대한 연구에 치중하는 이제까지의 기독교교육학 연구의 사변적 전통을 극복할 수 있을 것이다. 둘째, 기독교교육학 자체가 신앙을 다루는 교육이라는 특수성을 지니는데, 신앙은 이론이 아니라 삶과 밀접한 내용이라는 면에서 기독교교육학은 학문적으로 보다 실천적 성격을 띠어야 할 것이다. 이것은 신학이라는 서구적 학문이 이론적 성격을 띠는 것과는 대조적이다. 따라서 기독교교육학 탐구는 학문의 이상적 형태인 이론과 실천의 균형을 꾀할 수 있는 가능성의 학문일 수 있다.

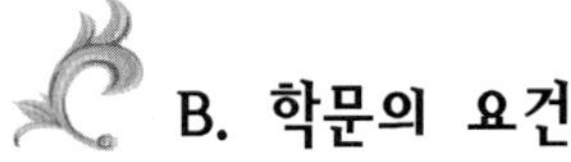

B. 학문의 요건

벨드(Marc Belth)는 학문성을 판단하는 기준으로 학자들 간에 합의된 내용을 다음과 같이 정리한다.[16] 첫째, 각 학문은 그것이 다루

---

15) 조동일은 학문의 길이 다음과 같은 세 방향으로 나아가야 한다고 말한다. 첫째, 마음을 바르게 하는 학문, 둘째, 살아가는 데 유익한 학문, 셋째, 사물의 이치를 탐구하는 학문이다. 조동일, 『우리 학문의 길』 (서울: 지식산업사, 1993), 167-75.

는 개념들과 관련해서 분명한 추상적 수준에서 작업한다. 예를 들어, 심리학은 인간 유기체가 상호작용적 환경 안에서 행동하는 방식들을 설명하는 데 사용할 체계적 관찰 내용들을 수집하고, 법칙들을 세우고, 이론들을 개발하는 것이 그 과제이다. 둘째, 각 학문은 명백하게 상이한 종류의 목적을 향해 나간다. 예를 들어, 심리학의 목적은 인간 유기체가 작용하는 방식에 관해 더 알기 위해 인간과 그의 환경의 상호 행위적 관계에 천착한다. 셋째, 한 학문은 다른 학문과 그 방법론과 탐구 양태에 의해 구별될 수 있다. 기본적 의미에서, 세 가지 기본적 방법론이 있다. 그것은 수학적, 경험적, 그리고 사변적 방법론이다. 예를 들어, 심리학은 주로 경험적·귀납적 방법을 이용하지만, 신학은 주로 사변적·연역적 방법을 사용한다. 넷째, 각 학문은 지켜야 할 규칙과 윤리에 의해 제한되고 평가받는다. 예를 들어, 심리학은 실험을 성공적으로 완수하기 위해 사람이 자살해야 하는 통제 상황을 설정함으로써 인간의 기본 가치를 파괴하는 방식으로 인간을 연구할 수는 없는 것이다. 그러나 이상의 내용은 학문의 구성 요건이라기보다는 학문의 포괄적 성격이다.

학문의 정의와 학문성 판단의 기준에서 볼 때, 하나의 학문이 독자성을 인정받기 위해 필수적인 조건은 최소한 첫째, 독립된 연구 영역, 둘째, 독자적인 연구 목적, 셋째, 독자적인 연구 방법을 갖추어야 한다.[17] 그런데 학문의 연구 목적은 같은 학문에 종사한다 하

---

16) Marc Belth, *Education as a Discipline* (Boston: Allyn and Bacon, 19650, 6-15, James M. Lee, *The Shape of Religious Instruction*: *A Social Science Approach* (Mishawaka, IN: Religious Education Press Inc., 1971), 95-96 재인용.

17) 오만록, "교육학의 학문적 발전과정과 성격에 관한 고찰", 「논문집」4 (동신대학교, 1991), 41.

더라도 각기 다를 수 있다.[18] 즉 학문의 목적은 대단히 가치 개입적인 문제이기 때문에 그것이 학문의 필수조건은 되지 못한다.

그런데 학문 탐구와 관련된 목적은 그 학문 고유의 탐구 목적과 부합되어야 한다. 예를 들어, 교육학의 경우, 그 학문의 목적은 교육현상에 대한 탐구여야지, 심리적 사실이나 사회적 사실이어서는 안 된다는 말이다. 그러므로 자율적인[19] 분과학문이라면 이미 이 같은 기본적 사실에 충실할 것이기 때문에 구태여 목적이 학문의 조건을 구성하지는 않을 것이다.

학문의 탐구 방법 역시 학문의 조건이 되지는 못한다. 물론 학문에 방법론이 없어도 된다는 말은 아니다. 그보다는 학문의 방법이 다양하기 때문에 특정한 분과학문에만 해당되는 방법이 있느냐는 확신할 수 없다. 오히려 분과학문들은 자신의 학문적 목적에 맞추어 필요한 여러 방법론들을 사용할 수 있을 것이다. 따라서 학문의 구성 요건으로서 어떤 특정한 분과학문에 특정한 방법론이 필수적이라는 의미에서의 학문의 방법은 비현실적이다.

그러므로 학문의 조건들이라고 언급된 것들 중에서 가장 중요한 요건은 독자적인 탐구 영역이라 할 수 있을 것이다. 탐구 영역에 의해 탐구의 목적이 유출되며, 그 목적을 위해 적실한 방법들이 사용될 수 있겠기 때문이다. 그러므로 여기서는 학문의 영역을 중심으로 학문의 조건에 대해 검토해 보자.

---

18) 한숭홍은 이제까지 기독교교육은 기독교인 만들기에만 초점을 맞추어 왔다고 보면서, 이제는 실존적, 시대적, 사회적 차원에서 기독교교육의 목적이 설정되어야 한다고 한다. 『기독교교육철학 사상』 (서울: 장로회 신학대학교 출판부, 1991), 81-92 참조.

19) "자율적"이라는 말은 타 분과학문에 의지하지 않는 자기 충족적으로 설 수 있는 분과학문의 성격을 의미한다.

　슈웹(Joseph Schwab)은 학문의 탐구 영역을 조직적 구조(organizational structure)로 설명한다.[20] 조직적 구조란 학문의 영역을 구분해 주는 것으로 타학문과의 경계와 관계를 말해준다. 어떻게 보면 이 조직적 구조는 학문의 분류에 관계되는 것으로 학문의 연구 분야를 지시해 준다. 학문 간 영역의 구분과 상호관계의 복잡성은 모든 학문이 밀접하게 관련이 되어 있는데, 본래 하나인 학문(또는 지식체제)에서 분파된 것이기 때문이다.[21] 하지만 영역 구분과 상호관련성의 모호함은 학문 전체의 성장 발전을 저해하는 요인이 되기도 한다. 뿐만 아니라 영역 간의 중복으로 인해 시간과 노력의 낭비를 초래케 된다.[22]

　어느 학문이든 타학문과의 경계가 겹치지 않을 수는 없을 것이다. 그럼에도 불구하고 부수적인 영역으로부터 주된 연구 영역을 분리함으로써 자신의 고유한 영역을 소유해야 할 것이다. 어느 분과학문이 그 독자성을 인정받기 위해서는 다른 학문과의 유사성이 아니라 다른 학문과의 차별성을 지녀야 한다. 이 문제를 이 책의 논제인 기독

---

20) Joseph Schwab, "Problems, Topics, and Issues", Stanley Elan, ed., *Education and the Structure Knowledge*, (Chicago: Rand McNally, 1964).

21) 서양학문은 2500여 년 전 고대 그리스의 식민 도시 밀레토스(Miletos)에서 시작되었다고 알려져 있다. 그곳에서 활동했던 탈레스(Thalēs)를 비롯한 일단의 사람들을 서양학문의 창시자라고 이야기했던 사람은 아리스토텔레스였다. 결국 학문은 이들 자연철학자들, 즉 철학으로부터 기원했다고 볼 수 있다. 김남두, "서양학문의 형성과 학문 분류의 기본 원칙", 소광희 외, 『현대의 학문 체계: 대학에서 무엇을 배울 것인가』 (서울: 민음사, 1994), 44. 학문의 이후의 갈래에 대해서는, Valis Deux, 『學文の しくみ 事典』(Gakumon no Shikumi Jiten), 오상현 역, 『학문의 구조사전』 (서울: 더난출판사, 1996) 참조. 그리고 학문들의 유래와 성격에 관해서는, 김완진 외, 『학문의 길라잡이』 (서울: 청림출판, 1996)를 참조.

22) 이귀윤, "교육학의 학문적 성격에서 본 교육연구의 과제", 「논총: 교육학편」50 (서울: 이화여자대학교 한국문화연구원, 1986), 187－88.

교교육학의 학문적 정체성 문제와 깊은 관련이 있는 자율적 분과학
문의 문제와 연관 지어 더 생각해보자.

학문을 분과화한다는 것은 자신만이 추구할 수 있는 탐구의 범위
를 한정시킨다는 것을 의미한다. 이때 중요한 것은 핵심영역과 부수
적인 영역을 구분하는 일이다. 어떤 대상을 특정한 내재적 체계에서
만 포착하고 그 나머지를 배제하는 선별 작업이 필요하다. 본질적인
것에는 주목하고 비본질적인 것에는 주목하지 않는 무수한 시험도
이루어져야 한다. 그리고 그 시험의 결과는 최종적인 단계에서 적절
한 개념에 의해서 정리될 수 있어야 한다.

개념은 모종의 범주와 조직을 통해서 사고를 안정시키고 명료화한
다. 그 개념에 적절한 명칭이 부여된다. 이들 각 학문의 핵심 개념
은 특이한 인식대상에 주목하도록 유도한다. 그들은 그 학문에 통일
성을 부여하는 응집력이 강한 거점의 기능을 한다. 각각은 그 나름
의 고유한 개념, 그들 간의 관계를 다룬 명제들을 조직하는 원리에
의해서 고유한 맥락을 형성하고, 그로부터 독특한 의미의 세계를 창
출한다. 이로써 대상세계와 여타의 세계 간의 경계가 자연스럽게 이
루어진다. 개념구조가 바로 특정한 분과학문의 현상을 그 학문의 고
유한 대상으로 부각시키는 것이다.[23]

흔히 실재가 사고와는 독립해서 존재한다고 가정한다. 그것들은
그것에 대한 해석과는 별개로 "엄연한 사실"로서 존재해왔다. 분과
학문적인 사실들은 단지 그것이 있다고 주장하기 때문에 있는 것은
아니다. 분과학문들이 그것들의 있음을 주장하고, 논의하기 이전에도
그것들은 존재하고 있었고 또한 존재해 있었을 것이다. 인식대상은

---

23) 장상호, 『학문과 교육(상): 학문이란 무엇인가?』 (서울: 서울대학교 출판
부, 1997), 472-74.

인식활동과 무관하게 존재하는 어떤 것이다.

그런데 실재 혹은 대상을 확인하는 과정에서 그것은 인식활동과 분리될 수 없게 된다. 현실적으로 그 인식대상의 존재성은 인식활동에 의해서 인식된다. 따라서 인식범위 내에서만 그것들의 실재성이 드러날 수 있는 것이다.

어떤 실재와 그것에 관한 경험이나 관념은 서로 불가분의 관계를 갖고 있다. 실재는 그것을 경험한 범위 내에서 규정된다. 인식대상과 인식 사이에는 필연코 경험의 매개가 있는 것이다. 우리는 경험의 망을 통해서 실재와 접촉한다. 그러니까 실재라고 말하는 것은 사실 인즉 그것에 대한 경험을 말하는 것이다.

그런데 어떤 대상에 대한 경험에는 수준의 차이가 있게 마련이다. 일반인과 학자는 그들이 관심을 가지고 있는 현상에 대한 인식적 경험에 있어서 엄청난 차이가 있을 것이다. 일반인들이 말하는 상식적 사실을 초월한 학자의 학문적 사실은 모종의 응결력이 있는 관념 혹은 이론에 의해서만 포착될 수 있는 어떤 것이다. 그러니까 학문적인 사실은 이미 존재하고 있었다고 말하기보다는 그것을 볼 수 있는 이론적인 안목을 창안함으로써 알려지는 것이라고 말할 수 있다.[24] 그리고 학문적 사실은 구조의 형태로 알려진다.

분과학문의 대상이 갖추어야 할 조건은 구조성이다. 구조란 하나의 전체가 있고 구성요소가 있으며, 그 의미가 내부의 요소와 요소 혹은 요소와 전체의 관계에 의해서 자기 충족적으로 규정되는 어떤 것을 의미한다. 요소는 그 자체로서는 아무런 중요성을 띄지 않는다. 요소의 의미는 그 상황에 포함된 다른 모든 요소들과 그것이 갖는 관계에 의해서 결정된다. 따라서 구조에서는 관계가 내용을 이룬다

---

24) *Ibid.*, 511−14.

고까지 말할 수 있다.

인식대상은 구조성을 띠며, 구조인 이상 그것은 다른 인식대상으로부터 구조적으로 변별되어 독립적으로 이해될 것을 요구한다. 이 말은 인식대상들은 그것을 구성하는 요소들과 그들 간의 관계, 그리고 전체와 요소와의 관계에 의해서만 인식의 의미를 확보할 수 있다는 것을 의미한다. 마찬가지로 분과학문이 대상세계를 구성할 때에도 이처럼 구조의 규칙을 따르게 된다. 분과학문이 대상으로 삼고 있는 대상세계는 그것이 경계를 맺고 있는 여타의 세계와 전체적으로 구분된다. 두 세계 간의 공통된 요소가 있다고 하더라도 그것이 다른 요소들과의 관계를 통하여 이질적인 의미를 형성하게 됨으로써, 사실상 서로 다른 종류의 것으로 해석된다는 점이다.[25] 두 이질적인 세계에서는 같은 자료와 사실이 서로 다른 방식으로 해석된다. 이런 구조의 원칙이 각 개별학문이 추구하는 인식대상에게도 그대로

---

25) 학문적인 인식대상의 구조성을 이해하기 위한 방편으로 지각의 분야에서 그 예를 들 수 있다. 비트겐슈타인(Ludwig Wittgenstein)이 야스트로우(Joseph Jastrow, *Fact and Fable in Psychology*)로부터 차용한 이 "토끼－오리 머리" 그림에서 발견할 수 있는 것은 지각은 지각된 대상의 구성요소가 어떻게 배합되느냐에 따라 전체로서 전혀 다른 모양을 띤다는 사실이다. 그것은 보기에 따라 오리일 수 있는가 하면 또한 토끼일 수도 있다. 그리고 전체 그림을 구성하는 요소들은 그 전체를 오리로 보느냐 혹은 토끼로 보느냐에 따라 전혀 다른 의미를 갖는다. Ludwig Wittgenstein, *Philosophische Untersuchungen*, 이영철 역, 『철학적 탐구』(서울: 서광사, 1994), 289－93.

〈그림1〉 야스트로우의 "토끼－오리 머리" 그림

적용된다.

자율적인 분과학문으로 인정된 제반 학문은 이처럼 그것이 인식의 대상으로 삼는 세계의 구조성을 부각시키는 데 성공한 경우에 속한다. 그 같은 예로 뒤르켐(Emile Durkheim)에 의한 사회학, 소쉬르(Ferdinand de Saussure)에 의한 언어학, 그리고 후설(Edmund Husserl)에 의한 현상학을 들 수 있을 것이다.26)

---

26) 오늘날 사회학은 자율적인 분과학문으로 인정받고 있다. 오늘날과 같은 분과학문으로서의 사회학은 불과 200년 전만 하더라도 그것이 탐구하려는 대상이 어떤 것인지는 그렇게 분명한 것이 아니었다. 사회학의 독립된 위상의 문제는 콩트(Auguste Comte)에 의해서 제기되었다. 그러나 그의 주장은 이런 저런 학문 가운데 사회학이라는 것이 성립될 수 있다는 메타학문적인 입장을 표명한 것에 불과한 것이었다. 공학이나 물리학과 같은 기존의 학문에 의존함이 없이 사회학 고유의 탐구대상을 고집하고, 그 현상을 독립적으로 연구해야 한다는 집념을 불태운 사람은 뒤르켐이다. 그는 "사회적 사실"(social fact)의 실재성과 독립성을 부여하고, 그것이 개인으로부터 외재해 있으면서 그에게 강제력을 행사하는 모종의 집단적 실재인 것으로 가정하였다. 이를 구체적으로 드러낸 것이 그의 『자살연구』(*Le suicide*)이다. 흔히 자살을 설명함에 있어서 심리학적·생물학적·유전학적·기후적·지정학적 요인들이 제시되었다. 거기에 그는 상이한 자살률이 사회구조상의 차이, 특히 사회적 연대의식의 정도와 유형에 기인한다는 사회학적인 설명을 하고, 광범한 통계적 자료를 가지고 그 설명을 뒷받침했다(『자살론』, 김충선 역, [서울: 청아, 1994] 참조).
언어학의 자율성을 확보하려는 데 남다른 노력을 한 인물은 소쉬르이다. 소쉬르는 그 때까지의 언어학이 내재성의 원리를 정립하지 않음으로써, 결국 타학문에 의존할 뿐만 아니라 더 나아가서 언어학이 고유하게 부각시켜야 할 언어현상을 간과하고 있다는 사실을 포착하였다(Ferdinand de Saussure, *Cours de linguistique générale*, 최승언 역, 『일반언어학 강의』[서울: 민음사, 1990] 참조). 그는 먼저 '랑그'(langue, 언어, language)와 '빠롤'(parole, 언사[言辭], speech)를 구별하였다. 랑그는 추상적인 언어의 체계이며 빠롤은 어떤 개인이 어떤 순간에 언어를 구사하는 측면이다. 언어는 언사의 한정된 일부분이다. 언사는 구체적인 언어활동을 대상으로 삼기 때문에 개념적으로 타학문의 침해를 받을 수밖에 없다. 이에 비하여 언어는 언어학의 독자적인 영역에 속한다.

기독교교육학이 무엇을 탐구하는 학문이냐 하는 탐구 영역에 대한 의견은 크게 네 가지로 나뉜다. 첫째, 종교수업에서 교수이론으로서의 기독교교육학이다. 둘째, 종교적 양육과 도야로서의 기독교교육학이다. 셋째, 교회의 교육적 교수적 행위 이론으로서의 기독교교육학이다. 넷째, 교사와 학생에 관한 이론으로서의 기독교교육학이다.27) 기독교교육학의 탐구 영역을 이렇게 다양하게 볼 경우, 기독교교육학이 자율적인 학문으로 성립하기는 어렵다. 당장 기독교교육학을 위에서처럼 볼 때의 탐구 영역은 교수 행위가 중심이 되면서 종교수업, 교회교육 등 다양한 것이 될 것이다. 그렇게 되다보면 기독교교육학의 연구 전통을 따라, 신학, 심리학, 사회학 등의 타 분과학문이 개입될 소지를 만들기 때문에 자율적 분과학문으로 성립되기는 어려워진다. 그러므로 기독교교육학이 자율적 분과학문이 되기 위해서

언사에 대립된 의미의 언어는 자기 충족적인 전체(a self-contained whole)이며, 다른 이질적인 것들을 끌어들임이 없이 이해될 수 있는 실재라고 가정하였다. 그리고 그 실재를 연구함으로써 언어학이 자율성을 가질 것으로 믿었다.

후설은 19세기 중반 철학이 심각한 정체성의 위기에 처한 상황에서, 철학이 엄밀학이 되기 위해서는 공허한 사변, 자의적인 개념 구성을 버리고 철학이 탐구해야 할 "사실 자체에로!"(Zu den Sachen selbst!) 귀환해야 한다고 보았다(이남인, "후설", 『103인의 현대 사상』 [서울: 민음사, 1996], 731-37; 후설의 저술 및 그에 대한 한국어 번역 상황 및 국내외의 연구 상황 등과 관련된 가장 상세한 최신 내용은 한전숙, 『현상학』 [서울: 민음사, 1996]의 「부록 Ⅱ-참고문헌」, 307-82 참조). 이 목표는 현상학을 수립할 때 달성될 수 있다. 현상학이 탐구해야 할 사태는 대상(Noema)과 그를 향한 의식으로서의 지향성(Noesis)이다. 그는 의식과 그것의 지향적 대상 사이의 상관적인 관계에서 본질을 즉각적으로 파악해야 된다고 주장하고, 또 지식의 확실한 근거를 찾아 의식주관성의 내재적 영역으로까지 환원해 들어가는 태도를 일층 철저하게 함으로써 선험적 현상학을 확립시키게 된다. 장상호, 『학문과 교육(상)』, 477-87.

27) Ulrich Hemel, *Theorie der Religionspädagogik* (München: Kaffke, 1984), 100-29.

위에서 논의했던 것처럼 기독교교육학의 고유한 현상, 즉 탐구 영역을 발견해야 한다.

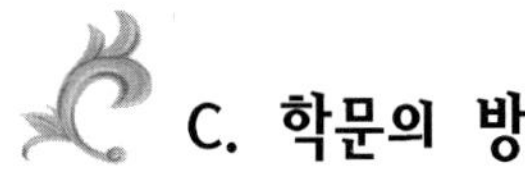 C. 학문의 방법

인간과 그것을 둘러싸고 있는 현상들은 너무나 복잡하기 때문에 그것에 관한 지식을 얻는 일은 결코 용이하지 않다. 그래서 이 현상에 대한 지식을 구성하기 위해서는 그것을 위한 수단과 도구, 그리고 그것을 실행하는 과정 등이 요구된다. 우리는 이들을 통칭하여 지식을 얻기 위한 방법이라고 부를 수 있을 것이다.[28]

방법은 방법론과는 다르다. 그것은 요리를 잘하는 것과 그것에 관해서 이론을 갖는 것이 다른 것과 마찬가지이다. 방법론은 지식을 획득하기 위한 방법에 대한 학문적 고찰이라고 할 수 있다. 그러나 방법론은 학문적인 실천을 가능하게 하는 하나의 길잡이는 될 수 있

---

28) 가장 고전적인 방법론은 데카르트(René Descartes)의 『방법서설』(*Discours de la méthode*)일 것이다. 그는 타당한 방법의 몇 가지 원칙을 제시한다. 첫째, 내가 스스로 분명하게 판단해서 진실되다고 하는 것이 아니면 아무 것도 진실되다고 받아들이지 않는다. 둘째, 내가 다루기 어려운 대상은 가능한 한 세부적인 사항으로, 더 잘 해결할 수 있는 사항으로 나누어야 한다. 셋째, 가장 단순하고 이해하기 쉬운 사실에서 시작해서 차츰 단계를 밟아 가장 복잡한 것들에까지 이르는 사고과정을 거쳐야 한다(René Descartes, *Discours de la méthode*, 김형효 역, 『방법서설 외』 [서울: 삼성출판사, 1976], 26). 이에 대한 비판은 조동일, 『우리 학문의 길』, 109-10을 참조하라.

을지언정, 방법을 대치할 수 있는 것은 아니다.[29]

학문계에서 방법론은 어떠한 연구 결과를 얻기 위하여 동원하는 특수한 절차와 활동들이다. 학자들은 방법적인 논의를 하기 전에 방법적인 지식을 그들의 탐구활동에 적용하여 왔으며, 지금도 방법론에 의해서 아직 이론화되지 못한 어떠한 방식에 의해서 방법을 발전시키고 있다고 볼 수 있다. 그런데 분과학문을 구분하는 조건의 차원에서 주의를 기울여야 할 것은 방법론이다. 방법론에는 삶에 대한 일반적인 지향, 지식에 대한 견해, 특정한 연구방법이 함축하고 있는 인간상 등이 포함된다.

---

29) 방법과 방법론의 이와 같은 차이는 어원적인 해석을 시도한 폴킹혼(D. Polkinghorne)의 말에서 잘 나타난다.

"방법은 연구의 결과를 얻기 위해서 사용되는 특정 활동이다. 방법은 다양한 실험적 설계, 표집의 절차, 측정의 도구, 그리고 자료에 대한 통계적인 처리를 포함한다. 'method'라는 용어는 어원적 뿌리를 가지고 있다. 그것은 'meta'와 'hodos'라는 어원적 단어에서 유래한다. 'meta'는 '으로부터' 혹은 '을 따라서'를 의미하고, 'hodos'는 '여정'을 의미한다. 그래서 'method'는 '따라서 간다' 혹은 '추구한다'라는 의미를 지니게 된다. 학문의 경우에 이것은 지식의 추구가 될 것이다. 그 용어는 통상 지식을 '추구하기 위해' 사용되는 절차를 지칭하기도 하고, 상세하고도 논리 정연한 계획을 지칭하기도 한다. 다른 한편으로, 'methodology'는 희랍 철학과 기원을 같이 하는 풍부한 역사를 가진 'logos'라는 뿌리어가 추가된 것이다. 그것은 이성의 원칙, 세계 질서의 원천, 그리고 인식가능성을 지칭하는 데 사용된다. 최근에 쓰이는 '－logy'라는 접미어는 이러한 의미를 다소간 포함하고 있으며, 'method'와 결부시킨다면 그것은 지식을 얻는 데 사용되는 계획에 대한 '연구'라고 말할 수 있다. 방법론은 따라서 현상을 이해하기 위하여 수행되어야 할 가능한 계획을 대상으로 하는 검토인 것이다."

D. Polkinghorne, *Methodology for the Human Sciences: Systems of Inquiry* (Albany, New York: State University of New York Press, 1983), 5. 윤병희, "교육연구의 방법론적 다원주의: 축복인가 문제인가?", 「숙명여자대학교 논문집」 34 (서울: 숙명여자대학교, 1993), 131 재인용.

오늘날 학문의 탐구 방법론으로 널리 사용되는 방법들은 실증주의
적 방법, 개념분석법,30) 현상학적 방법,31) 해석학적 방법,32) 변증법,
그리고 구조주의적 방법33) 등이다. 실증주의는 경험적인 사실의 배
후에 하등의 초경험적인 실재를 인정하지 않고, 모든 지식의 대상은
경험적으로 소여(所與, given, gegeben, donné)34)된 사실에 한정된다
고 보는 근대철학의 한 사조이다. 대개 이 범주에 드는 방법론 혹은
인식론은 역사적으로 귀납주의, 경험론, 칸트의 인식론, 그리고 근래
에는 논리실증주의와 과학철학을 포괄하고 있다. 개념분석 방법은
학문적 지식의 최소단위는 개념이며, 이 개념을 통해서 지식이 구성
된다고 보고, 개념의 체계에 대한 분석과 해명을 통해 문제를 해결
하려는 방법이다. 대표적인 것으로 분석철학이 있다. 현상학적 방법
은 자연과학이 인간의 삶의 영역에서 나타나는 모든 의미 있는 표현
들에 대해서 단지 계량적 접근을 시도함으로써 인간의 삶 전반에 대
한 의미와 목적을 이해하는 통로를 차단하고 있다고 본다. 따라서
현상학은 자연과학 자체를 문제시하고 그것이 간과하고 있는 인간의
삶의 세계를 직접적으로 이해하는 통로를 찾는다. 해석학은 고전적
문헌을 해석하는 기법을 응용하여 인간의 경험을 이해하는 철학적-
과학적 연구의 방법론적 이론이다. 해석학은 그 자체로서 다양한 갈
래가 있다. 팔머(Richard E. Palmer)는 해석학에 여섯 가지의 다른

---

30) 기독교교육학에서 분석철학을 이용한 저서는 Jeff Astley, *The Philosophy
of Religious Education* (Birmingham, AL: Religious Education Press,
1994) 등이 있다.
31) 교육학과 현상학에 대해서는 한숭홍, 『기독교교육철학 사상』, 42-61 참조.
32) 교육학과 해석학에 대해서는 한숭홍, 『기독교교육철학 사상』, 30-41.
33) 박문옥, "구조주의와 교육의 가능성", 「논문집」1 (안양: 순복음신학대학,
1990), 391-415 참조.
34) 인식에 있어서 사유 작용에 앞서 전제되는 것으로, 사유 자체에서 이끌
어 낼 수 없는 '주어져 있는'것을 말한다.

갈래가 있음을 지적한다.[35] 그것은 성경주석으로서의 해석학, 문헌학적 방법으로서의 해석학, 언어적 이해의 과학으로서의 해석학, 인문과학들의 방법론적 기초로서의 해석학, 현존재 및 실존적 이해의 현상학으로서의 해석학, 하나의 해석체계로서의 해석학 등이다.

변증법은 헤겔 철학에서, 유동 변화하는 현실을 동적으로 파악하여 그 모순·대립의 의의를 인정하려는 사고법이다. "변증법은 크게 객관적 변증법과 주관적 변증법으로 구별된다. 전자는 객관적 실재 그 자체가 갖는 일반적인 운동, 구조 및 발전에 관한 법칙이고, 후자는 이 객관적 변증법이 인간의 의식·사고에 반영된 것으로, 이는 인간의 변증법적 사고 방법 및 실천 방법이 되어, 객관 세계에 대해 바르게 대처하기 위한 길잡이 역할을 한다."[36]

방법론으로서의 구조주의는 전체 속에 있는 제 부분의 상호의존 및 상호작용을 주의 깊게 고찰하려고 한다. 오늘날의 구조주의는 언어학, 시학, 인류학, 정신분석학, 철학 등 분야에 따라 결과 면에서 엄청난 차이가 있고, 또 그것만 보아서는 구조주의가 지니는 공통점들을 찾기 어렵다. 그러나 각 분야에서 사용되고 있는 구조주의를 방법론적인 측면에서 주목하여 보면, 그들 사이에 기본적인 점에서 동일한 신념이 공유되고 있음을 알 수 있다.[37]

구조주의자들은 학문을 함에 있어서 세계는 사물보다는 오히려 관계에 의해서 성립되고 있다는 사고방식이나 작업가설을 가지고 있

---

35) Richard E. Palmer, *Hermeneutics*: *Interpretation Theory in Schleiermacher, Dilthey, Heidegger, and Gadamer* (Evanston, IL: Northwestern University Press, 1969), 33－45.

36) "변증법", 임석진 외편, 『철학사전』, 277.

37) Jean Piaget, *Le Structuralisme*; Russell Keat and John Urry, "Structure and Structuralism", *Social Theory as Science*, 김태수 역, 『구조주의의 이론』 (서울: 인간사랑, 1990) 참조.

다. 구조주의적 방법은 연구자가 탐구하려는 인식대상이 바로 구조의 성질을 가진 것으로 가정하고 접근하는 것이다. 여기서부터 구조주의적 접근방법은 다양한 영역에 적용될 수 있는 가능성을 갖는다.

구조주의자들은 연구하는 대상의 의미체계를 그 체계 속에 있는 요소들 간의 관계에서 얻는다. 각기 다른 구조내의 요소가 가지는 의미는 서로 환원될 수 없다. 제반 대상의 구조들이 발견될 때마다 구조가 지니고 있는 요소들의 의미는 이전의 구조 속에서 그 요소가 지니던 의미와는 전혀 다른 것으로 출현하게 된다. 따라서 하나의 구조를 이해하려면 그것의 요소들에 집착하기보다는 전체에 주목해야 된다. 요소들 간의 외형상의 동질성에 근거해서는 구조의 전체적 의미를 알 수 없다. 하나의 구조를 그것과 유사한 요소를 지니고 있는 다른 구조를 통해서는 도무지 이해할 수가 없는 것이다.[38]

---

38) 구조주의의 특징은 첫째, 반역사주의이다. 역사주의는 사물에 대한 설명을 전후의 사건을 중심으로 한다. 구조주의는 역사주의의 통시성보다 공시성을 중시한다. 그래서 대상을 어느 한 시점에서 정지시키고 공시적인 관점에서 하나의 체계로 파악하려고 한다. 둘째, 전체성이다. 구조주의자들은 원자론적 경향을 거부한다. 부분을 거부하는 것은 아니지만 부분은 전체와 무관하게 존재할 수 없다는 점에서 부분보다는 전체에 논리적 우선권을 준다. 셋째, 이항대립이다. 구조주의에서는 요소들의 의미가 차이에서 규정되는데, 그때 모든 차이가 유의미한 것은 아니다. 실제로는 많은 수의 차이가 무시되고 있으며, 무수한 가능성이 있는 차이 가운데 비교적 적은 수의 차이들만이 상이한 것으로 인지된다. 여기서 구조화의 다른 원칙이 드러나게 된다. 그 원칙은 가능한 모든 차이 가운데 가장 유효한 것만의 대비를 부각시키는 것이다. 넷째, 변환(transformation)이다. 변환은 각종의 요소로 형성된 하나의 체계가 총체적으로 바뀌는 것을 의미한다. 그것에 의해서 새로운 소재가 끊임없이 구조에 의해서, 그리고 구조를 통해서 처리되는 것이다. 다섯째, 자기제어이다. 구조는 변환의 절차를 유효하게 하기 위하여 자신을 초월하지는 않는다는 의미에서 자기 제어적이다. 이것이 구조가 갖는 경계의 안정성이다. 구조는 자기 충족적이므로 외생적 요소들과 관련지을 필요가 없다. 여섯째, 형식과 내용의 상대성이다. 구조주의에서 '내용'과 '형식'

구조주의적 방법은 기독교교육학의 정체성을 수립하는 문제, 즉 기독교교육학이 하나의 자율적인 분과학문으로 거듭나기 위해 사용할 수 있는 가장 적정한 방법이다.

'방법론'이 어떠한 바람직한 목적에 도달하고자 할 때 택하는 길이라면, 그 길을 결정하는 것은 목적이다. 따라서 자연과학이 추구하는 목적과 인문과학이 추구하는 목적이 만약 다르다면, 그들 각각에서 사용되는 방법론은 다른 것이어야 한다. 분과학문을 구분하는 조건의 하나로서 방법론적인 특징이라는 것이 있음을 지적했다. 각각의 개별학문에서 말하는 '사실'은 항상 하나의 분명한 방법적인 착상에 따라 포착된 실재의 한 가지 측면이다. 거꾸로 말하면, 하나의 방법적인 착상은 실재의 어떠한 특징을 발견할 수 있도록 하는 것이다. 그러나 각 분과학문마다 고유의 방법론이 있는 것은 아니다. 다양한 분과학문은 동일한 방법론을 공유한다. 그리고 하나의 분과학문 내에서도 다양한 방법적 접근이 공존하는 경우가 많다.[39]

은 상대적인 것이며 절대적인 것이 아니다. 어떤 내용이건 간에 그것은 형식을 갖추며 형식은 더 높은 차원에서 볼 때 내용이 된다. 그러므로 구조주의에서 구조의 내용과 형식을 확연히 구분하는 일은 거의 불가능하다. 일곱째, 진리의 기준으로서의 정합성이다. 구조주의는 우리의 지식 안에 논리적으로 내재하는 인식의 일관성에 비추어 단순한 형태의 일반성과 보편성을 찾으려는 경향을 보인다. 사물의 참된 본성은 사물 자체에 있는 것이 아니라, 우리가 구성하고 또한 지각하는 사물들 사이의 관계에 있다. 구조주의는 과학적 '대응의 진리' 또는 '지시적 진리'를 부정한다. 대신 그것은 '내적 통일의 진리' 혹은 '맥락적 진리'를 지식을 판정하는 기준으로 적용한다. 여덟째, 지식체계의 자율화에의 응용이다. 고유한 사실을 포착하려고 하는 경우 그 인식대상이 가진 내재적인 법칙을 발견하기 위하여 구조주의적인 방법을 유용하게 쓸 수 있다. 어떤 현상을 하나의 전체로서 개념화하려면, 전체와 요소를 규정하고 그들의 특수한 조직 원리를 정의하며, 특정한 사건이 그 이면에서 일어나는 이들 간의 상호작용의 결과임을 드러냄으로써 가능하다. 장상호, 『학문과 교육(상)』, 854-93.

그러나 학문사를 보면, 독특한 분과학문적인 '사실'을 드러내기 위해 새로운 방법론이 등장하는 것을 알 수 있다. 위에서 언급했듯이, 뒤르켐의 경우는 사회학의 접근방법과 설명방식에 있어서 자연과학과 유사한 과학적 지식의 정초를 확립하는 것이 시급하다고 보고 실증주의적 방법을 택했다. 소쉬르는 실증주의와는 전혀 다른 인식방법인 구조주의적인 방법을 창안해냈다. 후설 역시 실증주의적 방법이 가진 문제점을 지적하고 철학의 고유한 방법, 이른바 '현상학적인 환원'이라는 특이한 방법을 창안했다. 그 각각의 학문적인 대상은 그 방법에 의해서만 포착될 수 있는 어떤 실재였던 것이다.

이처럼 일부의 학자들은 자기 특유의 방법론을 내세우고 그것을 토대로 그들의 인식활동을 정당화시켰다. 사실 그들의 학문적 견해의 상이성이 그들의 방법적 상이성에서 기인한다고도 말할 수 있을 정도로 그들의 주장과 방법은 긴밀한 관계를 갖는다. 따라서 학자들의 근저에 놓여있는 방법론에 대한 고찰은 결국 그들의 주장을 이해하는 데 있어서조차도 불가결한 요소이다.[40]

이상의 논의에서, 방법은 그 자신을 탐구 영역으로 갖는 방법론에 개념적으로 종속되며, 학문 탐구의 인식론적 속성과 궤를 같이하는 방법론은 학문의 정체성과 자율성을 규정해주는 역할을 한다는 것을 알 수 있다.[41]

그런데 학문공동체가 공유하는 연구 패러다임으로서의 방법론이 분야 자체를 규정한다고 볼 때, 그리고 방법은 방법론에 의하여 정당화된다고 볼 때, 어떤 학문의 정체성 문제는 방법론의 문제와 별개의 문

---

39) 오인탁, 『현대교육철학』 (서울: 서광사, 1990), 98.
40) 장상호, 『학문과 교육(상)』, 724-25.
41) Polkinghorne, *Methodology for the Human Sciences*, 7.

제라고 볼 수 없다. 사실 관찰, 개념 자체가 패러다임이 간직하고 있는 이론체계와 독립적으로 존재할 수 없다는 점에서도 무엇을 어떤 분과학문의 문제나 현상으로 규정할 것이냐 하는 원천적인 문제는 결코 방법론적 다원주의로는 대답될 수 없는 문제이다. 또한 어느 분과학문이 모학문(mother disciplines)[42]의 방법론을 선택적으로 응용, 적용할 때, 의사소통의 단절로 학문적 교류를 기대하기 어렵다.[43]

기독교교육학의 연구 방법들은 크게 네 가지로 볼 수 있다.[44] 첫째, 상식 의존적 방법이다. 이 방법은 주로 연구 주제가 광범위하거나 포괄적일 경우에 사용된다. 연구 주제가 광범위하다 보니 모학문에 의존하고 싶어도 할 수가 없으며, 결국 연구자의 상식에 의존하게 된다. 둘째, 방법론적 일원주의적 방법이다. 이 방법은 고유한 연구 영역을 확보하고, 특정한 모학문 또는 연구 패러다임에 의존하면서 기타의 방법들을 배척한다. 자연히 같은 방법론을 가진 사람들끼리 배타적인 집단을 형성하게 된다. 그 결과 개념, 언어, 방법이 다른 집단들과의 학문적 교류가 어렵다. 셋째, 절충주의적 방법이다. 기독교교육을 실제적인 것으로 보고, 교육연구를 응용분야라고 생각하기 때문에 교육문제나 현상을 해결하고 이해하는 데는 다양한 방법이 필요하다고 본다. 그래서 다양한 방법의 선택 가능성에 관심을 기울인다. 방법들 사이의 선택과 적용에 따르는 갈등은 감수한다. 넷째, 재개념 지향적 방법이다. 이 방법은 기독교교육학의 학문적 정체성을 염두에 두고 기독교교육학에 대해 근본적으로 재고하고 기독교교육학을 새롭게 구성하고자 하는 시도이다. 이 같은 접근은 활발하지 못하다.

---

42) '모학문'은, 교육학의 예를 들어 설명하면, 교육철학의 경우 철학이 모학문이 되며, 교육신학의 경우 신학이 모학문이 된다.
43) "교육연구의 방법론적 다원주의: 축복인가 문제인가?", 144.
44) *Ibid.*, 145 - 48.

III

기독교교육학의 연구 동향

  기독교교육학의 학문적 정체성 모색을 위해 기독교교육학이라는 학문이 그동안 어떻게 탐구되어 왔는지를 살펴보자. 이를 위해 여기서는 미국과 독일, 그리고 우리나라를 중심으로 필요한 범위 내에서 살필 것이다.

A. 미 국

미국의 기독교교육학 연구 상황을 보여주는 대표적인 책은 테일러 (Marvin J. Taylor)가 편집한 것들이다.[1] 그는 1950년대부터 1980년 대 초까지의 기독교교교육의 연구 동향을 여섯 가지 영역으로 분류하고 있다. 그것들은 첫째, 성격, 원리, 역사, 둘째, 성숙과 교수-학습과정, 셋째, 조직과 행정, 넷째, 교육과정, 다섯째, 교수방법, 여섯째, 의식의 유형이다. 여기서 기독교교육학의 탐구 영역과 관련하여 의심이 되는 내용은 셋째, 조직과 행정, 그리고 마지막의 의식의 유형이다. 조직과 행정은 행정학이라는 분과학문의, 의식은 인류학의 또는 실천신학에서 예배학이라는 전공 영역의 탐구 대상이다. 기독교교육학이 고유한 탐구 영역을 확립하고 있지 못하고 있음을 보여주는 내용이다.

컬리(Kendig B. Cully)는 『1940년 이후 기독교교육 추구』[2]라는 책에서 1940년 이후의 기독교교육의 연구 상황에 대해 소개하고 있다. 그는 엘리엇(Harrison S. Elliot)이 『종교교육은 기독교적일 수 있는가?』[3]를 출판한 1940년을 기독교교육학의 전환점이라고 보고 있다.[4]

---

1) Marvin J. Taylor, ed., *Religious Education: A Comprehensive Survey* (New York: Abingdon Press, 1960). 그리고 동일 편자의 다음의 책들 참조. *An Introduction to Christian Education* (New York: Abingdon Press, 1966), *Foundations for Christian Education in an Era of Change* (Nashville: Abingdon Co., 1970), *Changing Patterns of Religious Education* (Nashville: Abingdon Press, 1984).

2) Kendig B. Cully, *The Search for a Christian Education —since 1940* (Philadelphia: Westminster Press, 1965).

컬리는 그 이후 진행된 기독교교육학의 연구 상황을 여덟 가지로 분류한다. 그것들은 다음과 같다.5) 자유주의 입장, 심리학적 경향의 양육, 관계를 통한 교육, 성서에 기초한 양육, 근본주의와 신복음주의적 입장, 교회를 강조하는 입장, 가톨릭 입장의 연구, 그리고 영국의 관점 등이다. 기독교교육학의 이 같은 연구 경향은 기독교교육학이 신학과 심리학에 크게 영향을 받고 있음을 보여준다.

1970년대 초까지의 기독교교육의 연구 상황을 보여주는 책은 버쥐스(Harold W. Burgess)의 『종교교육에로의 초대』6)이다. 그는 당시까지의 주요한 기독교교육의 흐름을 전통 신학적 접근, 사회·문화 이론적 접근, 신정통 신학적 접근, 사회과학적 접근으로 나눈다. 그리고 각각의 접근을 일반교육학적 구성 요건을 따라, 교육의 목적, 교육의 내용, 교사의 역할, 학생에 관한 이해, 교육환경의 영향, 교육평가의 구조 안에서 보고 있다.7) 이와 같은 분류는 기독교교육학이 철저하게 신학적 영향하에 있음을 보여준다. 그러나 관심을 끄는 것은 이와 같은 흐름하에서 기독교교육학에 대한 사회과학적 접근의

---

3) Harrison S. Elliot, *Can Religious Education Be Christian?* (New York: The Macmillan Company, 1940).
4) 엘리엇은 '기독교교육에서 본질적인 것은 권위를 어디에 두느냐'인데, 하나님의 어떤 직접적 계시에 두는 입장에 반대하면서 인간의 책임을 강조하는 입장에 섰다. 어떤 의미에서 엘리엇의 입장은 하나님은 교육적 과정 자체를 통해서 자신을 드러내신다는 것이다. "하나님이 알려지게 되거나 하나님에 대한 경험을 하게 되는 것은 그와 같은 과정을 통해서만이다"(*Ibid.*, 312).
5) *Ibid.*, 26 – 152.
6) Harold W. Burgess, *An Invitation to Religious Education* (Indiana: Religious Education Press Inc., 1975).
7) 당시까지 신학의 일부로 연구된 기독교교육학을 교육학의 구성 요소에 따라 연구한다는 것은 학문이 가진 고유한 성격을 무시하는 것이다. 따라서 버쥐스의 연구는 학문 논리에 어긋난다.

가능성을 보여주었다는 것이다.

버쥐스의 책이 출간된 다음 해에 발행된 『초월이냐 내재냐』[8]라는 책에서 녹스(Ian P. Knox)는 그 동안의 기독교교육 연구를 초월주의적 입장, 내재주의적 입장, 통합주의적 입장으로 나누고 있다. 이것 역시 기독교교육학을 전적으로 신학의 입장에서 보는 것이다.

시모어(Jack L. Seymour)와 밀러(Donald E. Miller)는 그들이 편집한 『기독교교육에 대한 현대적 접근』[9]이란 책을 통해 1970년대 중반 이후 기독교교육학의 주된 접근 방식들을 다섯 가지로 분류하고 있다. 그것들은 첫째, 종교적 수업, 둘째, 신앙 공동체, 셋째, 신앙 발달, 넷째, 해방교육, 그리고, 해석학적 종교교육이다. 사용된 접근 방식들은 각각 교육학, 신학, 심리학, 철학 등의 영향을 받고 있음을 알 수 있다.

최근 와이코프(D. Campbell Wyckoff)와 브라운(George Brown, Jr)에 의해 편집된 『종교교육, 1960－1993』[10]은 기독교교육학이 본격적으로 학문적으로 논의되기 시작한 1960년부터 90년대 초까지의 연구 상황을 포괄적으로 잘 보여주고 있는 문헌이다. 여기에는 1960년 이후의 기독교교육학 연구를 다음과 같이 정리하여 보고하고 있다. 종교교육의 기초들, 교육 이론, 종교교육이론, 종교교육행정, 프로그램, 커리큘럼, 그리고 방법, 종교와 학교, 종교와 고등교육, 그리고 참고 저작들이다. 종교교육의 기초들은 다시 신학적 기초들, 교육철

---

8) Ian P. Knox, *Above or Within*: *The Supernatural in Religious Education* (Birmingham, AL: Religious Education Press, 1976), 11 이하.

9) Jack L. Seymour and Donald E. Miller, *Contemporary Approaches to Christian Education* (Nashville: Abingdon, 1982).

10) D. Campbell Wyckoff and George Brown, Jr., eds., *Religious Education, 1960－1993* (Wesport, CT · London: Greenwood Press, 1995).

학, 교육사, 종교행동 연구, 교육행동 연구, 그리고 다학문적 기초들로 분류된다. 여기서 종교행동 연구는 단일한 이름 아래 포괄할 수 없는 다양한 내용들이 포함된다. 그것들은 넓게는 종교현상학, 종교심리학, 그리고 종교사회학이다. 그러나 이것들은 다시 인류학, 사회심리학, 민속학, 지식사회학 등과 얽혀 복잡한 양상을 띤다. '교육행동연구'라고 분류된 항목에는 인성지도, 학습, 인간 발달, 그리고 동기에 대한 교육심리학이 포함된다. 그런데 인간 행동의 보다 광범위한 맥락에서의 검토를 고려해서 교육사회학도 여기에 포함시키고 있다. 다학문적 기초들로 분류된 항목에는 교육에 대한 신학, 심리학, 철학적 접근을 한 내용들이 포함된다. 와이코프 등에 의해 분류된 1960년대부터 최근까지의 기독교교육학 분류 내용이 보여주는 것은 기독교교육학이 전통적으로 탐구되어 온 방식을 따라 신학적·심리학적 접근이 강세를 띠고 있다. 여기에 기독교교육학에 대한 다학문적 접근도 점차 늘어나고 있는 추세이다.

미국에서 기독교교육학의 학문성에 대한 대표적 논의는 1967년 기독교교육학계의 대표적인 학술지인 「종교교육」(*Religioud Education*)의 심포지엄을 통해서였다. 그 심포지엄의 주제는 "학문으로서의 종교교육"(Religious Education as a Discipline)이었다. 이 심포지엄에서 발표된 논문들은 「종교교육」62권 5호에 실렸는데 그것들의 저자와 제목은 다음과 같다. D. Campbell Wyckoff, "Toward a Definition of Religious Education as a Discipline"; Ross Snyder, "Toward Foundations of a Discipline of Religious Education"; Rachel Henderlite, "Elements of Unpredictability which Create Difficulties in a Precise Definition of Christian Education"; Sr. Mary C. F. Jegen, B. M. V., "Theological Reflections on the Discipline"; Donald E. Miller, "Christian Education as a Contextual Discipline" 등이다. 기독교교육학의 학문성을 정립하고자 하는 노력은 인정되나 이 심포지엄에서의 논의는 '기독교교육이 무엇이냐' 하는 정체성의 혼란, 그리고 기독교교육학은 신학이라는 선입견 때문에 창의적 이론을 제시하지 못하고 있다.

컬리(Iris Cully)는 기독교교육학의 정체성 위기의 원인을 기독교교육에 대한 관심의 감소, 교파 간의 협조 부진, 교계출판사의 감소 등으로 들면서 정체 위기의 극복을 위해서는 학문성을 탐구해야 한다고 주장하고 있다.[11]

웨스터호프(John H. Westerhoff Ⅲ)는 분과학문으로서의 기독교교육학을 미국의 신학교 상황과 연관 지어 논의한다.[12] 한 세기 전 가정교육, 교리문답, 설교와 예배, 일반 학교, 그리고 YMCA와 같은 기관과 관련된 활동이었던 기독교교육은 주일학교운동[13]의 확장과 더불어 일꾼이 필요하게 되었고 그에 대한 수요를 채우기 위해 신학교에 종교교육 과정이 생겨났다.[14] 그 후 대학들은 기독교교육학을 보다 전문적인 과정으로 발전시켜나갔다. 그렇지만 교회의 현실에 따

---

11) Iris Cully, "What Killed Religious Education?", *Religion in Life* 4 (Fall 1971).

12) John H. Westerhoff Ⅲ, "A Discipline in Crisis", *Religious Education* 74:1 (January—February 1979), 7—15.

13) 미국에서 주일학교는 1812년경 그 개념이 나타나 1824년에는 미국주일학교연맹(The American Sunday School Union)이 결성될 정도로 성장하였다. 처음에 평신도 운동으로 시작된 주일학교는 1860년경 교회로 들어가게 되었다. Robert Lynn and Elliot Wright, *The Big Little School* (New York: Harper and Row, 1971), 그리고 Robert Lynn, *Protestant Strategies in Education* (New York: Association Press, 1964) 참조.

14) 1903년에 하트포드종교교육학교(Hartford School of Religious Pedagogy)가 하트포드신학교(Hartford School of Theology)에 병설되었다. 1920년경 유니온신학교(Union Theological Seminary), 시카고대학교(The University of Chicago)와 예일신학교(Yale Divinity School)에 종교교육의 학위 프로그램을 설치했다. *Ibid.*, 7—8.

라 그 방향을 재설정해야 했다. 현재 미국의 기독교교육학 연구 형편은 교회 침체의 영향으로 부진한 상황이다. 이 같은 현실적 상황에서 다시 한번 '기독교교육학이 무엇이냐'는 정체성을 묻게 되었다.

웨스터호프는 기독교교육이 직면한 가장 중요한 문제는 '자기이해'라고 보았다. 그것은 곧 이론과 실천의 관계에 대한 적절한 이해 설정이다. 기독교교육학은 그 동안 근본적인 자기이해 문제를 외면하고 현장의 필요에 부응하기 위해 실제적 처방에 매달려 왔다.

이제 다시 근본적인 문제에 직면해야 한다고 하면서 웨스터호프가 제기하는 문제들은 여섯 가지이다. 첫째, 기독교교육의 명칭 문제이다. 기독교교육은 종교교육이냐, 기독교교육이냐, 교회교육이냐,[15] 신앙공동체교육(Catechesis)이냐 하는 것이다. 여기서 웨스터호프의 관심은 신앙공동체교육에 있다. 신앙공동체교육은 신앙공동체 안에서의 교육이지만 신앙공동체에 대한 교육이기도 하다. 기독교교육을 그렇게 볼 경우, 탐구 영역이 협소화된다. 둘째, 신학과 교육의 관계이다. 세 가지 유형이 있을 수 있다. 첫째, 신학의 종으로서의 교육이다. 둘째, 신학과 교육은 두 가지 다른 구별되는 독자적 학문이다. 셋째, 신학이 교육의 내용과 방법에 있어서 규준이다. 웨스터호프는 공동체교육을 염두에 두고 이 중에서 세 번째 입장을 택한다. 그럴 경우 기독교교육학은 신학에 의해 좌우되는 신학의존적인 종속학문이 된다. 웨스터호프가 제기하는 세 번째 문제는 '교육이 교회에서 특별한 것이냐'는 것이다. 즉 '가르쳐야 될 특별한 내용이 있는 것이냐', 아니면 '교육에 필요한 내용을 응용하는 방법론이냐', 그것도 아

---

15) 종교교육은 모든 교육에서 종교적 차원에 관심을 가지며 종교연구와 종교적인 것에 관심을 갖는다. 기독교교육은 기독교인들이 교육에 기울이는 모든 정교하고 조직적이며 지속적인 노력이다. 교회교육은 교회에 의해 지원되는 학교식 교육과 교수에 관심을 갖는다. *Ibid.*, 10.

니면 '신학에 의해 목적과 실천이 좌우되는 의존적 학문이냐'이다. 웨스터호프의 입장은 후자이다. 그럴 경우 기독교교육학은 신학에 의존할 때만 교육이라고 할 수 있다. 넷째, 교회의 교육적 사역의 목적 문제이다. 즉 '교회교육의 목적이 교리나 신조, 기독교 지식의 전달이냐, 경건의 양성이냐, 도덕적 삶의 형성이냐' 하는 문제이다. 웨스터호프는 그 모든 것이라고 한다. 이럴 경우 기독교교육학은 하나의 실천학문에 불과하게 된다. 다섯째, 교육실천의 성격이다. 즉 '양육－회심(nurture－conversion)이냐, 교수(instruction)냐, 또는 교리주입－훈련(indoctrination－training)이냐'이다.16) 웨스터호프의 공동체 교육에 맞는 것은 양육－회심형이다. 기독교교육학을 목적 면에서 볼 때 여러 목적이 가능할 것이고 그에 따라 다양한 이론이 전개될 수 있을 것이다. 문제는 기독교교육학의 실용적인 외재적 가치가 아니라 학문 본연의 임무에 충실해야 한다는 내재적 가치가 무시된다는 것이다. 여섯째, 마지막으로 '교회의 교육 사역에 교육전문가가 필요하냐' 하는 문제이다.

웨스터호프는 기독교교육학을 교회라는 신앙공동체가 신학과의 관련 가운데서 신앙을 양육하는 것으로 보고 있음을 알 수 있다. 이같은 입장은 기독교교육학의 학문성 입장에서 볼 때 기독교교육학을 여전히 신학에 의존하는 종속적 학문으로 만들고 있으며, 그 논의를 교회라는 장 안에 한정함으로써 기독교교육의 장이 될 수 있는 여러 영역들이 간과되고 있다. 또한 전체적으로 기독교교육학을 실천적인 학문으로 봄으로써 기독교교육학이 논리적 자기 충족성을 가진 학문

---

16) 교리주입－훈련은 특별한 종교 신념, 태도, 가치와 행동들을 심으려고 한다. 교수는 구체적이고 규정된 종교적 이해와 방식들의 핵심에 대한 인식을 촉진시키려고 한다. 양육－회심은 사람들을 항상 개혁되는 신앙공동체의 생활과 사역에 편입시킨다. *Ibid.*, 12.

으로서의 정립 가능성을 외면하고 있다.

기독교교육학의 학문성 정립에 가장 가까운 논의를 전개한 이는 무어(Allen J. Moore)이다.[17] 그는 기독교교육학을 신학이나 교육으로부터 정립하려하지 않고 학문론의 입장에서 정립하고자 한다. 그는 학문의 기준으로 학문공동체, 탐구영역, 목표, 학문적 전통, 방법론, 평가원리, 학문교류 등의 조건을 인용하면서,[18] 그런 입장에서 기독교교육학을 정의한다. 그는 "종교교육은 종교공동체의 신앙과 실행들에 관련되는 교수-학습 및 교육적인 과정에 대한 의도적인 연구"로 본다.[19] 그래서 종교교육의 과제는 신앙공동체 내에서 종교적 교수-학습의 이론과 실천을 세우고 검증하고, 평가하고, 재구성하는 것이다.[20]

종교교육학은 외부의 영향들(대학 등의 기관, 교육철학 등의 학문)과[21] 역사적 영향들(유대교육, 교리문답교육, 실천신학, 종교심리학 등)을 받으며[22] 발전해 내려왔다. 현대에 들어와 종교교육학은 크게 신학과 교육학의 두 주류를 중심으로 형성되어 있다.[23]

기독교교육학에 대한 무어의 입장은 분명하지 않다. 다만 결론에서 소망조로 피력하는 내용은 기독교교육학이 역사적 전통에 뿌리를

---

17) Allen J. Moore, "학문으로서의 종교교육", Marvin J. Taylor, ed., *Changing Patterns of Religious Education*, 이기문 역, 『기독교교육의 새 방향』 (서울: 대한예수교장로회 총회교육부, 1985), 147-72.
18) 무어는 이 조건들을 벨드(Marc Belth, *Education as a Discipline* [Boston: Allyn & Bacon, 1965])로부터 가져왔으나 벨드 자신의 것은 아니라고 한다. *Ibid.*, 169. 주 4.
19) *Ibid.*, 150.
20) *Ibid.*, 151.
21) *Ibid.*, 151-57 참조.
22) *Ibid.*, 157-64 참조.
23) *Ibid.*, 164-68 참조.

두어야 하며, 신앙의 문제를 탐구의 내용으로 삼아야 한다는 것이다.[24) 그것을 '어떻게 탐구하느냐'에 대해서는 사회학에 기대하는 느낌이다.[25) 무어의 입장은 기독교교육학의 탐구 영역을 제시한다는 면에서는 긍정적이나 그 탐구 방식에 있어서 여전히 타학문 의존적이다.

미국의 기독교교육의 연구 동향을 각자 나름대로의 입장에서 소개한 문헌들과 기독교교육학의 학문성에 대한 몇 사람의 학자들의 글들을 통해서 알 수 있는 것은 첫째, 미국의 기독교교육학은 신학의 영향을 크게 받고 있다는 것을 알 수 있다. 즉 기독교교육학은 신학의 응용학문의 굴레를 벗어나지 못하고 있다는 것이다. 둘째, 기독교교육학이 교회의 교역이나 교육실천을 돕는 실천학적 성격이 강하다는 것이다. 이를 위해서 필요에 따라 타 분과학문들을 이용하는 응용학문적인 성격을 띠고 있다. 셋째, 기독교교육학에 대한 탐구가 다학문적인 접근(multidiciplinary approach)에 의해서 행해지고 있다는 것이다. 이 접근은 학제적 접근(interdisciplinary approach)이 주체적 입장에서 타 학문과의 교류를 하는 방식인 데 비하여, 논의되는 주제가 중심이 되고 여러 학문들이 그 주제에 대한 입장을 말하는 방식이다.[26) 따라서 논의되는 주제가 중심이 되는 학문논의 방식이다. 그 주제와 관련이 있는 학문은 도움이 될 수 있겠으나 그 밝혀진 사실들은 역시 그 해당 분야의 사실이라는 것을 유념해야 한다. 결국 기독교교육학은 타 학문에 의존해야 하는 타율적 학문이라는 것을 알 수 있다.

---

24) *Ibid.*, 169.

25) *Ibid.*, 168.

26) 이에 대한 예로 김광억 외, 『문화의 다학문적 접근』(서울: 서울대학교 출판부, 1998)을 들 수 있을 것이다. 이 책은 인류학, 정치학, 철학, 문학, 교육학, 경영학, 커뮤니케이션학 등의 분과학문에서 문화가 어떻게 개념화되고 사용되는 지에 대한 내용을 담고 있다.

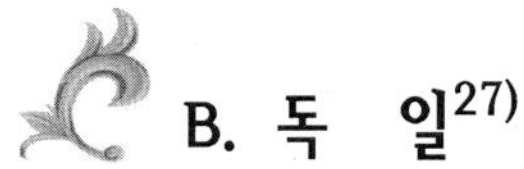# B. 독 일[27)]

독일에서 기독교교육이 학문적 형태를 갖추기 시작한 것은 계몽주의 시대인 18세기 이후이다.[28)] 그 이전에는 카테키스무스(Katechismus, 교리문답서)를 중심으로 카테케제(Katechese, 교리문답식 교육)가 행해졌다. '어린이'의 특성을 발견한 계몽주의에 의하여[29)] 기독교교육

---

27) 이하의 내용은 윤응진, "기독교교육과 정치", 「한신논문집」7 (오산: 한신대학교, 1990), 233-71과 같은 필자의 "기독교교육의 정치적 기능과 과제: 현대 독일의 기독교교육론의 전개를 중심으로", 「기독교교육논총」 2 (한국기독교교육학회, 1997), 359-81, 그리고 이향명, 「칼 에른스트 닢코의 기독교교육철학 연구」박사학위논문 (오산: 한신대학교 대학원, 1999), 12-53으로부터 온 것임.

28) 독일에서 교육학이 하나의 독립된 학문 분야로서 대학에서 자리를 잡게 된 것은 20세기 초이다. 이 시기에 기존의 '교육론'(Pädagogik)과 구별되는 개념으로서 이 학문 분야의 과학적 성격과 연구 성격을 특히 강조하는 '교육학'(Erziehungswissenschaft)이라는 개념이 처음 등장하였다(허영식, "독일 교육학의 역사와 이론", 초등교육연구소 월례 교수세미나 [1999. 5]). 따라서 여기서 말하는 기독교교육학의 학문성은 과학적 성격의 학문성을 말하지 않는다.
독일 교육학의 주요 경향을 지배하고 있는 세 가지 이론 전통은 정신과학적 교육학, 경험적-분석적 교육학, 그리고 비판이론적 교육학, 행위정향적 교육학이다. 이들은 각각 딜타이(Wilhelm Dilthey)의 해석학, 포퍼의 비판적 합리주의, 하버마스(Jurgen Habermas)의 비판이론, 사회행태적 행위이론 등으로부터 영향을 받고 있다. 이에 대해서는 오인탁, 『현대교육철학』(서울: 서광사, 1990) 2부 제7장, 135-67을 참조. 특히 정신과학적 교육학에 대해서는 3부, 201-343을 참조. 그리고 Christoph Wulf, *Theorien und Konzepte der Erziehungswissenschaft*, 정은해 역, 『해석학·경험론·비판론 사이에서의 교육학』(서울: 철학과현실사, 1999) 참조. 특히 행위정향적 교육과학에 대해서 제5장, 232-56을 참조.

29) 계몽주의 사상가의 정상에 있는 루소(Jean J. Rosseau)는 '이성'보다는 '자연'을 강조함으로써 계몽주의자들의 일반적 성향과 차이를 보이지

의 내용 선택방식 및 교육방법에 대한 학문적 문제제기가 이루어졌던 것이다.

그러나 '종교교육학'(Religionspädagogik) 개념이 정식으로 사용된 것은 1889년 조직신학자 라이쉴레(Max Reischle)에 의해서였다. 라이쉴레는 종교교육학을 기독교의 진리전달과 관련된 학문으로서 간주하여 실천신학 안에 포함시켰다. 이후 이 개념은 자유주의 신학과 헤르바르트(Johann F. Herbart)학파의 교육학을 결합한 학문적 노력을 의미하게 되었다. 자유주의 신학은 기독교를 주로 문화가치나 문화이념의 실현에 봉사하는 종교로 이해하였다. 교육학계의 지배적 경향은 아동의 경험을 중시하는 것이었다. 여기에 종교심리학적 연구 결과와 더불어 기독교교육은 문화 안에서의 개인적인 종교 자립을 목표로 삼게 되었다. 이 시기의 대표적인 기독교교육학자들은 니이버갈(Friedrich Niebergall)과 카비쉬(R. Kabisch)였다.[30] 이 같은 인간과 세계의 발전에 대한 낙관주의적 자유주의적 종교교육론은 제1차 세계대전으로 흔들리게 되었다.

1929년 보오네(Gerhard Bohne)는 당시 지배적이던 자유주의적 기독교교육학과의 결별을 요청하였다.[31] 이 요청에 호응하는 사람들에

만, 이것이 그의 교육관의 특성을 이루고 있다. 그는 진보적 교육관의 주창자였다. "어린이로 하여금 어른의 불완전함을 배우게 하거나 그 복제품처럼 키워서는 안 된다. 어린이답게 자연적으로 성장할 수 있게 해야 한다."고 강조했던 것도 어른들에 의해 강요되는 교육의 폐해를 절감했기 때문이었다. "어린이들이 스스로 해보면서 체득하는 것이 가장 좋은 교육"이라는 그의 주장도 여기에서 비롯되었다.

30) Friedrich Niebergall, *Praktische Theologie, Lehre von der kirchen Gemeindererziehung auf religionswissenschaftlicher Grundlage*, 2 Bd. (Tübingen 1919); R. Kabisch, *Wie lehren wir Religion? Versuch einer Methodik des evangelischen Religionsunterricht für alle Schulern auf psychologischer Grundlage* (Göttingen, 1910).

31) Gerhard Bohne, *Das Wort Gottes und der Unterricht* (Berlin, 1929).

의해 '변증법적 기독교교육학'이라는 흐름이 탄생하였다.[32) 이들은 기독교교육의 과제는 기독교교육의 내용인 하나님의 계시를 선포하는 것이라고 하였다. 그것은 말씀하는 하나님과 듣는 인간 사이에서 일어나는 하나의 사건이다. 또한 학교를 중심으로 전개되던 기독교교육의 성격이 본질적으로 교회적이어야 한다고 주장하였다. 기독교교육학의 독자적인 대상 영역으로서는 오직 '어떻게 내용이 전달되어져야만 하는가?'만 남게 되었다. 기독교교육학은 방법론으로, 응용신학으로 전락하게 되었다.[33) 뿐만 아니라 신학은 일반 교육학에까지 영향을 미쳐 풍부한 교육학적 사고의 전통이 비하되었다. 교육학, 심리학, 사회학적 인식들은 그저 '보조 과학'에 지나지 않게 되었다.[34) 한 마디로 이 변천은 거대한 신학적 집중과 심화를 의미하는 한편 또한 문제가 있는 교육학적 단순화를 의미하였다.[35) 이 입장의 기독교교육학자들은 함멜스벡(Oskar Hammelsbeck),[36) 랑(Martin Rang),[37) 프뢰르(K. Frör), 쾨프(W. Koepp), 폰 티링(M. von Tiling), 앙어마이어(H. Angermeyer), 부르케르트(A. Burkert), 헥켈(T. Heckel) 등이다.

2차 대전 이후 루터(Martin Luther)의 전통에 서 있는 키텔(H. Kittel)

---

32) 이것은 바르트(Karl Barth)의 '변증법적 신학'(Dialektische Theologie)으로부터 유래한 것이다. 변증법적 신학은 하나님 중심의 신학이었다. 그래서 인간의 위치는 상대화되었다. 기독교교육은 하나님의 말씀의 '선포'(Verkündigung)와 그것을 듣는 것으로 이루어졌다.

33) Karl E. Nipkow, *Christliche Erziehung und Glaube*, 오인탁 역, 『기독교교육과 신앙』 (서울: 홍성사, 1983), 14.

34) *Ibid.*, 14-15.

35) *Ibid.*

36) Oskar Hammelsbeck, *Der kirchliche Unterricht*, 2 Bd. (München, 1939).

37) Martin Rang, *Handbuch für den biblischen Unterricht*, 2 Bd. (Tübingen, 1939).

은 항구적인 가치를 복음이라고 보고, '종교교육'이라는 이름 대신에 '복음적 교육'(Die Evangelische Unterweisung)이라는 이름을 쓸 것을 제안하였다.[38] 왜냐하면 1933년 이후의 기독교교육이 나치 치하에서 파국을 맞은 원인들이 '종교교육'이라는 이름 자체에서 찾아지기 때문이라는 것이다. 키텔은 복음적 교육을 복음과의 올바른 교제 안에 있는 교육으로 정의한다. 올바르게 복음과 교제한다는 것은 예수 그리스도의 말씀과 사역 안에 있는 하나님의 말씀을 경청한다는 것을 의미한다.[39]

복음적 교육론이 텍스트에 대한 강조에 치중하는 것을 비판하면서 출현한 것이 해석학적 종교교육론이다. 이들은 일반교육학의 연구결과들을 기독교교육학에 도입했다. 또한 불트만(Rudolf Bultmann)의 실존주의 신학의 영향을 받아 텍스트(text)와 학생, 과거와 현재, 전통과 상황을 연결시키려고 노력하였다. 이 입장에 선 이들은 교육의 과제를 상실한 자아를 회복하는 데 있다고 보았다. 그런 까닭에 현실과의 관련을 꾀하려던 의도와는 달리 교육은 실존론적으로 축소되었다. 이 입장에 속한 학자들은 슈탈만(M. Stallmann), 슈톡(H. Stock), 오토(Gert Otto), 베게나스트(K. Wegenast) 등이다.[40]

---

38) 독일에서 이름의 변화는 중요한 의미를 지닌다. 이름 안에 그것이 의미하는 사상을 담고 있기 때문이다. 더구나 그 사상은 독일의 사회적 역사적 변화를 반영하고 있기 때문에 더욱 그렇다. 이 같은 경우는 독일에만 한정되지 않는다. 익히 알고 있듯이, 미국의 경우에도 일반적으로 기독교교육으로 알려진 이름은 종교교육-기독교교육-기독교종교교육 등으로 변화를 겪어왔다. 이름이 그 담긴 사상을 함께 나타내기 때문에, 학자들은 자신이 어떤 입장에 서있느냐에 따라 그에 맞는 용어를 선택한다.

39) H. Kittel, *Vom Religionsunterricht zur Evangelischen Unterweisung* (Berlin u. a., 1947).

40) M. Stallmann, *Christentum und Schule* (Stuttgart, 1958); 같은 저자의 *Die biblische Geschichte im Unterricht, Katechetische Beiträge* (Göttingen,

이후 독일의 기독교교육학은 보다 현실적인 요청에 응답하는 가운데 모색되었다. 이 같은 흐름을 묶어 '주제별－문제지향적 기독교교육론'(Der thematisch－problemorientierte Ansatz)이라고 한다.41) 컨텍스트(context)가 중시되면서 교육은 의식화를 통한 성숙을 목표로 하게 된다. 여기서 성서는 사실상 경시된다. 문제 지향적이 되다 보니 그런 문제들을 해결하기 위해 일반 학문들이 도입되며, 성서 외에 정치·사회·심리학적인 다원적인 시각도 요청된다. 여기에 속하는 대표적 학자들로는 카우프만(Hans－Bernhard Kaufmann), 닢코가 있고,42) 그 외에 비일(P. Biehl), 앙어마이어, 베르크(H. K. Berg), 되덴스(F. Doedens) 등이 있다.

1970년대 초에 오토, 피어찌히(Siegfried Vierzig)는 아직도 논쟁 중인 "비판적 종교교육론"을 제시했다.43) 오토는 교육의 과제를 기존의 사회적 상황을 변화시킬 수 있는 능력을 배양하기 위해 비판적 숙고를 가능하게 하는 것으로 본다. 그런데 그의 사회 비판은 종교와 연관된 구체적 상황이나 판단, 세계관, 이데올로기 등을 포함하는

1963); 같은 저자의 *Evangelischer Religionsunterricht* (Düsseldorf, 1968); H. Stock, *Studien zur Auslegung der synoptischen Evangelien im Unterrricht*, (Gütersloh, 1959); 같은 저자의 *Religionsunterricht in der kritischen Schule* (Gütersloh, 1969); Gert Otto, *Schule, Religionsunterricht, Kirche*, a.a.O.; K. Wegenast, *Der biblische Unterricht zwischen Theologie und Didaktik*, (Gütersloh, 1965).

41) 한국에서 이 주제를 닢코를 중심으로 논의한 글로는 이향명, 「칼 에른스트 닢코의 기독교교육철학 연구」가 있다.

42) Hans－Bernhard Kaufmann, *Streit um den problemorientierten Unterricht in Schule und Kirche* (Frankfurt, 1973); Karl E. Nipkow, *Schule und Religionsunterricht im Wandel* (Heidelberg / Düsseldorg, 1971).

43) Gert Otto, *Schule und Religion* (Hamburg, 1972); Siegfried Vierzig, *Ideologiekritik und Religionsunterricht, Zur Theorie und Praxis eines kritischen Religionsunterrichts* (Zürich, 1975).

넓은 의미에서의 종교에 대한 비판이다. 그는 사실상 신학이 없는 비판을 감행함으로써 지향해야 될 방향성을 상실하고 있다. 피어찌히는 오토가 비판받는 자리로부터 시작한다. 그는 오토가 버린 기독교에서 오히려 비판적 원리를 발견한다. 신학에 대해서도 부정적인 사회적 실천을 폭로하는 비판적 학문으로 의미를 부여하여 수용한다.

독일의 기독교교육학은 주로 신학의 영향을 받으며 전개되어 왔다. 자유주의적 종교교육학은 자유주의 신학의 영향을, 변증법적 기독교교육론은 신정통주의 신학의 영향을, 복음적 교육론은 루터 신학의 영향을, 해석학적 종교교육론은 실존주의 신학의 영향을 받았다. 비판이론은 그 근거를 신학에서 찾기도 했다. 그리고 신학적 영향 외에 교육학의 영향을 받아왔다. 자유주의적 종교교육학은 헤르바르트 학파의 교육학의 영향을, 해석학적 종교교육론은 일반교육학의 해석학적 교육론의 영향을, 그리고 주제별-문제 지향적 기독교교육론은 경험적 교육학의 영향을 받았다. 그 밖에 비판적 종교교육론은 비판이론의 영향을 받았다. 결국 독일의 기독교교육학은 신학과 교육학의 관계 속에서 규정되어 온 것을 알 수 있다.44)

독일의 기독교교육학을 신학과 일반교육학과의 관계에서 볼 때의

---

44) 독일의 기독교교육학의 학문적 상황을 보다 선명하게 살펴보기 위해 유형을 나눌 수 있겠다. 먼저 기독교교육학과 신학의 관계 설정에서 학문의 입장을 볼 수 있다. 첫째, 기독교교육학을 단지 신학의 방법론으로만 이해하는 신학의 보조학문으로서의 입장(Hilfs-wissenschaft)이 있다. 즉 기독교교육학은 신학의 내용을 단순히 전달하는 학문이라는 것이다. 신학의 내용을 교육적으로 적용하는 학문(Anwendungswissenschaft)이라는 입장과 유사하다. 이 경우는 기독교교육학은 하나의 독자적 학문이라기보다는 신학의 한 분야일 뿐이다. 둘째, 신학과 동등한 입장에서 교류를 하는 입장이다(Verbundwissenschaft). 이 경우는 기독교교육학의 입장에서 신학을 수용하는 입장을 취한다. 기독교교육학을 위해 신학을 탐구하는 학문(Nachbarwissenscaft)과 유사하다.

기독교교육학의 입장은 크게 네 가지이다.[45] 첫째, 자급자족형모델 (Autarkiemodell)이다. 이 입장은 교육학이 필요 없고 신학으로 충분하다는 입장이다. 변증법적 기독교교육론과 키텔의 복음적 교육론이 여기에 속한다. 이 경우에 기독교교육학은 신학의 한 분야가 된다. 둘째, 지배형모델(Dominanzmodell)이다. 이 입장은 교육학이 필요 없는 것은 아니지만 그보다는 기독교교육학은 신학으로부터 실마리를 풀어가야 한다는 입장이다. 해석학적 종교교육이 여기에 속한다. 이 입장에서 기독교교육학은 실제적인 필요에서 교육학의 필요성을 인정하지만 그 성격은 신학일 수밖에 없다는 신학적 기독교교육학이라고 할 수 있다. 셋째, 수렴형모델(Konvergenzmodell)이다. 이 입장은 신학과 교육학에 같은 비중을 두는 입장이다. 닢코의 문제지향적 기독교교육론이 여기에 속한다. 넷째, 이주형모델(Exodusmodell)이다. 이 입장은 신학이 필요 없고 교육학으로 충분하다는 입장이다. 이 경우에 기독교교육학은 일반교육학이 된다.

오늘날 독일에 있어서 기독교교육학의 학문성 논의는 북미 쪽의 기독교교육학이 이 주제에 대한 논의가 거의 없는 데 비하여 상대적으로 활성화되어 있다고 볼 수 있다. 기독교교육학은 그 학문성이 자신의 고유한 이론과 실천의 장들로부터 나올 수 있다는 전제하에서 출발한다. 기독교교육학은 타학문들과의 외적 관계와, 내용·방법적 기본구조와 교수학적 전략 등의 내적 구조, 그리고 기독교교육학의 이론적 인식들에 대하여 명확하게 자기 고유한 시금석(기준)을

---

45) G. Lämmerman, *Grundriß der Religionsdidaktik* (Stuttgart, Belrin und Köln, 1991), 77-89. 기독교교육학의 신학과 교육학과의 관계에 대한 이와 같은 언급에 대해서는 이향명에 의한 K. Wegenast, *Der biblische Unterricht zwischen Theologie und Didaktik* (Güterloh, 1965)의 내용도 참조하라. 이향명, 「칼 에른스트 닢코의 기독교교육철학 연구」, 50-51.

갖춘 학문으로서 규정할 수 있다.

독일에서의 기독교교육학의 학문성은 "기독교교육학의 고유한 대상이 무엇이냐?"라는 물음을 중심으로 전개된다. 이와 연관 지어 기독교교육학은 다음과 같이 세 가지로 정리된다.[46] 첫째, 교회교육이론으로서의 기독교교육학이다. 기독교교육학은 아동으로부터 성인에 이르는 교회가 행하는 전체적인 교육에 대한 이론이다. 둘째, 신학적 형성교육으로서의 기독교교육학이다. 즉 원리적인 신학의 관점들로부터 구성된 일반교육학이다. 그렇다면 기독교교육학은 가족, 학교 그리고 사회의 교육과 형성교육의 모든 현상들을 신학적 시금석하에서 정의하는 신학적 형성교육이론이다. 셋째, 기독교교수학으로서의 기독교교육학이다. 기독교교육학은 특히 기관으로서의 학교의 특수한 조건들과 그 조건들에 놓여진 사회적 요구들과 기대들을 수용하는 기독교수업의 이론과 교수학으로 파악된다.

이상에서 살펴 본 바와 같이, 독일의 기독교교육학은 기독교교육에 대한 상이한 개념을 따라 신학과 교육학 사이에서, 그리고 연구의 장을 중심으로 그 학문성을 추구하고 있는 것을 알 수 있다. 따라서 타학문과의 관계에서가 아닌, 그리고 탐구의 장이 아닌 탐구영역의 관점에서 '기독교교육학 자체가 무엇인가'라는 정체성에 대한 학문적 탐구의 노력은 보이지 않는다.

위에서 살펴 본 미국과 독일을 중심으로 한 서구의 기독교교육학의 탐구동향을 볼 때, 기독교교육학은 그 사회의 역사적 조건과의 연관 속에서 발전되어 왔음을 알 수 있다. 그럼에도 불구하고 그 내

---

46) 윤화석, "구성 비판적 학문으로서의 기독교교육학과 기독교교수학(Religion-spädagogik und Religionsdidaktik als konstruktiv-kritische Wissenschaft)", 한국기독교교육학회 발표논문 (1999. 12. 5), 1-2.

용에 있어서는 기독교교육학이 주로 신학의 한 분야로 연구되고 있다는 것이다. 심리학이나 사회학, 그 밖의 여러 학문들과 관련을 맺기는 하지만 그것 역시 신학을 바탕으로 한 입장에서 탐구가 되고 있다. 자신의 학문적 성격을 타 분과학문에 의지해서 위치 지우고 있는 이런 입장은 늘 타학문의 동향에 민감해야 하고 그것들을 자신에게 적용하기에 바쁠 것이다. 외견상으로는 타학문의 성과를 부지런히 수용하기 때문에 학문적으로 보이지만, 실상은 여러 학문들을 도입해서 이용하는 응용학에 지나지 않을 것이다. 기독교교육학이 전통적인 이러한 연구 방식을 계속하는 한 분주하고 외양은 화려하나 실상 핵심, 즉 자기 정체성을 상실한 학문의 상태로부터 벗어날 수 없을 것이다. 이제 우리 한국의 경우는 어떠한지 살펴보도록 하자.

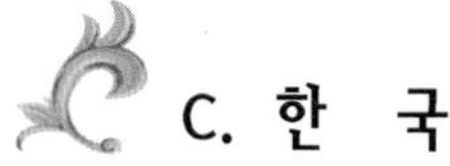

C. 한 국

1. 한국 기독교교육학의 성격

박종석은 우리나라에서 기독교교육 연구[47])가 본격적으로 시작된 1960년 이후 40년 동안의 기독교교육학 관련 문헌 849건을 검토한

---

47) 한국 기독교교육 연구의 역사에 대한 간략한 내용은 박종석, 「한국에서의 기독교교육학의 학문성에 대한 연구」박사학위논문 (부천: 서울신학대학교 대학원, 2000), 8-26 참조.

결과 다음과 같이 한국 기독교교육학의 특성을 말한다.[48] 첫째, 한국의 기독교교육학은 하위 전공 영역들의 형식으로 연구되고 있다. 즉 일반 교육학의 나쁜 전례를 따라서 교육신학, 기독교교육철학, 기독교교육사, 기독교교육심리학, 기독교교육과정, 기독교교육행정 등으로 나뉘어 연구되고 있다는 것이다. 이 말은 일반교육학이 교육학 본래의 학문적 정체성을 정립하지 않은 상태에서 학교의 교사들을 양성하기 위한 당면한 필요에서 타 분과 학문을 검토 없이 수용하여 교육학을 구성했으며, 이 전례가 가정학, 체육학 등에도 영향을 미치고 있음을 염두에 두고 한 말이다.[49] 그래서 한국의 기독교교육학은 그 모든 하위 전공영역들을 종합한 성격을 띠고 있다. 한국의 기독교교육학 학문공동체[50]는 기독교교육학을 타 분과학문들의 종합학문

---

48) 박종석, "한국 기독교교육학의 성격과 전망". 「교수논총」16 (부천: 서울신학대학교, 2004), 213－42 참조. 같은 논문, 박종석, "한국 기독교교육학의 성격과 전망: 1960－1999년을 중심으로," 『21세기 한국 교회교육의 과제와 전망』 고용수 교수 은퇴기념 논문집 (서울: 장로회신학대학교 기독교교육연구원, 2007), 435－64.

49) 일반교육학의 현재와 같은 구성(교육철학, 교육사, 교육심리학, 교육행정학 등)의 직접적 원인은 교사 양성의 필요성이다. 서양의 역사에서 18－19세기는 근대국가의 탄생기였다. 교육적 지평에서 그와 함께 나타난 특징 중의 하나는 공립학교(public school)의 출현이었다. 학교를 통한 동질적 시민 정신의 함양의 효과를 노려 수많은 학교가 생겨났다. 그에 따라 많은 수의 교사가 요구되었다. 교육학은 이러한 교사의 수요에 맞추기 위한 노력과 맞물려 있다. 그 필요성에 의해서 교사양성기관과 교육학과가 설립되었다. 교육학과의 첫 번째 과제는 교직 과목을 편성하는 것이었다. 학구적인 기초 위에서 교육전문인을 위한 훈련을 한다는 취지에서 이미 학문적인 위치를 굳힌 타학문의 학자들이 영입됨으로써 이 문제를 해결하였다. 교육학과의 구성에 참여한 학자들의 대부분은 심리학, 사회학, 인류학, 행정학 및 기타의 행동과학, 혹은 사회과학에 배경을 두고 있고, 소수이기는 하지만 철학과 역사라는 인문학의 배경을 가지고 있었다. 장상호, "교육학의 비본질성", 「교육이론」1:1 (서울: 서울대학교 사범대학, 1986), 8.

50) '학문공동체'란 학문생활을 촉진하고 보장해주는 삶의 터전을 그 구성

으로 이해하고 있는 것으로 보인다.

둘째, 기독교교육학이 교회의 교육으로 연구되고 있다는 것이다. 교육 이론이나 교육 실제에서 대상이나 주제는 교회라는 장을 전제로 하고 있다. 한국의 기독교교육학자들이 특별히 학교나 사회, 그밖의 다른 교육의 장을 주제로 하지 않는 이상, 어떤 주제로 연구를 하든 그 연구의 전제는 교회라는 것이다. 이것은 비록 표면적으로는 이론적 연구라도 교회의 실천을 돕는 처방 이론적 성격이 강하다는 것을 말해준다. 기독교교육학의 연구가 교회를 중심으로 전개된다는 면에서 한국의 기독교교육학은 학교가 상당한 비중을 차지하는 독일의 기독교교육학의 전통과는 확연히 구별된다.

셋째, 한국의 기독교교육 현실을 다룬 연구 내용이 대단히 희박하다는 것이다. 앞에서 말한 것처럼 비록 한국의 기독교교육학이 교회를 중심으로 전개되고 있기는 하지만, 구체적 현실을 다룬 연구가 부족하다는 것은 구체적인 교회가 아닌 이상적 관념적 교회를 상정하고 연구하기 때문이 아닐까하는 생각이 든다. 또는 한국의 기독교교육 연구가 지나치게 교회에만 치중하고 있기 때문에 미처 한국 사회의 현실을 대상으로 연구하지 못했다고도 볼 수 있을 것이다. 아니면 한국 기독교교육학이 한국의 현실을 연구 주제로 다루는 것을 어떤 이유에서든 기피하기 때문인지도 모른다. 그 분명한 이유가 어

원에게 마련해주는 특수한 집단으로 상정된다(장상호, "학문공동체의 지적 풍토에 대한 소고", 「서울대학교 사대논총」제47집 (서울: 서울대학교 사범대학, 1993), 25. 학자들은 그들 나름의 창조적 작업을 효과적으로 추진하려는 의도에서 일반적인 사회와는 구별되는 공동체를 형성하는 데 그것이 바로 학문공동체이다. 오늘날에는 대학이 학문공동체의 대명사로 통한다. 학문공동체를 학문 구성의 요건으로 보는 시각도 있다. 그럴 경우, 학문공동체는 학문의 다른 요건인 학문의 탐구 영역과 연구 방법의 주체라고 할 수 있다. 장상호, 『학문과 교육(상): 학문이란 무엇인가?』 (서울: 서울대학교 출판부, 1997), 508-9.

디에 있든 한국의 현실을 다룬 연구의 부족은, 뒤집어 말하면 한국 기독교교육학의 이론은 외래적 성격이 짙다는 것이다. 이와 같은 성격을 지닌 한국 기독교교육 연구가 이 책의 주제와 직접적으로 관련 있는 기독교교육학 정체성의 탐구 방식은 어떤지 이하에서 살펴보자.

2. 기독교교육학 정체성 탐구 방식

한국에서 기독교교육학의 정체성에 대한 논의는 다른 주제들에 대한 논의의 기초가 된다는 의미에서 그 어떤 주제보다 선행되어야 하는 주제임에도 불구하고 다른 주제들보다 소홀하게 다루어졌다.[51] 한국에서의 기독교교육학의 정체성에 대한 논의는 문헌들을 통해 볼 때, 기독교교육학의 학문성에 대한 문제제기로부터[52] 한국적 기독교교육학을 위한 구상[53]에 이르기까지 다양하다. 그러나 크게 보면, 기독교교육학의 학문적 성격을 정립하려는 시도는 기독교교육학을 독자적으로 구성하려는 시도, 신학적 학문으로 정립하려는 시도,[54]

---

51) 연구자가 조사한 바에 의하면, 1960년부터 2000년 현재까지 40여 년 동안 26건에 불과하다. 그 내용에 대해서는 이하의 주들을 참고할 것.
52) 손승희, 『기독교교육학』 (서울: 기독교방송, 1984), 31-36.
53) 이정근, "한국문화 안에서의 기독교교육의 한 연구: 한국문화의 정태성과 관련하여", 「신학사상」17 (서울: 한국신학연구소, 1977), 349-72; 노윤백, "한국에서의 기독교교육 정립을 위한 기초요인 연구", 「복음과 실천」14 (대전: 침례신학대학 출판부, 1991), 41-67.
54) 은준관, "서론", 『교육신학: 기독교교육의 이론적 근거』 (서울: 대한기독교서회, 1976), 11-19; 동일 저자, "기독교교육의 신학적 기초", 오인탁 외편, 『기독교교육론』 (서울: 대한기독교교육협회, 1984), 25-51; 고용수, "교회교육의 신학적 기초", 「기독교사상」325 (1985·7); 동일 저자, "기독교 교육의 신학적 접근이론: 1950년대 Neo-Orthodoxism에 기초한 교육 사상", 「교회와 신학」20 (서울: 장로회신학대학, 1988); 임창복,

신학과 사회과학 사이에 위치 지우려는 입장,[55] 철학적으로 정립하려는 시도,[56] 사회과학적으로 정립하려는 시도[57] 등으로 나눌 수 있다. 그것들을 학문적인 입장에서 나누면 신학, 철학, 사회과학적 입장이 된다. 이것들이 기독교교육학의 학문적 성격을 어떻게 이해하고 있는지 그런 주장을 편 대표적인 학자들을 통해 살펴본다.

"기독교교육과 신학", 「교회와 신학」18 (서울: 장로회신학대학, 1986); 동일 저자, "기독교교육과 신학의 관계", 「기독교사상」331 (1986 · 7); 정웅섭, "신학과 교육 사이", 「신학사상」20 (서울: 한국신학연구소, 1978 봄), 41–52; 동일 저자, "기독교교육에 대한 신학적 조명: 교회교육의 장을 중심으로", 「신학연구」32 (오산: 한신대학 신학부, 1991), 83–103; 최성찬, "교육의 종교신학적인 해석", 「계명신학」5 (대구: 계명대학교 신학연구소, 1990); 동일 저자, "신학이 기독교교육의 학문적 기초가 되는 이유", 「기독교교육 논총」3 (한국기독교교육학회, 1998), 259–90; 강용원, "기독교교육학의 성격과 구조", 「논문집」12 (부산: 고신대학교, 1984), 29–69: 동일 저자, "기독교교육의 사회과학적 접근에 대한 비판적 연구: 논평", 「성경과 신학」21 (서울: 도서출판 횃불, 1997), 205–12.

55) 강희천, "기독교교육학의 학문적 성격",『기독교교육사상』(서울: 연세대학교 출판부, 1991), 1–30.

56) 오인탁, "기독교교육철학", 오인탁 외편,『기독교교육론』(서울: 대한기독교교육협회, 1984), 53–72; 한승홍, "기독교 교육학의 철학적 이론형성", 「교회와 신학」14 (서울: 장로회신학대학, 1982), 253–75; 동일 저자, "기독교 교육철학이란 무엇인가?", 「신학사상」38 (서울: 한국신학연구소, 1982 · 가을), 565–95; 동일 저자, "기독교 교육철학이란 무엇인가?", 오인탁 외편,『기독교 교육론』증보신판 (서울: 대한기독교교육협회, 1985); 동일 저자, "철학과 사상으로서의 기독교교육학",『기독교교육철학사상』(서울: 장로회신학대학교 출판부, 1991), 157–254.

57) 이숙경, "기독교교육의 사회과학적 접근에 대한 비판적 연구", 「성경과 신학」21 (1997), 165–204; 송순재, "기독교교육학의 학문적 가능성",『종교다원주의와 한국적 신학: 변선환 학장 은퇴기념 논문집』(천안: 한국신학연구소, 1992), 441–71.

가. 신학적 접근

한국에서 기독교교육학에 대한 신학적 접근은 기독교교육학을 신학에 의해 어떤 방식으로 구성하려 하느냐에 따라 크게 두 가지로 나눌 수 있다. 하나는 기독교교육학이 신학적으로 무엇을 의미하는지를 탐구하려는 입장이다. 다른 하나는 특정한 신학의 입장을 기독교교육학에 반영하려는 입장이다.

첫 번째 입장은 은준관으로 대표된다. 은준관은 기독교교육을 교회의 의도적 커뮤니케이션 과정 속에서 일어나는 사건으로 보고, 그에 대한 신학적 해석을 가하는 것이 기독교교육학이라고 본다.[58] 한편 기독교교육을 기독교와 교육의 합성어로 봄으로써 교회의 현장을 누락시키거나 약화시킨다. 어쨌든 기독교교육을 기독교와 교육의 합성어로 볼 때, 기독교는 복음으로 교육의 내용이 되며, 교육은 복음의 전달 방법으로 본다. 기독교를 복음이라고 했을 때의 그 복음은 계시적이고 신앙 경험적인 내용 전체를 포함한다. 기독교교육학은 이 복음과 교육의 관계 양상을 탐구하는 것으로 본다.[59]

기독교교육학을 복음과 교육의 관계 양상에 대해 탐구하는 학문이라고 할 때,[60] 무엇에 의해 어떻게 탐구해야 하는가? 그것이 바로 기독교교육학의 정체일 것이다. 여기서 은준관은 복음과 교육의 경계선에 속할 능력이 없는 듯하다. 은준관이 선호하는 탐구 방식은 문자적 의미의 변증법인데, 실상은 복음과 교육 사이에서 변증법은

---

58) 이외에 신학과 기독교교육학의 관계에는 교육이라는 문화행위와 경험이 신학의 내용까지도 결정한다는 '교육 → 신학'의 입장과 신학과 교육의 상호작용을 뜻하는 '신학 ↔ 교육'의 입장이 있다.

59) 은준관, 『교육신학: 기독교교육의 이론적 근거』, 15.

60) 은준관, "기독교교육의 신학적 기초", 25-26.

활약을 하지 못한다. 어떤 이유에서인지는 몰라도 은준관은 복음과
교육의 관계 양상의 실마리를 풀어가는 데 신학을 사용하며, 그렇게
함으로써 복음 편으로 경도된다. 그리고 변증법 역시 실마리가 되는
신학의 내용 해설에 주로 이용된다. 그렇게 됨으로써 복음과 교육의
변증법적 탐구라는 본래의 의도를 상실하고, 기독교교육학은 신학적
자원들을 교육적으로 재구성하고, 인간이해, 교육목적, 교육방법, 교
육현장을 그 안에서 정리해내는 것이 된다. 이처럼 기독교교육학은
신학을 교육화하는 것이 돼버린다. 그래서 기독교교육학은 결정적으
로 그의 말대로 "응용신학"이 된다.[61] 이럴 경우 기독교교육학은 신
학의 추이를 교육적으로 소개하는 중개상의 역할을 하는 학문이 될
것이다.

은준관이 기독교교육학을 주로 조직신학적 맥락에서 나름대로 정
리하려고 했다면, 기독교교육학을 실천신학의 문맥에서 논의하려는
움직임들도 있다. 이 같은 입장은 기독교교육학이 실천신학과 유사
하다는 점에서 최근의 실천신학의 논의들을 기독교교육학에 수용하
려는 것이다.[62]

---

61) *Ibid.*, 25.

62) 예를 들어 박봉수가 그런 경우이다. 박봉수는 그의 박사학위 논문에서
기독교교육과 실천신학의 유사성에 근거해서 기독교교육학의 실천신학
적 수용을 정당화하려고 한다(박봉수, 「기독교교육의 새로운 파라다임
형성을 위한 한 연구: 최근의 실천신학 논의를 중심으로」박사학위논문
[서울: 장로회신학대학교 대학원, 1994]). 그러나 이 같은 자세는 기독
교교육학이 이미 실천신학의 영역에서 품기가 버겁고 실천신학으로는
해결될 수 없는 문제들 때문에 독립해 나왔다는 아주 상식적 사실을
억지로 외면하고 있는 것으로 보인다. 만일 이와 같은 입장이라면 기독
교교육학은 실천신학 안에 그대로 안주할 때 실천신학으로부터 더 많
은 수혜를 받을 수 있을 것이라고 말하는 바와 진배없다.
박봉수가 실천신학으로부터 수혜를 받으려는 입장이라면, 김현숙은 진
일보하여 기독교교육학을 실천신학으로 보고 그에 따라 기독교교육학

이들에 의하면, 실천신학은 전통적으로 그 탐구 영역을 성직자의 사역을 중심으로, 그 학문적 성격을 이론신학을 응용하는 분야라는 데서 찾았다. 그런데 이와 같은 응용신학적 패러다임으로는 현대 세계의 변화에 대응을 할 수 없다는 인식하에[63] 이제 실천신학은 적절한 기독교적 행동 양식(orthopraxis)을 추구하는 맥락에서 성서·이론 신학과 창조적인 긴장관계 가운데 있어야 한다는 것이다. 그런데 기독교교육학 역시 실천신학이 갖고 있는 동일한 문제를 갖고 있기 때문에 실천신학의 새로운 경향으로부터 배울 수 있다는 것이다.

기독교교육학을 실천신학으로 보려는 입장의 근거는 첫째, 기독교교육학과 실천신학의 핵심적 내용과 이용하는 방법론 차원의 유사성이다. 내용과 방법의 유사성은 타 학문과의 관계에서 유동적이다. 이런 주장은 만일 기독교교육학이 실천신학 외에 다른 학문의 내용과 방법적 유사성을 갖고 있다는 것이 발견된다면 기독교교육학은 다시 그 학문이 될 수도 있다는 것이다. 내용이나 방법의 유사성은 학문성과 구별되어야 한다. 둘째, 기독교교육학을 실천신학의 입장에서 보려는 입장은 기독교교육학이 신학의 검토를 받는 것 이상으로 교

을 정립하려고 한다. 김현숙은 최근의 논문에서 실천신학의 발전과 성격을 논의한 후에 기독교교육학이 실천신학의 경향을 무조건 추종해서는 안 된다고 말한다. 이는 기독교교육학이 마치 실천신학인 것처럼 기정사실화하여 말하는 것이다(김현숙, "실천신학의 연구방법론", 「기독교교육정보」1 [한국기독교교육정보학회, 2000], 131-56).
강용원은 슐라이엘마허 등에 근거하여 신학 자체를 실천신학으로 보면서 기독교교육학이 이 실천신학으로서의 신학의 성격을 회복시키는 데 기여할 수 있을 것으로 본다. 따라서 기독교교육학은 신학 행위가 되며, 기독교교육학의 정체성은 바로 이와 같은 노력 속에서 찾아야 한다고 본다(강용원, "기독교교육과 신학", 총신대학교 기독교교육연구소 강좌 [2003]).
63) Lewis Mudge and James Polding, ed., *Formation and Reflection* (Philadel-phia: Fortress, 1987), xviii-xxvi

회적 실천의 맥락을 중요시하기 때문이라고 한다. 그런데 기독교교육학은 이미 교회적 실천의 맥락을 고려하고 있다. 그러므로 기독교교육학이 구태여 실천신학일 필요는 없다. 오히려 실천신학은 신학적 이론을 교회적 실천으로 번역하려는 노력이라는 면에서 교육적이라고 할 수 있다.

기독교교육학을 신학에 의해 구성하려는 또 다른 입장은 특정한 신학적 내용을 기독교교육학에 반영하려는 입장이다. 이 입장은 다시 크게 두 가지로 나누어 볼 수 있는데, 하나는 위로부터의 입장이고, 다른 하나는 아래로부터의 입장이다. 기독교교육학에 특정한 신학을 위로부터 부여하려는 입장은 복음주의에서 볼 수 있다. 예를 들어, 김득룡은 기독교교육의 원천을 하나님과 하나님의 말씀인 성경에 두고 있다. 그런데 그 성경이라는 것이 그에 대한 해석이라고 할 수 있는 신학과 깊이 관련되며, 그래서 성경이 거의 신학과 동일시된다는 점이다. 그래서 기독교교육의 원천은 성경이지만 신학을 떠나서는 존재할 수 없게 된다.[64] 신학의 내용을 충분히 습득하지 않고서는 교육의 방향, 내용, 그리고 방법이 진리에 부합할 수 없기 때문이라고 한다.[65] 그래서 결국 그의 기독교교육학은 성경에 근거하지만, 사실은 해석된 성경, 즉 개혁신학에 근거하고 있다.[66] 한편, 복음주의자들에게 신학은 교리와 동일시되기도 하기 때문에, 기독교교육학은 학문으로서의 정체성을 정립하지 못하고 위에서 주어진 교리와 신학에 대한 단순한 실천 행위가 될 수 있다.

---

64) 김득룡, "기독교 교육철학의 원천", 「신학지남」32:1 (서울: 신학지남사, 1965), 31-45.
65) 김득룡, 『기독교교육학 원론』 (서울: 총신대출판부, 1976), 196.
66) 한춘기, "김득룡의 기독교교육관", 「기독교교육논총 3」 (한국기독교교육학회, 1998), 23-24.

특정한 신학적 내용을 기독교교육학에 반영하려는 두 번째 입장, 즉 아래로부터의 입장은 소위 자유주의에게서 볼 수 있다. 문동환은 민중신학의 관점에서, 현실의 문맥으로부터 기독교교육학을 구상하려고 한다. 그의 관심은 일반적 이론이 아니라 구체적 현실인 지금 이 땅의 민중의 삶이다. 문동환에게 기독교교육의 목적은 인간실현을 이루지 못하도록 방해하는 정치, 경제, 사회적인 구조악이 무엇인지 분석하고, 그것을 변혁하여 인간을 해방시키는 것이다.[67] 그래서 구체적으로 기독교교육의 목표는 인간 해방을 위해서 역사 속에서 일하시는 하나님의 사역에 사람들을 효과적으로 동참시키는 데 있다.[68] 그 일을 위한 전략은 민중들로 하여금 자신들의 억압 상황을 깨닫게 하고, 해방의 프락시스(praxis)를 통하여 그 억압구조를 변혁시킬 수 있도록 하는 것이다.[69] 문동환에게 기독교교육학은 민중 편애적이다. 그리고 인간을 구조 안에서만 파악하고 있다. 그럼으로써 기독교교육학을 일반 민중교육과 일치시키면서 그 차별성을 무너뜨린다. 기독교교육학을 신학적 입장에서 정립하려는 시도는 기독교교육학을 신학으로 만들거나 신학을 교육적 신학으로 만들어 기독교교육학을 신학으로 변형시킨다는 점에서 기독교교육학의 정체성을 수립하는 데는 한계가 있다.

---

67) 문동환, 『인간해방과 기독교교육』 (서울: 한신대출판부, 1979).

68) 문동환, 『교회교육 지침서』 (서울: 한국기독교장로회, 1970), 104−5, 133−43.

69) 문동환, "행동신학과 신학교육", 「신학연구」27 (오산: 한신대학 신학부, 1986), 94−96.

나. 철학적 접근

　기독교교육학의 정체성을 철학적 입장에서 파악하려는 시도가 있다. 철학적 입장은 철학의 사용 방식에 따라 크게 두 가지로 나눌 수 있다. 하나는 기존의 교육철학을 기독교교육학에 응용하는 입장이다. 다른 하나는 기독교교육학을 철학적 관점에서 검토하고 그것을 재구성하고자 하는 입장이다.

　첫 번째의 입장은 오인탁에 의해 대변된다. 오인탁은 기독교교육철학의 과제 영역 중의 하나는 기독교교육학을 하나의 독립과학으로서 조정하고 그 자명성을 확인하는 일로 본다. "여기에는 이론과 실천의 관계, 기독교교육학 안에서의 부분 과학들 상호 간의 관계, 기독교교육학과 인접과학들과의 관계, 기독교교육의 개별 현상들에 대한 해명과 이를 일정한 논리적인 전체 안으로 짜 넣는 일 등이 포함된다. 말하자면 기독교교육학의 조직론(Systematik)의 과제이다."[70] 오인탁은 기독교교육학의 기본 바탕을 이룬다는 이유에서[71] 기독교교육학 방법론 중에서 이론과 실천의 관계에 관해 언급한다.[72] 기독교교육학에 있어서 이론과 실천의 문제는 일반적으로 크게 넷으로 묶어서 정리할 수 있다. 그것들은 규범적-연역적 논리, 정신과학적-해석학적 논리, 경험적-분석적 논리, 그리고 변증법적-이념비판적 논리이다. 오인탁은 이와 같은 이론과 실천의 관계를 전통적인 천주교나 개신교의 기독교교육은 오랫동안 주로 규범적-연역적인 논리에

---

70) 오인탁, "기독교교육철학", 54. 기독교교육철학의 그 밖의 과제영역으로는 신앙과 신학의 교육학적 재구성, 기독교교육 의 기본 개념 설명, 기독교교육학 방법론, 그리고 교육사상을 조직하는 과제 등이다. *Ibid.*, 54-55.
71) *Ibid.*, 55.
72) *Ibid.*, 59-70.

의하여 이루어져 왔다는 식으로 한국 교회의 교육과 연관시키고 있다.73)

이와 같은 오인탁의 논리는 무리이다. 그가 한국교회의 교육적 흐름과 연결시키고 있는 틀이 한국 교회의 교육을 분석하기 위해 창안된 이론이 아니기 때문이다. 이론의 바탈은 따지고 들어가면 결국 제 나라의 성격과 역사를 반영하며, 구체적으로는 자국의 문제 해결을 위한 것이다. 학문의 이와 같은 근본 동기를 무시한 채 독일의 교육과 한국의 교회 교육이 마치 동일한 역사적 체험을 공유하는 것처럼 전제하는 것은 무리가 있다.74)

기독교교육학의 학문성을 철학적 입장에서 정립하려는 또 다른 흐름은 한숭홍에 의해 대표된다. 한숭홍은 기독교교육철학의 과제 중의 하나인 학문성 정립이란 문제에 대해 과학철학적 측면75)과 구조적 측면76)에서 접근하고 있다. 첫째, 과학철학적 측면에서의 접근이다. 여기서 이론과 실천의 관계를 규명하는 것은 학문성 논의의 기초가 되기 때문에 그 내용은 이론과 실천의 관계를 중심으로 전개된다. 기독교교육학의 이론은 방법론적으로 탐구되기보다는, 이론과 실천의 관계를 설정하고 관계화하기 위한 측면에서 이해되는 이론이어야 한다.77) 이와 같은 관점에서 한숭홍은 기독교교육학은 이론과 실천의 상호의존성과 관계성을 통하여 학문성을 정립할 수 있다고 보았다.78)

구조적 측면에서 기독교교육학의 학문성은 신학과 교육학과의 관

---

73) *Ibid.*, 61.
74) 오인탁, "한국 기독교교육학 연구사", 한국문화연구원 편, 『한국신학연구 50년』 (서울: 혜안, 2003).
75) 한숭홍, 『기독교교육철학사상』, 183－94.
76) *Ibid.*, 195－208.
77) *Ibid.*, 191.
78) *Ibid.*

계의 양상을 규정해주는 철학의 기능에 의하여 확보될 수 있다. 여기서 철학은 분과학문으로서가 아닌 기능으로서의 철학을 의미한다. 이 철학적 기능은 학문성을 정립시키는 데 유용한 도구로 사용될 수 있다. 예컨대, 교육학은 교육 행위에 관한 철학함을 통해 학문성을 획득하였다는 것이다.[79] 이렇게 볼 때 "기독교교육학의 학문성이란 기독교교육학의 철학화를 통하여 가능"하다.[80]

기독교교육학에 대한 철학함은 기독교(신학)와 교육에 대한 철학함이다. 이렇게 볼 때 기독교교육학은 성격상 내용으로서의 신학, 방법으로서의 교육학, 기능으로서의 철학이 삼위일체적으로 모여 구성된 학문이라 할 수 있다.[81] 그리고 철학함의 소재를 신학의 내용에서 하나님(Gott), 인간(Mensch), 그리스도(Christus), 세계(Welt)로, 교육의 기능에서 만남(Begegnen), 의식화함(Bewußtseinwerden), 도야함(Bilden), 만듦(Machen)으로, 그리고 철학의 기능에서 앎(Wissen), 개방함(Offenheit), 공존(Mitsein), 행함(Tun)으로 본다.[82] 기독교교육학은 이 세 가지 구성요소들이 각각 제 기능을 발휘하면서 조합을 이루어 형성된다는 것이다.[83]

한승홍이 주장하듯, 기독교교육학은 (하나님·인간·그리스도·세계) × (앎·개방함·공존·행함) × (만남·의식화함·도야함·만듦)＝64가지나 되는 다양한 유형으로 구성될 수 있을 것이다. 그리고 신학, 교육학, 철학의 주요 내용들을 상이한 관점에서 선정할 경우 더 많은 조합들이 가능할 것이고 그에 따라 더 많은 기독교교육학이 가능

---

79) *Ibid.*, 204.
80) *Ibid.*, 208.
81) *Ibid.*
82) *Ibid.*, 197−203.
83) *Ibid.*, 207.

하게 될 것이다. 그러나 그 많은 기독교교육학은 몸통을 보여주지 않는다. 수많은 기독교교육학의 풍성함은 보여줄지 모르지만 그것들에 일관되는 본질은 볼 수 없다. 구태여 그것을 말한다면 신학, 교육학, 그리고 철학의 절묘한 조화인가? 그렇다면 기독교교육학은 그 세 학문의 조합인가?

다. 사회과학적 접근

기독교교육학의 정체성 문제에 대해 사회과학적으로 접근하는 입장이 있다. 이 입장은 기독교교육학을 어느 학문을 중심으로 이해하느냐에 따라 종합학문적 입장과 교육학적 입장으로 나뉜다. 전자의 입장을 대표하는 사람은 강희천이다.[84] 강희천은 기독교교육학이 이제까지 신학의 응용학문이었지만 제 역할을 다하기 위해서는 종합학문이어야 한다고 말한다. 여기서 '종합학문'이란 기독교교육학을 염두에 둘 때, 인문과학이나 사회과학의 의미로 받아들일 수 있을 것이나 교육적인 성격 때문에 사회과학의 의미로 볼 수 있을 것이다.

기독교교육학을 사회과학적으로 보아야 하는 이유는 다음과 같다. 첫째, 기독교교육학은 그 성격상 어떤 행동 양식이 가장 올바른 기독교적 실천인지 밝혀야 한다는 것이다.[85] 그런데 이 일은 신학만으로는 충분하지 않다는 것이다. 신학적 내용이 지니는 현재적 의미와 그 의미에 근거한 기독교적인 행동양식을 구별해 내기 위해서는 '현재'라는 시대적·사회적 상황을 구체적으로 분석하는 데 도움을 주는 제반 학문들의 이론이나 가설을 고려해야 하기 때문이다. 둘째,

---

84) 강희천, "기독교교육학의 학문적 성격", 1-30.
85) *Ibid.*, 8.

기독교교육학이 사회과학적이어야 할 이유는 학습자들로 하여금 다양한 삶의 형태와 행동양식 중 과연 어떠한 것이 그들이 수용하는 신앙고백적 내용과 일치하는 지를 판별할 수 있도록 도와주며, 또한 현재 사회의 구조적 악을 제거하여 결과적으로 개인적 차원과 사회적 차원에서의 구원을 함께 지향하는 삶을 실천하도록 촉진하는 것이 기독교교육의 본질적 기능이라면, 인간의 행동양식과 사회구조를 경험적으로 분석하려하는 인접학문과의 연계 속에서 기독교교육학이 연구되어야 함이 자명한 일이라는 것이다.[86] 셋째, 기독교교육학에 대해 사회과학적 접근이 필요한 이유는 방법 면에서이다. 기독교교육학은 '계시적 지식'을 그 주요 연구대상으로 삼고 있지만, 계속 변화되고 있는 시대적 상황과 사회적 구조를 정확히 인식하는 차원에서 기독교적 행동 양식이 구체적으로 재조명되어야 하는데, 그러기 위해서는 사회과학적 연구 방법에 의존해야 한다는 것이다.[87]

기독교교육학의 정체성을 교육학 차원에서 언급하고 있는 이에 송순재가 있다. 그는 독일의 교육학을 들어 기독교교육학의 학문성에 대해 언급한다.[88] 기독교교육학의 학문적 가능성을 위한 실마리로서 독일의 교육학은 내용을 효과적으로 전달하기 위한 방법론적 과정의 차원을 넘어 고유한 목적과 구조를 가진 자율적인 학문으로 서기 위한 노력을 기울여 왔다는 것이다. 주로 1900년 이후의 독일교육학을 소개하면서 교육학으로부터 기독교교육학의 학문적 가능성을 탐색하는 송순재의 입장은 "기독교교육학을 학문적으로 근거 짓기 위해 필요한 것은 교육학적 문제의 지평을 보다 정당하고도 깊이 인식하는

---

86) *Ibid.*, 24.
87) *Ibid.*, 25.
88) 송순재, "기독교교육학의 학문적 가능성", 441－47.

것이다. 신학이 여기서 차지하는 위치는 전제되어 있고 또한 자명한 사실이기 때문에, 만일 신학의 정체성이 위태롭게 다루어지지 않는 한, 이것을 강조하는 것은 그리 의미가 없다"는 것이다.[89] 그래서 송순재는 교육학 안에서 기독교교육학적 주제들을 인식하고 발전시키는 것이 중요하다고 말한다.[90]

기독교교육학의 학문성을 교육학 안에서 위치 지울 수 있다는 근거는 교육학이 내용을 효과적으로 전달하기 위한 방법론적 과정의 차원을 넘어 고유한 목적과 구조를 가진 자율적인 학문으로 볼 수 있기 때문이라는 것이다. 그런데 교육학의 목적을 내면적 인격적 삶의 차원이나 양심의 차원에서 설정한다 하더라도 기독교교육학의 초월적 성격을 어떻게 담지할 수 있느냐가 문제가 된다. 기독교교육학의 목적은 여전히 신학의 내용적인 차원에 관한 문제이다. 구조면에서도 기독교교육학의 초월성은 교육학과 본질적인 차이를 드러낸다. 뒤에서 보게 되겠지만 기독교교육학의 구조에 영향을 주는 신앙 등의 내용은 교육학의 구조로 담아낼 수 없기 때문이다.

이상에서 기독교교육학의 학문성에 대한 세 가지 접근 방식, 신학적, 철학적, 사회과학적 접근 방식에 대해 살펴보았다. 기독교교육학을 이와 같은 관점에서 보게 되는 가장 큰 이유는 기독교교육학을 합성어로 이해하기 때문일 것이다. 즉 기독교교육학을 '기독교'와 '교육'이 합쳐진(기독교＋교육) 것으로 이해하기 때문이다. 그럴 경우 자연히 그 두 합성어 가운데 어느 한 쪽으로 치우칠 수 있다. 그러면 기독교가 의미하는 신학, 교육이 의미하는 교육학의 영향을 받게 되고 결국 기독교교육학은 다른 학문들 사이에서 그 학문성을 찾

---

89) *Ibid.*, 468.
90) *Ibid.*, 469.

아야 하는 것으로 생각하게 된다.

그래서일까. 한국에서의 기독교교육학에 대한 학문성 연구들은 신학과의 관련에서, 철학과의 관련에서, 다음으로는 교육학을 포함한 사회과학적 입장에서 이루어졌는데, 신학적 접근은 삶을 도외시했다는 면에서, 철학적 접근은 신학과 교육학의 관계 양상을 다양화시켜 여러 기독교교육학의 가능성을 열어놓았다는 점에서, 그리고 사회과학적 접근은 종교의 궁극적 의미에 대한 대안의 부재로 적절치 않다. 신학과 사회과학 둘 다의 고유성을 유지하는 관계 지움을 통한 기독교교육학의 정체성 추구는 그 관계의 방식의 긴장을 통해서만 설득력이 있을 것이다. 그럼에도 불구하고 학문적 정체성의 입장에서 볼 때, 신학이든 교육학이든, 신학과 제반 분과학문들과의 긴장적 관계 안에서든 이 같은 접근방식들은 기독교교육학을 독자적인 학문으로 정립하려는 시도가 아닌, 다른 것과의 관계 속에서 그 정체성을 파악하고자 하는 데 문제가 있다. 어느 접근이든 이미 특정 분과학문 내에서의 논의이기 때문에 그 분과학문에 의존하게 되고, 결과적으로 그와 같은 접근 방식으로는 기독교교육학의 학문적 정체성을 수립할 수 없다.

IV

기독교교육학의 현실

기독교교육학의 학문성에 대한 위에서와 같은 논의에도 불구하고, 현실적으로 기독교교육학은 여러 기독교교육학의 하위전공영역들로 이루어진 실체 없는 학문으로 남아있다. 기독교교육사, 기독교교육신학, 기독교교육철학, 기독교교육과정, 기독교교육심리, 기독교교육과정, 기독교교육행정 등은 있어도 진정 기독교교육학은 어디에 있는가? 기독교교육학은 다른 분과학문들에 의해서만 드러나는 실체 없는 학문인가? 이 같은 질문들을 던지면서 이하에서 기독교교육학을 구성하고 있는 분과학문들의 정체가 무엇인지를 살펴보도록 하자. 그럼으로써 기독교교육학이 일반 교육학의 구성 체계를 따라서 구성되어서는 안 된다는 것에 대해 말할 것이다. 여기서는 교육심리학, 교육행정학, 교육철학, 교육사, 교육과정 등에 대해서 살펴본다.

 **A. 종합학문으로서의 기독교교육학**

1. 하위 전공영역의 성격

20세기에 접어들어 교육에 관한 대부분의 연구는 자연과학에 토대를 두고 심리학자들에 의해서 수행되었다. 심리학은 교육의 문제를 해결하기 위해서는 사념적인 의견을 배격하고 실험연구와 양적 연구를 바탕으로 한 정밀한 과학의 방법을 적용해야 할 것으로 본다. 그런데 심리학의 관심대상은 심리 현상이다. 심리현상과 교육현상은 범주적으로 서로 독립적인 것인 만큼 심리학은 교육과는 무관한 지식과 정보로 받아들여야 한다.[1] 심리학은 자료의 경험적 검증이라는 내규 안에서 이루어지는 학문이기 때문에 그것이 드러내는 인간상은 극히 한정된 것이다. 이에 비하여 교육은 있어야 할 인간상에 대한 제약 없는 탐색과 관련된다. 따라서 본질상 전자에 의한 후자의 환원은 용납될 수 없는 것이다. 이 점에서 오래 전 제임스(William James)가 교육은 과학이 아니라 복잡한 예술(art)이기 때문에 심리학으로부터 학급의 교수 방법이나 계획을 직접 연역해 낼 수 없다는 말은 경청할 만하다.[2]

---

1) Kieran Egan, *Education and Psychology*: *Plato, Piaget and Scientific Psychology* (London: Methuen & Co. Ltd., 1983).
2) William James, *Talks to Teachers on Psychology*: *And to Students on Some of the Life's Ideals* (London: Longmans, 1899). 기독교교육학에서 심리분야의 연구는 종교심리, 발달심리를 중심으로 연구되고 있다. 종교심리의 연구 주제로 선택되는 것들에는 회심이 가장 관심을 끌며, 성결, 기도 등의 주제에 대한 연구도 있다.

교육학에서 행정학은 "과학적"이라는 구호가 교육학계에서 일어난 측정 운동과 맥을 같이 하여 호의적으로 수용되었다. 그러나 이런 기계론적 접근은 산업계에서조차 부적절한 것으로 밝혀지면서 행정학계에서는 인간관계론이 새롭게 등장하였다. 대개 교육행정이라고 하면 교육의 목적을 능률적으로 수행해내는 합리적인 관료체제를 연상한다. 그러나 이런 생각은 잘못된 것이라는 사실이 점차 밝혀지고 있다. 실제적으로 능률성의 신조에 따라 교육의 문제는 무시된다. 또한 교육행정가들의 행정지도조차도 겉으로는 매우 합리적인 의사결정과정에 의해서 운영되는 듯이 보이지만 실제로는 교육 외적인 요인, 예컨대, 개인적인 승진, 보수, 지위의 유지, 특정 정치집단에 대한 충성 등 교육과 무관한 이해관계 등에 의해서 결정된다는 것이다.[3]

교육철학은 크게 두 가지 양상으로 나타난다. 하나는 '주의'(isms)에 의존하는 것이다.[4] 이는 여러 철학 사조 가운데 적절하다고 생각되는 것을 선택하여 그로부터 교육적인 함의(educational implications)를 추론해내는 형식을 취한다. 이 접근방법의 문제는 교육에 대한 전제가 분명하지 않기 때문에, 동일한 철학적 입장에 대해 상이한 교육적 함의가 도출된다는 점이다. 이런 난점을 피하면서 동시에 철학의 순수성을 유지하려는 다른 하나의 교육철학적 경향은 교육에 대한 개념 분석(conceptual analysis)이다.[5] 교육에 대한 개념 분석은 영·미철학계에서 새롭게 등장한 분석철학의 한 가지 아류다. 이 연

---

3) 장상호, "교육학의 비본질성", 「교육이론」1:1 (서울: 서울대학교 사범대학, 1986), 18-20.
4) 예컨대, George F. Kneller, *Movements of Thought in Modern Education* (New York: John Wiley & Sons, 1984).
5) 예컨대, J. E. McClellan, *Philosophy of Education* (New Jersey: Prentice-Hall, 1976).

구는 교육을 비교육(예컨대, 세뇌, 최면, 교조화, 훈련, 사회화, 학습 따위)과 대비시킴으로써 교육의 의미를 좀 더 분명하게 한정하려는 시도를 하였다. 분석철학의 역할은 어떤 특정한 가치를 고무시키는 것이 아니라 그것을 명료하게 하는 것이다. 요컨대, 교육철학은 서로 상응하기 어려운 딜레마에 빠져 있다. 교육을 학교에서 일어나는 여러 가지 양태로 수긍하면 그것의 순수한 학문성을 유지하기 어렵고, 그것을 거부하는 개념분석적 접근을 택하면 그것이 모태로 하는 분석철학의 내규에 묶여 교육학에서 필요로 하는 가치판단의 작업을 유보하거나 은폐시켜야 한다.[6]

교육사 연구는 크게 두 갈래로 나뉜다. 한 갈래는 역사적으로 오래 전에 교육에 대한 언급을 한 "위대한 교육적 예언자"들의 사상을 편집하거나 해석하는 것이다. 이런 부류의 논의는 흔히 '교육사상사'로 칭해진다. 그런데 이 접근방법의 문제는 교육적 예언자로 선택된 사람들이 어떤 이유에서 교육적 예언자이며 그들의 교육에 대한 언급들 간에는 교육과 관련하여 어떤 내적 연관관계를 갖는지를 밝히는 개념적인 틀이 결여되어 있다는 데 있다.

교육사 연구의 다른 갈래는 "교육적 사건"을 취급하고 있다. 교육적 사건은 고도의 정련된 개념의 틀과 자료수집의 방법을 요구하는데 아직 이 문제는 해결되지 않았다. 이런 제약 때문에 교육사는 학교라는 구체적인 제도에 관심을 두어왔다. 그러나 개관주의(revisionism)은 학교의 교육적 의미가 종전의 연구에서 과장되었다고 생각하여 교육사를 교회, 가정, 사업체 및 기타 제도의 영역에까지 확장시켜 거기에 내재된 교육적인 측면에로 관심을 확대시켰다.[7]

---

6) 장상호, "교육학의 비본질성", 23.
7) *Ibid.*, 23－24.

그런데 현존하는 교육사가 진정으로 교육적인 사건의 역사를 다루고 있느냐 하는 것이다. 교육사학자는 과거의 오래된 교육의 세계에 침투해서, 그 의미 내용을 당시의 입장에서 파악하고, 그것을 오늘의 세계에 사는 사람들에게 번역해 주어야 한다. 과거는 단편적인 증거를 남기고 있을 뿐이고, 그들은 서로 연관성을 가져야만 역사로서의 의미를 갖는다. 그런데 교육사를 포함하는 현존하는 교육학은 그 증거를 선택하고 그들에 통합성을 부여할 만한 독자적인 개념 체제를 갖추지 못하고 있다. 심지어 교육적 사건의 외곽이 어디까지인지조차도 구분하지 못하고 있는 실정이다. 그런데 교육적 사건의 경우에만 보더라도 진정한 의미의 교육과 교육적 평가가 무엇이냐에 대한 이론적인 안목이 그 배경을 형성하고 있어야 한다. 이 안목이 없는 한, 진정한 교육의 역사는 밝혀질 수 없다.[8]

마지막으로 교육과정의 영역을 살펴보자. 교육과정에서 교육목표의 선정, 교육내용의 선택과 조직, 교육평가라는 일련의 절차는 근래에 이르기까지 그 골격이 큰 변화 없이 유지되고 있다. 이런 성격의 교육과정에서는 어떤 가치관에 의해 교육목표가 규정되든 상관할 바 없으며, 주어진 교육목표를 달성시키는 활동을 설계하거나 계획해서 소기의 목표가 달성되었는지를 평가하는 기술적 지원으로 스스로의 임무를 한계 지운다. 전통적인 교육과정론자들이 다분히 기술적이고 형식적인 문제에 집착하고 있는 동안 일부의 학자들은 교육목표가 행동적으로 미리 규정될 성질인가를 반문한다.[9] 교육목표가 행동적으로 진술된다는 것은 교육목표의 심리학을 의미하는데, 심리학에서

---

8) *Ibid.*, 24-25.

9) 예컨대, Elliot W. Eisner, *The Art of Educational Evaluation: A Personal View* (London: The Falmer Press, 1985)와 William Pinar, ed., *Curriculum Theorizing: The Reconceptualists* (Berkeley: McCuthan, 1975) 참조.

보는 인간은 인간의 전체 가능성에 비해서 극히 제한된 것에 불과하다. 또한 최근의 연구는 교육과정의 계획과 실행이 반드시 교육적이라고 할 수 없는 교육외적인 세력, 이해관계 및 압력에 의해서 결정된다는 것이다. 학교에서 가르쳐지는 교과의 지식마저 인식론적인 객관성을 지닌 것으로 정당화되었으나 일부의 학자들은 그것이 기존의 사회구조, 경제 질서 및 지배적 문화가치를 반영하는 것으로 본다[10]. 또 하나 학생들이 학교생활을 하면서 얻는 경험은 교육과정을 통해 공식적으로 표명하는 경험만이 아니라는 사실이다('숨겨진 교육과정'[hidden curriculum]). 이런 제반 사실은 교육과정의 교육성을 의심하기에 충분하다.

위에서 본 바와 같이 교육학이 다른 학문에 의존하는 동기는 타 학문의 지식을 적절히 응용하면 학교가 교육화되리라는 낙관 때문이며, 학교와 교육 현상을 동일시하기 때문이다. 그래서 학교를 능률화시키는 것이 교육이라고 생각하고 그것을 가능케 하는 기술적인 절차에만 부심하였다. 그래서 여러 분과학문들이 동원되게 된 것이다. 그러나 그들이 실제로 한 일은 학교 상황에 포함된 심리적, 사회적, 문화적, 정치적, 경제적, 행정적, 역사적, 철학적 문제를 다룸으로써 교육을 심리화, 정치화, 사회화, 문화화, 제도화, 인력자원화 등으로 환원시키거나 왜곡시킨 것이었다.[11] 결국 교육 고유의 현상을 이해

---

10) 예컨대, J. Anyon, "School Class and School Knowledge", *Curriculum Inquiry*, Vol.11, (1981); Michael W. Apple, *Ideology and Curriculum* (Boston: Routledge & Kagan Paul, 1979); Basil Bernstein, *Class, Codes and Control, Vol.3: Toward a Theory of Educational Transmissions* (London: Routledge & Kegan Paul, 1977); Pierre Bourdieu & Jean−Claude Passeron, *Reproduction in Education, Society and Culture* (Beverly Hills: Sage Publications, 1964) 참조.

11) "종교교육학이나 기독교교육학에서 제기되곤 하는 문제는 여타 기존 분과학문으로의 환원이다. 종교교육학 연구 측면들이 실제로는 타 분과학

하는 개념적 틀을 갖추지 못한 상태에서 교육학이 하였던 것은 교육
보다는 교육외적인 사실들을 모학문의 렌즈와 시각에 맞춤으로써 학
교를 오히려 비교육화시킨 일이었다.[12]

2. 타학문 수용의 문제

여기서는 기독교교육학을 하나의 분과학문으로 볼 때, 신학이나
교육학 등을 수용할 때의 부정적인 점과 긍정적인 점에 대해 살펴본
다. 부정적인 점은 논점 이탈과 거점(據點) 상실이고, 긍정적인 점은

문으로 환원된다. 종교교육 철학 연구는 철학적이며, 그래서 철학자가
탐구하고 가르쳐야 한다. 종교교육사는 역사이며, 그래서 역사가가 탐
구하고 가르쳐야 한다. 종교교육과 연관된 심리학, 그리고 그 밖의 행
동과학의 경우에도 사정은 마찬가지이다." D. Campbell Wyckoff, "Toward
a Definition of Religious Education as a Discipline", *Religious Eucation*
62:5 (Sep-Oct. 1967), 391-92.

12) 플릳트너(Andreas Flitner)는 타학문의 개념이 교육학에 침투해 온 사례
    에 대해 이렇게 의문을 제기한다.

> "타학문의 이런 제반 개념과 구인(構因)들이 도대체 교육에 유용한
> 지는 아직 더욱 의문이다. 그들은 무엇을 드러내고 있으며, 무엇을
> 위장하고 있는가? 그들은 우리를 어떤 오류로 이끌고 있는가? 그들은
> 우리가 진정으로 관심을 두어야 할 현상을 어디에서 어둡게 하거나
> 왜곡시키는가? 교육의 '토착적' 개념과 대상의 본질에 대한 오래된
> 의문은 여기서부터 변형 되어 왔던 것처럼 보인다. 타학문의 개념,
> 구인, 연구 모형들을 계속 추구함으로써 우리는 우리들의 고유한 요
> 소들을 통체로 잃어버렸거나 절단하거나 왜곡시켰다. 그들은 근사하
> 고 과학적인 것으로 보이지만 교육의 문제와 거의 관련이 있을 수
> 없는 방식으로 변모해 버렸다."

Andreas Flitner, "Education Science and Eduational Practice", *Education*
25 (1982), 65.

종합의 필요성이다.

　한 분과학문의 사실을 다른 분과학문의 개념에 의해 파악하려고 하는 것은 불합리하다. 한 분과학문은 다른 분과학문과 맥락이 다르다. 그런데 그 둘을 같은 맥락으로 이해한다면, 맥락의 혼동이 일어나서 서로 의사소통이 어려울 것이다. 어느 분과학문의 개념을 파악하기 위해서는 다른 분과학문 간의 독립성과 관련하여 해석되어야 한다.　오우크쇼트(Michael　Oakeshott)는　이를　'논점이탈의　오류'(ignoratio elenchi)라는 말로 지적하였다.

　　"경험의 양상들 가운데 어떠한 두 가지의 것도 서로 직접적인 관계가 없다. 왜냐하면 관념의 개별적인 추상세계는, 경험 전체의 한 가지 특수한 조직으로서 여타의 모든 것들과의 관계에서 배타적이기 때문이다. 결과적으로 이 관념의 세계의 어떠한 한 가지로부터 다른 것으로 논점을 통과해 나간다는 것은 불가능하다. 논점을 통과해 나갈 경우, 우리는 혼미에 빠져들지 않을 수 없다. 그러한 시도에 내재된 오류는 논점 이탈의 오류라는 성질을 갖고 있는 것이다. 이러한 모든 시도는 우리가 범하는 오류 가운데에서 가장 미묘하고 방심할 수 없는 것으로서, 상호무관하고 독립되어 있는 것들을 유관한 것으로 혼동하는 오류를 낳는다."[13]

　논점 이탈의 오류가 한 분과학문을 다른 분과학문을 통하여 보려고 할 때 발생하는 난점이라고 한다면, 거점 상실은 한 분과학문이 자신의 입장을 갖지 못한 상태에서 다른 학문들을 수용하는 난점을 말한다. 거점이 되어야 할 분과학문 자체가 입장이 없고, 수용된 분과학문들은 모두 그 나름대로의 입장들을 갖고 있기 때문에 각자의

---

13) Michael Oakeshott, *Experience and Its Mode* (London: Cambridge University Press, 1933), 75－76.

주장을 되풀이할 뿐 서로의 교류와 소통을 통한 상합(相合)의 모습
은 보여주지 못한다. 그것들은 종합될 수 없을 정도로 상이하고, 그
래서 역설적으로 그 사이에 마찰 또한 있을 수 없다. 이들 교육적
응용이 지니는 난맥상은 본질적으로 먼저 교육의 기본 맥락이 있고
그 위에서 타학문의 접맥을 시도한 것이 아니라, 교육의 맥락을 구
성하지 않은 채 일종의 공백상태에서 그들을 도입한 것이라는 데서
비롯된다. 말하자면, 그것은 "거점이 있는 응용"이 아니라 "거점이
결여된 응용"이라는 데에서 불가피한 난점을 지니는 것이다.

교육학의 학문적 성격이 심심치 않게 대두되고 있는 것은 교육학
의 종합적 특성 때문이다. 종합적이면 그 만큼 그 특성이 애매하게
되고 이런 모호한 특성 때문에 "누구나의 상식적인 학문"이 되고 연
구 분야, 이론, 방법 등이 산만해지기 쉽다.[14) 그래서 교육학 내 전
공영역에 대한 연구들을 보고 타 학문(철학, 사회학, 심리학, 행정학
등)에서는 자기들의 분야라고 주장하기까지 한다.[15)

그럼에도 기독교교육학이 종합성을 가져야 하는 이유는 기독교교
육 현상 자체가 광범위한 영역에 걸쳐 있는 문제이기 때문이다. 어
떤 특정한 단일 분과학문으로는 기독교교육 현상의 복잡성을 설득력
있게 설명해 줄 수 없다. 따라서 기독교교육 현상을 설명하기 위해
철학, 심리학, 행정학, 경제학, 인류학 등 주변 학문의 이론과 관점
들을 빌려 올 수 있다. 그러나 빌려온 분과학문의 전문성에 치우쳐
기독교교육학의 고유한 분과학문적 관점을 상실할 경우 그것은 이미
기독교교육학과는 무관한 것이 되어버리고 만다.

---

14) 이귀윤, "교육학의 학문적 성격에서 본 교육연구의 과제", 「논총: 교육
    학편」50 (서울: 이화여자대학교 한국문화연구원, 1986), 195.
15) *Ibid.*, 184.

 **B. 응용학문으로서의 기독교교육학**

1. 기독교교육학의 학문적 구조

기독교교육학 분야에서 이제까지 이루어져 온 학문적 구조에 대한 논의를 살펴보면 그 구조화 방식은 거의 한 가지로 통일되어 있는 것을 볼 수 있다.[16] 즉 기존 기독교교육학의 학문적 구조는 그 탐구 대상인 기독교적 내용들과 그를 둘러싼 인접학문들과의 관련 양상을 밝히는 것으로 집약된다. 이것은 거꾸로 기독교교육학에 관계된 제반 학문과의 관련을 토대로 그것들이 기독교교육의 실천에 어떤 식으로 관여하는지를 구체적으로 보여주기 위한 것이라고 말할 수도 있다. 이와 같은 입장을 갖게 된 배경에는 기독교교육학의 주된 과제를 기독교적 내용들을 잘 가르치는 데 필요한 내적·외적 조건을 명료화하고 그 이론적 기반을 마련하는 데 있다고 보았기 때문이다. 이런 방식으로 기독교교육학의 학문적 구조를 제시하는 것은 기독교교육의 실천을 겨냥한 폭넓은 이해에 필요한 논의 영역들을 개념화하는 일과 크게 다르지 않다.

기존 기독교교육학의 관점에서 볼 때, 기독교교육학은 기독교적 내용을 대표하는 신학과 교육학을 토대로 하여 그들로부터 이론적 지원을 받는 학제적 연구의 산물로서 성립된다. 여기서 기독교적 내용

---

16) 이하의 논의는 최성욱, "교과교육학 논의의 반성적 이해와 대안적 접근", 「교육원리연구」1:1 (서울: 서울대학교 교육원리연구회, 1996), 51 – 84를 응용한 것임.

을 대표하는 신학과 교육학은 각각 기초학문과 응용학문으로서 기독교교육학을 성립시키는 기반을 제공하는 것으로 설명된다. 더불어 기독교교육의 이해와 실천에 도움을 줄 수 있는 제반 학문들이 관련학문으로서 참여한다. 그리하여 기독교교육학은 기초학문으로서의 기독교적 내용의 바탕을 이루는 신학과 응용학문으로서의 교육학을 기초로 하는 하나의 실천지향적인 응용학문이면서, 동시에 그러한 응용과 관계된 인접 학문들의 이론적 지원을 받는 종합 학문으로 간주된다. 그래서 기독교교육학의 구조화 방식이 지닌 특성은 기독교교육 내용의 토대를 이루는 신학과 교육학 간의 제휴를 기초로 인접학문들의 도움을 받는 종합적 응용학문의 형태로 구조화되어 왔다는 것이다.

기존 기독교교육학의 이론화 방식은 다음과 같은 세 가지 전제를 상정하고 있다. 첫째, 기독교교육학의 탐구대상인 기독교교육은 '기독교'17)와 '교육'이 만나서 이루어지는 중간 영역이라는 가정이다. 이 말은 '기독교'와 '교육'이 서로의 고유한 성질을 잃지 않으면서 기독교교육이라는 하나의 통합체 안에서 상호보족적으로 긴밀하게 협응한다는 뜻으로 해석된다. 그러나 '기독교'와 '교육'이 사실적인 맥락에서 별개의 실체로 분리될 수 있는 것이 아니라는 점이다.

둘째, '기독교'는 기독교교육의 내용이고, '교육'은 기독교교육의 방법이라는 가정이다. 기독교교육에서 내용은 신학적(성서적) 지식이나 신앙적 삶 등 가치로운 경험의 체계를 의미하고, 교육은 그러한 내용체계의 의미를 파악하기 위한 일련의 방법적 원리와 활동이라는 것이다.18)

---

17) 여기서 '기독교'라는 말은 교육과 더불어 기독교교육을 이루는 하위요소의 하나를 가리킨다. 기독교는 그 자체로서는 기독교교육이라는 전체 맥락에 의해 변형을 거치기 이전의 경험내용을 뜻한다. 그것은 기독교교육의 경험 내용을 이루는 신학을 포함한 전체 내용을 의미한다.
18) 기독교교육학을 실천 신학의 한 분야로 보는 입장은 근본적으로 여기

이 가정에서는, 마치 '기독교'를 '교육'과 분리시켜 별도로 논의할 수 있는 것처럼 다루고 있다. 그러나 '기독교'와 '교육'은 그 각각을 개념적으로 구분하는 것은 가능할망정, 양자를 별개의 실체인 양 독립적으로 다루는 것은 곤란한 문제를 야기한다. 이 말은 '기독교'와 '교육'이 지닌 고유한 속성을 각각 구명하는 것이 이론적으로 불가능하다는 말은 아니다. 기독교는 기독교대로 해당 경험세계를 반영하는 한 그것이 대표하는 경험세계와의 관련을 고려하면서 그 속성을 이해할 수 있다. 또한 교육의 경우에도 그것이 지닌 고유한 측면에 주목하면서 나름의 질서와 원리를 탐구하는 것은 충분히 있을 수 있다. 다만 '기독교'와 '교육'은 그 둘을 요소로 하여 성립하는 기독교교육의 전체적인 맥락 안에서 논의되어야 하며, 그러한 맥락적 바탕을 떠나서는 제대로 그 성격을 파악하기가 어려워진다. 따라서 기독교에 관한 논의를 위해서는 적어도 교육의 속성을 함께 고려해야 하며, 교육에 관한 논의 또한 기독교의 성격을 동시에 고려하면서 이루어져야 한다. 기존의 기독교교육학이 지닌 커다란 난점의 하나는 바로 이러한 '기독교'와 '교육'의 관계를 고려하지 않은 채 양자를 별개로 논의했다는 데에서 찾을 수 있다.

셋째, 기독교교육학의 성격을 기초학문과 응용학문이 결합된 종합적 실천적으로 보는 것이다. 기독교교육학의 기초학문은 그 내용으로 대표되는 신학이고, 응용학문은 그러한 신학적 내용을 가르치는 지식과 기술을 제공하는 교육학을 가리킨다. 기독교교육학은 하나의 단일한 학문이 아니라 기독교교육에 관련된 여러 학문들(신학, 교육학, 기

속한다(예를 들어, Donald E. Miller, "Christian Education as a Contextual Discipline", *Religioud Education* 62:5 [Sep−Oct. 1967], 419). 기독교교육학을 '문맥적 학문'(a contextual discipline)으로 보고 문화적, 사회적, 개인적 문맥에서 검토되어야 한다고 해도 마찬가지이다. *Ibid.*, 419−20.

타 인접학문)이 함께 관여하는 일종의 종합학문으로 파악되고 있다. 그리고 기독교교육학은 그것이 산출하는 지식이 결국은 기독교교육이라는 실천영역에 도움을 주고자 하는 것이라는 점에서 실천지향적인 학문으로 규정된다. 이처럼 기독교교육학은 기초학문과 응용학문의 결합, 학제적인 접근에 의한 종합학문, 그리고 기독교교육을 개선하기 위한 실천지향적 학문이라는 세 가지 특징을 지닌 것으로 이해된다.

이 같은 이해는 문제의 소지를 지니고 있다. 우선 거기에서는 기독교교육학을 기초학문과 응용학문의 결합으로 보고 있는데, 이때 '기초'와 '응용'이라는 것은 결국 '기독교'와 '교육'을 별개로 연구하는 학문들의 혼합을 의미하고 있다. 기독교교육학의 하위영역은 다양한 관련 학문의 나열에 그칠 뿐, 그들 상호간의 관계나 결합 양상을 구체적으로 보여주지는 못하고 있다. 이 점에서 기독교교육학의 성격을 종합학문이라고 규정하는 것은 문제가 된다. 기독교의 배경을 이루는 기초학문과 응용학문인 교육학, 그리고 다양한 인접학문을 종합한다고 할 때, 그 통합의 구심점이 무엇인지 분명하지 않기 때문이다.

앞에서 살펴본 바와 같이, 기존의 기독교교육학 연구들에서는 교육을 통하여 가르치고 배우는 내용 자체에 대한 이해보다는 그것을 지도하는 방법과 절차를 마련하는 데 더 노력을 기울여 왔던 것이 사실이다. 기독교교육에서 다루어지는 내용은 해당 학문이나 경험세계의 고유한 영역에 속한 것이기 때문에 기독교교육학에서 다룰 일차적인 과제와는 거리가 먼 것이라고 보았다. 대신 기독교교육학의 입장은 기독교 내용을 가르치는 방법으로서의 교수활동에 관한 제반 절차와 프로그램을 처방하는 데 주력하는 쪽으로 기울었다. 이러한 특징을 지닌 기독교교육학에서는 자연히 교육을 교수법을 중심으로 하는 좁은 영역에 국한시켰으며, 그에 따라 교육의 존재 의의는 기독교의 중요성을 드러내고 전달하는 수단적 활동이라는 점에서 찾았다.

그러나 교육을 내용으로서의 기독교에 부속된 방법적 수단으로 간주하는 이러한 관점은 기독교교육학의 전반적인 특징을 이해하는 방식으로서는 분명 한 쪽으로 치우친 접근방식을 보여주고 있다. 왜냐하면, 기독교교육학의 탐구대상인 기독교교육에는, 그 성격을 어떤 식으로 규정하든지 간에, 교육내용으로서의 기독교와 함께, 교육내용의 전달·습득에 관련된 교육이라는 행위가 관여하고 있기 때문이다. 기독교교육 상황에서는 '기독교'도 고려해야 하고 '교육'도 고려해야 한다. 왜냐하면 기독교교육 상황에서는 어느 경우에나 기독교 내용의 선정·조직·구성·전개 자체가 늘 교육의 논리에 맞도록 통제와 변형을 거치면서 이루어진다고 보아야 하기 때문이다. 바꾸어 말해서, 교육은 기독교의 가치를 전달하는 방법이기 이전에 어떤 것이 내용이 될 수 있으며 내용이 되기 위해서는 어떤 조건을 갖추어야 하는지를 결정하는 한 가지 중요한 요인이 된다. 기독교교육에 관한 한, '기독교'와 '교육' 둘 다의 관련이 필요하다.

2. 기독교교육적 맥락과 분과학문

기독교교육은 '기독교'와 '교육'을 하위 요소로 하여 그 둘 사이의 상호관계로서 이루어지는 하나의 전체이다. '기독교'와 '교육'은 '기독교교육'이라는 전체 맥락 안에서 관계를 이루고 있다. 이것은 '기독교'와 '교육'이 상호 동등한 위치에서 서로 영향을 주고받는다는 뜻이다. 따라서 '기독교'는 한편으로 보면 '교육'을 수단으로 삼아 그 가치를 전달시키는 것이기도 하지만, 다른 한편으로는 교육활동을 위해 수단으로 사용되는 것이기도 하다. '기독교'와 '교육'은 이처럼 쌍방적인 관계를 맺는 것으로 이해할 수 있다.

'교육'은 '기독교'에 부속되거나 종속된 것이기 이전에, 가르치고 배우는 행위의 원리와 이유를 가지고 그에 맞는 기독교의 조건을 제시하는 등 나름의 질서와 원칙에 따라 전개되는 활동 영역으로 볼 수 있다. 그리하여 '교육'은 그 자체로 기독교교육의 성격과 방향을 결정하는 데 있어 '기독교' 내용 영역과는 다른 역할과 작용을 한다고 볼 수 있다.

'교육'이란 무엇이며 그것은 어떤 원칙에 의거하여 전개되는가 하는 이른바 교육의 성격 문제는 기독교 내용에 대한 이해로부터 유추되거나 '기독교'에 대한 역사적, 철학적, 사회과학적 이해로부터 도출된다고 하기는 어렵다. '기독교'의 내용 자체에서 그것을 배우는 방법이 무엇인가를 알 수 있게 되는 것은 아니며, '기독교'의 내용을 안다는 사실로부터 그것을 가르치는 방식이 논리적으로 연역되어 나오지도 않는다.

여기서 우리는 기독교교육의 맥락 안에서 '기독교'와 '교육'의 관계를 다시금 생각해 볼 필요가 있다. 기독교교육은 '교육'을 통하여 '기독교'를 매개하는 과정이라고 볼 때, 그것을 '매개하는 것'과 '매개되는 것'으로 나누어 볼 수 있다. 이때 '기독교'와 '교육'은 각각 '매개되는 대상'과 '매개하는 활동'에 해당된다. 그리고 '기독교'와 '교육' 가운데 어느 편도 다른 쪽의 의미와 역할을 대신할 수 없다는 점에서 고유한 개념적 실체로서 파악할 수 있다. 그러나 그 두 개념은 기독교교육이라는 전체적 문맥 속에서 파악되어야 한다. 어느 한 쪽도 다른 것과의 관련을 떠날 수 없기 때문에 양자의 상호 관계 속에서 각각을 이해하는 것이 필요하게 된다.

'기독교'는 경험이고 '교육'은 경험을 전달한다. 혹은 '교육'은 경험의 전달을 매개한다고도 할 수 있다. 여기서 '전달하는 것'(매개하는 과정)과 '전달되는 것'(매개되는 대상) 사이에는 일정한 관계가 성립한다. 양자의 관련을 밝히는 것은 중요한 문제임에 틀림없지만, 양자의 관계가 성립하려면 그 두 가지 관계항이 서로 구별될 수 있음을 전제해야 한다. 이런 전제하에 양자의 관계를 따져 볼 때, 어떤 쪽을 중요하게 보느냐에 따라 수단과 목적의 위치는 전혀 달라진다. 가령, 경험 쪽을 중시하면 교육은 수단이 된다. 반면 교육을 중시하면 경험이 그 수단이 된다.

기독교교육에 있어서 임의의 경험내용은 교육의 내적 원리에 의해 수정되거나 변형이 가해진다. 그렇게 함으로써 그것이 지닌 의미 체계는 보다 뚜렷한 방향을 지향할 수 있게 된다. 또한 교육은 항상 어떤 경험이 지닌 특성을 면밀하게 고려함으로써 그 소재의 가치에 공헌하며, 그로부터 교육 자체의 기능성과 존재 의의를 공고히 다진다. 이처럼 기독교교육 상황에서는 '기독교'와 '교육'이 각각의 특성을 해치지 않는 범위 내에서 상호 긴장된 관련을 맺고 있다. 따라서 '기독교'와 '교육' 중 어느 한 쪽의 가치만을 일방적으로 내세우기보다는 양자가 서로의 발전에 호혜적으로 기여하는 가치공립적 관계임을 인식하는 것이 기독교교육에 있어서 중요한 논점으로 부각된다.

앞서 논의한 내용들을 토대로 할 때 기독교교육학의 구조는 다음과 같이 나타낼 수 있다. 기독교교육학의 구조는 크게 "기독교"와 "교육"이라는 두 부분을 요소로 하여 구성된다. <그림2>는 이러한 기독교교육학의 대안적 구조를 예시한 것이다.

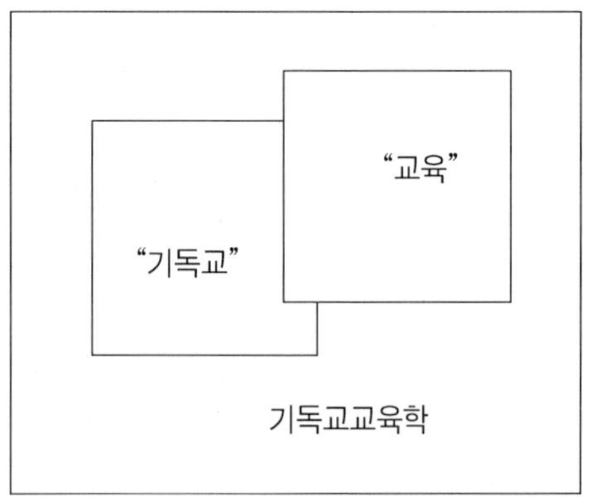

〈그림2〉 기독교교육학의 구조

이것은 외형적인 면에서 '기독교'를 내용으로, '교육'을 방법으로 파악한 종전의 입장과 별 차이가 없다. 그렇지만 좀 더 세부적으로 파고 들어가면, '기독교'와 '교육'의 의미는 물론, 양자의 관계에서 차지하는 각각의 비중과 관련 양상은 이전과는 근본적으로 달라진다. 앞에서도 언급한 바와 같이, 기독교교육의 맥락에서 보면 '기독교'는 교육의 힘을 이용하여 그 고유한 가치의 실현을 증대시켜 나가지만, 또 한편으로는 교육의 소재로서 교육활동이 가능하기 위한 필요조건의 하나가 된다. 그러므로 '기독교'가 '교육'의 목적적 가치라는 등식은 성립하지 않는다. 오히려 '기독교'는 그 가치의 전달과 쇄신을 위해 '교육'에 의존하지 않을 수 없다. 따라서 '기독교'에 대한 '교육'의 봉사적 기능에 못지않게, '교육'을 위한 '기독교'의 활용가치를 강조할 수 있다. 이런 각도에서 '기독교'와 '교육'은 각각 그 나름의 자율적 토대에 기초하여 상호간의 협조와 공존을 추구하는 의존적 관계를 맺는다고 볼 수 있다.

기독교교육학의 탐구 영역

　　자율적 분과학문이기 위해서 갖추어야 될 최소한의 학문적 조건으로 고유한 탐구영역이 있어야 한다고 했다. 기독교교육학 역시 학문 일반의 세계에서 자율적이고 독립적인 분과학문의 지위를 확보하기 위해서는 이 조건을 충족시켜야 한다.

　　기독교교육학은 과연 다른 학문과 구별되는 독자적인 구조를 형성할 수 있을까. 이 물음이야말로 기독교교육학이 하나의 자율적인 분과학문으로서 새롭게 탄생하느냐, 그렇지 않느냐를 가름하는 물음이다. 기독교교육학을 타학문으로부터 자율화시키는 첫 단계는 고유한 인식의 대상을 다른 것들로부터 변별적으로 분리해 내는 일이다. 기독교교육은 기독교교육 아닌 것과 구분되어야 하고, 전자가 그 자신의 경계를 안정화시켜 후자와는 독립하여 자체의 정체성과 질서를 자기 충족적으로 유지하도록 구성되어야 한다.

　　기독교교육이 기독교교육 아닌 것과 구분되는 경계는 그것에 대한 간단한 정의나 그것이 수행하는 기능을 열거함으로써 이루어지는 것은 아니다. 이런 방식은 간편성과 편의성을 가지고 있지만, 기독교교육의 존재적 특징이나 본질을 규정하지는 못한다. 기독교교육은 마치 유기체의 경우처럼 그 세계 내에 있는 것들이 하나의 조직화된 체계로 다른 것들과 구분되어야 한다. 그 세계 내의 것은 그들 안에 있는 요소와 그들의 관계에 의하여 하나의 균질성과 동일성을 유지하면서 여타의 것들을 그것에 동화시켜야 한다. 그러므로 여기서는 기독교교육학만의 고유한 탐구 대상이 되는 기독교교육적 현상이 무엇인지에 대해 탐구할 것이다.[1]

---

1) 기독교교육 현상과 기독교교육의 내용은 다르다. 기독교교육의 내용을 규
　정할 수 없다는 이유 때문에 기독교교육학이 학문적 정체성을 확보하기는

A. 신앙교육

기독교교육학의 고유한 탐구 영역을 규명하기 위한 방식 중의 하나는 기독교교육을 일반교육과 비교하는 것이다. 기독교교육과 일반교육의 차이를 목적의 관점에서 보는 입장이 있다.[2] 일반교육의 최종적인 목적은 인본성(Humanität)의 완전한 실현에 있다. 그러므로 일반교육은 인간 본성의 완전성을 지향하는 인간 육성이라고 하겠다. 그런데 기독교교육은 인간 본성의 완전한 실현이나 교회와 국가가 필요로 하는 인간 육성과 같은 교육 이념들 자체가 최종적이요, 절대적인 교육 목표가 아니라, 이들은 보다 더 절대적인 교육 목적을 위하여 요청이 되는 목표들일 뿐이라는 기독교교육의 신념이 있다. 기독교의 신앙에 의하면 인간의 완전성과 유용성의 실현은 해당 인간 자신을 위하여서가 아니라 타인을 위하여서, 그리고 하나님을 위하여서 요청되고 있는 목표이다. 이 점에서 기독교교육과 일반교

어렵다는 주장에 대해서는 Rachel Henderlite, "Elements of Unpredictability which Create Difficulties in a Precise Definition of Christian Education", *Religious Eucation* 62:5 (Sep−Oct. 1967), 406−7 참조.

기독교교육학은 전통적으로 기독교의 '내용'을 가르치는 것으로 생각되어 왔다. 초기 교회의 주된 공식적 교육 노력은 세례준비교육(Catechumenate)이었다. 첫 5세기 동안 교회의 교육의 기둥은 세례준비교육이었지만, 교육 내용의 중심을 차지하고 있었던 것은 신조, 주기도, 세례, 성례전 등이었다(Lewis J. Sherrill, *The Rise of Christian Education* [New York: The Macmillan, 1944], 196). 주일학교 운동의 발전으로 기독교교육의 주요 교육 내용은 성서가 되었다. 그러나 성서 비평학의 발전으로 성서를 가르치는 일은 복잡한 문제가 되었다. 성서교육과 관계된 전체적 논의는 이정효, 『현대성서교육론』 (서울: 성광문화사, 1996)을 참조.

2) 오인탁, 『기독교교육』 (서울: 종로서적, 1984), 119.

육은 갈라진다.

그러나 여기서 일반교육의 목적으로 보는 인간성의 실현이 기독교교육의 목적도 될 수 있는 것이라면,3) 목표의 관점에서 기독교교육과 일반교육을 구별하는 것은 적합하지 않다. 그보다는 보다 본질적인 교육의 속성에서 구별이 이루어져야 할 것이다. 이를 위해 일반적으로 인정될 수 있는 내용들로부터 논의를 펴나갈 수 있을 것이다. 먼저 기독교교육이 일종의 교육이라는 것을 인정해야 할 것이다. 그랬을 때 기독교교육과 일반교육과의 차이는 '교육'이라는 말이 수식하는 말에 의해 결정된다. 그것이야말로 기독교교육을 일반교육으로부터 차별화시키는 요소가 될 것이다. 그렇다면 기독교교육의 특성을 '기독교'라는 말에서 찾아야 할 것이다.

'기독교'라는 말을 기독교교육과 관련지을 때, 그 말에서 신학적 내용, 기독교교리, 교회 전통, 성서 내용 등을 떠올릴 수 있다. 그것들은 기독교교육에서 가르치고 배워야 할 내용들이다. 그러나 그런 내용들의 습득이 기독교교육의 성취는 아니다. 그러므로 내용의 차원이 기독교교육의 본질을 드러내주지는 못한다. 그렇다고 그런 것들이 소재가 되어 실제로 학습자에게 형성시켜야 할 내용들을 지식, 이해, 태도, 가치, 기술-습성, 동기, 자아의 변화로 볼 수도 없다.4) 이들 내용들은 일반교육에서도 추구하는 것들이기 때문에 딱히 기독

---

3) 이것은 구체적으로 하나님의 형상의 회복이라고 할 수 있을 것이다. 인간은 하나님의 형상으로 창조되었다. 이에는 크게 네 가지의 뜻이 있다. 첫째, 인간의 차별성이다. 인간은 다른 피조물들과는 다른 방식으로 지어졌다. 둘째, 인간의 우월성이다. 인간은 다른 피조물보다 우수하게 창조되었다. 셋째, 인간의 책임성이다. 인간은 다른 피조물들을 관리하도록 지어졌다. 최종진, "인간 창조에서 하나님의 형상 이해: 인성교육의 목표로서", 「신학과 선교」21 (부천: 서울신학대학교, 1996), 190-91.

4) Robert R. Boehlke, *Theories of Learning in Christian Education,* 김형태 역, 『기독교교육의 학습이론』 (서울: 백록출판사, 1983), 37-73.

교교육적인 것이라고 말할 수 없다.

또 다른 각도에서 기독교교육과 일반교육의 차이는 기독교교육은 종교교육이고 일반교육은 세속교육이라는 것이다. 이 상식적인 사실이 바로 종교교육으로서의 기독교교육이 일반교육과 갈라지는 곳이다.

'종교'라는 개념은 오랜 세월 동안 변천을 겪어왔다. 스미스(Wilfred C. Smith)는 종교의 의미를 다음과 같이 말한다.[5] 첫째, 개인 인격체의 경건성이다.[6] 둘째, 신조들이나 행위들이나 가치들 혹은 그 밖의 어떤 외적 체계이다. 셋째, 유(類)개념적 총칭으로서의 종교, 즉 종교 일반이다. 첫 번째 의미는 인간의 삶에 있어서 종교를 무관심으로부터 구별해주는 것이며, 두 번째 의미는 한 종교를 다른 종교로부터 구별해 준다. 세 번째 의미는 종교를 예술이나 경제와 같은 삶의 다른 영역들로부터 구별해준다.

종교는 인격적 차원에서 볼 때, 두 차원을 갖는다. 한 차원은 신적 차원으로 섬김의 대상이며, 다른 한 차원은 인간적 차원으로, 섬기는 자이다. 기독교교육을 세속교육과 비교하여 종교교육이라고 할 때의 종교는 후자의 차원과 관계된다. 그런데 이 후자의 차원과 관

---

5) Wilfred C. Smith, *The Meaning and End of Religion*, 길희성 역, 『종교의 의미와 목적』 (왜관: 분도출판사, 1991), 79-80.
6) 이것이 무엇을 가리키느냐는 다양하다. 예를 들어, 슐라이에르마허(Friedrich E. D. Schleiermacher)에 의하면 종교의 본질은 직관과 감정이다. 17-8세기 독일 계몽주의 시대의 종교 연구는 종교의 본질을 사변적인 교리와 도덕적인 규범에서 찾으려고 했다. 슐라이에르마허는 이와 같이 종교가 철학이나 도덕에 종속되는 위험성을 직시하고, 종교의 본질이 직관과 감정임을 주장하였다. 종교의 본질은 생각하는 것이나 행동하는 것이 아닌, 직접 의식하며 느끼는 것이다. 종교적 직관은 모든 유한한 것을 무한한 것의 표현으로 받아들이는 것이다. 이 직관은 감정과 결합되어 있다. 직관의 과정은 항상 감정을 동반한다. 목창균, "슐라이에르마허의 종교관: 『종교론』초판을 중심으로", 「신학과 선교」13 (부천: 서울신학대학교, 1988), 192-96.

련된 전체적 행위를 신앙이라고 할 수 있을 것이다. 그래서 기독교교육을 세속교육과 구별하여 종교교육이라고 할 때, 그 종교교육은 좀 더 구체적으로는 '신앙교육'이라는 의미이다.

기독교교육과 세속교육의 차이를 세계관을 실마리로 찾을 수 있다. 세속교육은 자존성에 입각한 무신론적인 세계관에 바탕을 두고 있고, 이에 비해 기독교교육은 성서적 세계관을 바탕으로 한다.7) 즉 세속교육은 '자아'와 그 자아가 활동하는 '세계'라는 2차원적 터전 위에서 전개된다.8) 그러나 기독교교육은 인간 세계에 대한 인식(허무, the Void)과 그에 대한 대안으로서의 초월적 실재(거룩, the Holy)를 인정함으로써 4차원적 기반 위에서 진행된다.9) 세속교육의 차원에 부가된 차원이야말로 기독교교육을 세속교육과 차별화시키는 신앙교육의 차원이다.

기독교교육을 일반교육과 근본적으로 다른 차원에서 진행하게 하는 동인은 무엇인가. 그것을 신앙이라고 볼 수 있을 것이다. 기독교교육에서 신앙을 빼면 그것은 기독교교육이라고 주장될 수 없다. 또한 그 때 기독교교육은 세속교육에 대한 차별성을 한꺼번에 상실하게 될 것이다. 신앙교육, 즉 신앙을 가르치고 배우는 현상에 대한

---

7) 김용섭, "일반 교육과 기독교교육에 있어서의 교육과정 및 교수−학습의 개념에 대한 비교연구", 「고신대학 논문집」15 (부산: 고신대학교, 1987), 268−69.

8) 로더(James E. Loder)는 대부분의 인문·사회·자연과학이 '자아−세계'(Ego − Lived World)의 2차원에서 수행되고 있음에 비해, 신학은 확신 체험을 통해 '죽음'(the Void)과 죽음에 대한 대안으로서의 '거룩'(the Holy)의 실재를 경험함으로써 4차원에서 논의된다고 말한다. James E. Loder, *The Transforming Moment: Understanding Convictional Experience* (San Francisco: Harper and Row, 1981), 67−92.

9) 이규민, "탈근대화 시대의 기독교교육과제 설정을 위한 신학적 고찰: 몰트만의 사회적 삼위일체론을 중심으로," 한국기독교학회 편, 『포스트모더니즘과 탈식민주의 시대의 신학』 (천안: 한국신학연구소, 1996), 269−70.

탐구가 기독교교육학의 탐구 영역이다.

신앙은 일반 교육에서 소재로 삼는 교육의 내용과 같지 않다. 내용은 어떤 방식으로 획득된 결과이다. 그래서 일반적으로 교육이라고 하면 이미 결과로 나와 있는 내용을 가르치는 것으로 생각한다. '신앙교육'이라고 할 때의 교육은 그것과는 성격이 다르다. 신앙은 가르칠 수 없다.10) 신앙은 어떤 주어진 내용이 아니기 때문이다. 물론 신앙에 대해서 여러 가지로 말들을 하지만, 그 모든 내용들 역시 어떤 상태를 말하는 것이지 가르칠 수 있는 내용을 말하는 것은 아니다.

기독교교육을 일반교육과 구분해주는 것은 신앙의 과정적 성격이다.11) 신앙은 이미 형성된 지식이나 가치, 즉 결정된 어떤 내용이 아니라 하나의 동적인 과정이다.12) 그래서 기독교교육학자들은 신앙의 내용을 말하지 않고 발달을 말한다. 한 단계에서 다른 단계로 나아가는 과정성에 신앙의 특성이 있는 것이다. 그렇다고 해서 그 과

---

10) '신앙을 가르치는 것'(teaching faith)과 '신앙에 대해 가르치는 것'(teaching about faith)은 다르다. 신앙에 대해 가르치는 것은 가능하다. 그러나 '신앙을 가르친다'고 할 때는 문제가 생긴다. '가르친다고 하는 데 그 의미가 무엇이냐'는 것이고, 신앙교육이 이미 주어진 신앙을 향상시키는 것인지, 아니면 없는 신앙을 넣어준다는 것인지 불분명하다. 이와 관련해서 James M. Lee, "Growth in Faith through Religious Instruction", James M. Lee, ed., *Handbook of Faith* (Birmingham, AL: Religious Education Press, 1990), 267-71 참조.

11) 파울러(James W. Fowler)는 '신앙(Faith)'이란 말을 명사로서가 아니라 동사로서 이해해야 한다고 주장한다. 본래 '신앙'이란 말은 헬라어 'πϊο τυώ'(pistuo)와 라틴어 'Credo'라는 말에서 나왔는데 이것은 "나는 신뢰한다. 나는 나 자신을 헌신한다. 나는 나의 마음을……에 정하였다. 나는 충성을 서약한다."라는 동사이다. James W. Fowler, *Stages of Faith: the Psychology of Human Development and the Quest for Meaning* (San Francisco: Harper and Row, 1981), 44.

12) James W. Fowler, "Toward A Developmental Perspective on Faith", *Religious Education* 69 (March-April, 1974), 211.

정이 인간 발달의 단계, 예를 들어, 영아기, 유년기, 사춘기, 청년기, 장년기, 노년기 등으로 크게 구분되어 진행되는 것은 아니다. 신앙은 그보다 훨씬 더 작은 시간 단위 안에서 진행되는 실재이다.[13]

이제까지 신앙을 교육의 결과로 생각해 왔다. 그래서 어떤 교육을 마치면 일정한 양의 신앙을 부여받을 것처럼 여겨왔다. 그런데 신앙은 교육과 따로 분리된 실재가 아니다. 즉 교육의 결과, 교육이 끝난 뒤에 남는 그런 것이 아니라는 말이다. 신앙은 교육의 과정 중에 있는 것이지 교육과 분리되어 있지 않다. 교육의 과정 중에 그 참여자들에게 신앙이 형성된다.

한편, 기계론적인 사고에 젖어 있을 경우 부분들 사이의 관계를 외적인 것으로 간주하기 쉽다. 그래서 전체를 이루는 부분들 그 자체는 상호 독립적이라고 생각한다. 그런데 유기체적으로 볼 경우 부분과 체계 전체는 상호 의존적이다. 왜냐하면 그것들은 타자를 경험하는 가운데 주체로서 존립하거나, 타자의 경험을 구성하는 객체로서 존립할 수 있을 뿐이기 때문이다. 그것들은 타자와의 관계를 떠나서는 존립할 수 없다.[14] 그렇기 때문에 교육과의 관련에서 신앙을

---

13) 이 말은 중요하다. 만일 신앙이 장기적인 교육과 훈련에 의해서 생긴다면 신앙은 초월적인 것이 아니라 세상적인 것이 된다. 신앙은 현실적으로 교육과 갈등을 빚기는 하지만 초자연적인 하나님의 은혜로 단 기간에라도 주어질 수 있는 것이다. 교육은 이것을 부정하거나 비판해서는 안 된다. 오히려 그렇기 때문에 일정한 교육 시간은 그것이 짧더라도 신앙 생성의 가능성이 될 수 있는 것이다. 이것이 인정되지 않는다면 이후에 논의할 기독교교육의 구조 역시 무용한 것이 될 것이다.

14) 화이트헤드(Alfred N. Whitehead)는 경험의 보편적 구조를 일반화하여 "현실적 존재"(actual entity)라는 범주로 구상한다. 이 '현실적 존재들'이 경험의 계기에서 유추된 것이라는 점은 이들 존재가 상호 의존하는 것임을 시사한다. 왜냐하면 그것들은 타자를 경험하는 가운데 주체로서 존립하거나, 타자의 경험을 구성하는 객체로서 존립할 수 있을 뿐이기 때문이다. 그것들은 타자와의 관계를 떠나서는 존립할 수 없다. 이것은

언급할 때 신앙을 따로 떼어 내 언급할 수 없다. 신앙과 교육은 하나다. 그것이 신앙교육의 특성이다. 이 신앙교육이 바로 기독교교육학의 탐구 영역이다. 신앙교육은 신앙이 형성되어지는 전체 상황을 말한다. 그 전체성으로서의 신앙교육이 바로 기독교교육적 사실이며 기독교교육학의 고유한 탐구 영역이다.

그런데 어떤 현상이 교육의 탐구 영역이 되기 위해서는 그것이 위계성을 지녀야 한다. 교육은 보다 수준 높은 곳으로의 성장과 변화를 목표로 하기 때문이다. 만일 단계가 구분될 수 없는 영역이라면 행해진 교육이 효과가 있었는지를 판단할 수 없을 뿐만 아니라 구태여 교육을 할 필요가 없는 것이다. 그러면 신앙은 위계를 가졌는가. 파울러를 비롯한 여러 학자들은 신앙의 단계에 대해 말한다.[15]

'상대성 원리'이다. 임의의 현실적 존재에 있어 다른 존재들과의 관계는 본질적인 것이며 외적인 것이 아니다. 그리고 이처럼 세계를 구성하는 궁극적 존재들을 근본적으로 상호 의존하는 것으로 간주하고 있다는 점에서 화이트헤드는 자신의 철학을 '유기체(organism)의 철학'이라 부른다. 그는 17-8세기의 기계론에 대항하여 자신의 철학을 구상하기 시작하였다. 기계론의 특징은 그 부분들 사이의 관계를 외적인 것으로 간주하는 데 있다. 그래서 그 부분들 그 자체는 상호 독립적이다. 유기체의 경우 부분과 체계 전체는 상호 의존적이다. 특정 유기체에 있어 부분과 부분 사이의 관계나 그 유기체와 우주 전체 사이의 관계는 그 유기체에 본질적인 요소인 것이다. Alfred N. Whitehead, *Process and Reality: An Essay in Cosmology*, 오영환 역,『과정과 실재: 유기체적 세계간의 구상』(서울: 민음사, 1991) 참조.

15) 로더는 신앙 체험(transformation)의 과정을 단계로 나누어 설명한다. 그는 인간의 변화가 다섯 단계의 과정을 거친다고 말한다. 첫 번째 단계는 갈등의 단계로, 모순되는 상황에서 갈등을 일으키는 단계이다. 두 번째 단계는 문제 상황을 살펴보는 단계이다. 갈등의 진상이 무엇인지를 파악하고 그 해결책을 모색하는 단계이다. 세 번째 단계는 문제에 대한 해결책이 출현하는 단계이다. 해결책은 통찰이나 직관, 비전의 형태로 나타난다. 네 번째 단계는 문제의 해결책이 출현함으로써 이제까지 긴장되고 억압되어 있던 에너지가 방출되며 자유로움을 맛보는 단계이다. 다섯 번째 단계는 해결책이라 생각되는 내용을 문제의 갈등 상

황에 적용해 보면서 그 타당성을 검토하고, 문제 상황에 대한 재해석을 해보는 단계이다. Loder, *The Transforming Moment: Understanding Convictional Experixnce*, 31 - 35.

신앙을 삶의 스타일로 보는 웨스터호프(John H. Westerhoff Ⅲ)는 신앙을 네 가지 스타일로 말한다. 첫 번째는 경험적 신앙(experienced faith)이다. 이것은 학령전 아이들이 주위로부터 얻어지는 경험에 의해 신앙을 배우는 시기이다. 두 번째는 귀속적 신앙(affiliated faith)단계이다. 아동기와 청년기의 신앙양식으로서 자기를 받아들여 주는 공동체에서 뚜렷한 정체성을 찾고 타인과 같이 행동하고자 하는 시기이다. 세번째, 탐구적 신앙(searching faith)이다. 사춘기에도 귀족적 신앙을 가지면서 동시에 탐구하는 상태에 있을 수도 있다. 그것은 의심하고 비판하고 결정하는 상태로 나타난다. 마지막으로, 소유적 신앙(owned faith)이다. 이것은 회심을 의미한다. 여기서 회심이란 지·정·의, 즉 인간 전체의 변화를 말한다. John H. Westerhoff Ⅲ, *Will our Children Have Faith*? 정웅섭역, 『교회의 신앙교육』(서울: 대한기독교교육협회, 1984), 157 - 72.

신앙을 발달적 관점에서 보는 파울러는 피아제(Jean Piaget)의 구조주의, 콜버그(Lawrence Kohlberg)의 도덕발달론, 그리고 에릭슨(Erik H. Erikson)의 자아이론으로부터 신앙발달론을 세우고, 논리 형태, 관점 채택, 도덕 판단 형태, 사회인식 범위, 권위 부여처, 세계관 형태, 상징적 기능이라는 구조에 따라, 그것을 일곱 단계로 제시하였다. 신앙발달은 원천적이거나 미분화된 (0단계)신앙으로 시작된다. 이 (미분화된) 전 단계는 전 개념적이고 전언어적이다. 1단계(직관적-투사적) 신앙은 삽화적이며, 상상으로 가득 차 있으며, 모방적이다. 2단계(신화적-문자적 신앙에서 생활의 의미는 개인공동체의 가르침, 상징등, 그리고 관점들로부터 온다. 이것들은 기초적인 방식으로 인식되고 아주 문자적으로 점유된다. 2단계의 개인들은 종교적이거나 역사적 설화들을 설명할 수 있으나 그 의미에 대한 개념적 관점은 거의 갖고 있지 않다. 3단계(종합적-인습적) 신앙은 일치자의 단계이다. 왜냐하면 중요한 타자들의 의견과 권위가 강력한 역할을 하기 때문이다. 가치들, 위임들, 그리고 관계들이 정체성과 가치에 중심적이다. 권위는 전통적 권위 역할 안이나 가치화된 대면 집단의 합의 안에 위치한다. 4단계(개별적-반성적) 신앙은 심화되는 자기 인식과 이데올로기와 삶의 양식을 선택하는 개인적 책임의 인수와 함께 성취된다. 5단계(결합적) 신앙은 타 공동체들과 전통들의 진리들에 순수하게 개방되어 있으며, 개별 전통의 범위 너머로 확장된 궁극적 진리를 인정한다. 소수의 예외적인 개인들이 6단계(보편화시키는) 신앙을 획득한다. 그들은 세계를 그들의 공동체로 포용하며, 정의와 사랑에 모든 것을 쏟아 붓는 위임을 하며, 분열, 억압, 그리고 폭력을 신앙이 신앙 되게 하는 근본적인 요인은 하나님과의 관계라는 측면이다. 신앙교육으로서의 기독교교육은 바로 이 면에서 일반교육과 궤를 달리한다. 일반교육은 어떤 특정한 내용의 습득과 훈련에 주안점을 두지만 기독교교육은 하나님과의 관계를 통해 신앙을 형성시키는 교육이라는 면에서 일반교육과 구별된다.

하나님과의 관계에서 형성되는 신앙은 교육의 범위에서 벗어나 있는 것으로 여겨진다. 바울에 의하면 신앙은 하나님의 선물이다. 그룸 (Thomas H. Groome)의 경우도 마찬가지이다. 그는 말한다.

"신앙에 관한 한, 종교교육자들은 먼저 우리의 노력은 이차적인 '도구적' 원인에 불과하다는 것을 깨달아야 한다. 하나님이야말로 항상 '제 일 원인'이다. 신앙은 결코 인간의 '함'에 의해 생기는 것이 아니다. 그것은 하나님의 선물이다(엡 2:8)."[16]

기독교교육을 신앙의 교육이라고 한다면 신앙은 하나님의 선물임을 고백해야 할 것이다. 기독교교육이 하나님의 선물인 신앙의 교육이라면 그것은 교육이기 때문에 인간의 의도가 개입된다 하더라도 엄밀한 의미에서 영적인 하나님의 교육(Educacio Dei)이다. 그러므로 하나님의 선물로서의 신앙은 이제까지 기독교교육학에서 교육적 노력들의 무용성으로서만 논의되었다.[17] 그러면 신앙을 위한 교육은 불가능한가.

신앙을 초월적으로만 이해할 경우에는 그럴 수 있지만, 신앙을 하

극복하는 데 헌신한다. Fowler, *Stages of Faith*.

16) Thomas H. Groome, *Sharing Faith: A Comprehensive Approach to Religious Education and Pastoral Ministry* (San Francisco: Harper Colins, 1991), 18.

17) Hwa-Seok Yoon, *Religionspädagogik und Religionsdidaktik als Konstruktiv-kritische Wissenschaft*, Dissertation (Universität Augsburg, 1997), 224.

나님과의 관계 가운데서 이해한다면 하나님의 상대편인 인간적 차원이 있는 것이다. 신앙이 하나님의 선물이고 계시적 은총에 속하는 것이지만, 한편으로는 인간의 응답이란 차원이 있는 것이다. "신앙이란 하나님의 은혜의 차원과 인간의 응답의 차원이 함께 있어야만 성립되는 개념이다."[18] 기독교교육에서는 하나님의 은혜에 비중을 두는 회심을 강조하는 경향과, 인간의 응답에 비중을 두는 양육을 강조하는 두 입장이 대응을 해왔다. 그러나 신앙교육은 그 두 차원을 모두 포함하는 입장에서 전개되어야 한다.[19] 그러므로 비록 신앙이 하나님의 독자적인 사역권내에 있어서 신앙을 가르치기(Lehrbarkeit des Glaubens)가 불가능하더라도 여전히 주체로서의 학습자에게 신앙 배우기(Lernbarkeit des Glaubens)의 가능성은 열려있는 것이다.[20]

신앙교육은 신앙이라는 면에서 타종교와 구분되지 않는다. 그것을 대상의 차별성에서 찾는다 해도 신앙의 성격에 대해서 논란이 있을 수 있다. 즉 어느 종교에서나 신앙은 그 기본적 성격 면에서 공통점을 찾을 수 있을 것이다.[21] 그러면 기독교신앙을 독특하게 해주는

---

18) 이정효, 「성인 신앙교육에 관한 한 연구」박사학위논문 (서울: 이화여자 대학교 대학원, 1986), 3.
19) *Ibid.*
20) *Ibid.*, 225.
21) 그러므로 연구자는 일반적으로 거명되는 기독교교육의 여러 이름들, 즉 '종교교육'(religious education), '기독교교육'(christian education), '교회교육'(church education), '교리교육'(catechetics), '종교수업'(religious instruction), '기독교적 종교교육'(christian religious education), '교리문답교육'(catechesis) 등의 이름에 공통적인 요소는 '신앙'이고, 그것을 중심으로 기독교교육은 하나의 이름으로 통일될 수 있다고 본다. 그것은 '기독교신앙교육'(christian faith education)이다. 기독교교육의 정체는 신앙교육이라는 것이다. 그러나 이 문제에 대한 논의는 중요하지만 큰 문제이기 때문에 단순하지 않을 것이다. 그래서 이에 대한 본격적 논의는 다음으로 미룬다. 용어에 대한 논의는 John H. Westerhoff III, ed., *Who are We?: The Quest for a Religious Education* (Birmingham, AL: Religious Education Press,

성격은 무엇인가? 그리고 기독교교육학이 신앙의 교육이라고 할 때 그것은 무엇을 의미하는가? 이를 위해 신앙의 대상보다는 신앙의 주체에 주의를 돌릴 필요가 있다.

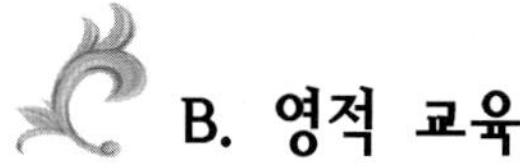 B. 영적 교육

기독교에서 신앙의 주체는 사람이 아니라 하나님이다. 이 말은 신앙이 하나님으로부터 기원하는 하나님의 선물이라는 것이다. 신앙은 전적으로 하나님으로부터 주어지는 것이기 때문에 엄밀한 의미에서 인간이 신앙을 위해 무슨 행위를 할 여지는 없다. 여기서 기독교 신앙의 특성을 볼 수 있다. 그러나 기독교교육학을 논하는 여기서는 한 걸음 더 나가야 한다. 즉 신앙이 구체적으로 기독교교육과 연결되어질 때의 경우를 생각해 봐야 한다.

신앙이 교육과 연결될 때, 신앙의 주체는 성령이 된다. 성령은 기

1978)을 참조, 그리고 교리문답교육과 관련하여, 그 성격에 대해서는 Michael Warren, "Catechesis: An Enriching Category for Religious Education", *Religious Education* 76:2 (March−April 1981), 115−27을 참조. 워렌은 교리문답교육의 특성을 전통적인 교리교육적 차원에 공동체의 사역, 목회사역의 구조, 축하적 형태, 그리고 특정시기적 성격 등 네 가지를 더해 다섯 가지로 보고 있다. 보이스(Mary C. Boys)는 교리문답교육을 그 기원, 그리고 그것과 연결시켜 전도, 사회화, 그리고 목회의 영역에서 검토한다. Mary C. Boys, "The Standpoint of Religious Education", *Religious Education* 76:2 (March−April 1981), 128−41 참조.

독교교육의 전체적인 배경을 이룰 뿐만 아니라 주된 동인으로서 기독교교육을 완성한다. 성령이 없이는 기독교교육은 없다. 신앙교육은 성령에 의해 완성된다. 이런 의미에서 기독교교육은 성령의 교육, 즉 영적인 교육이다.[22]

클레몬트신학교(School of Theology at Claremont)의 로저스(Frank Rogers, Jr.) 교수는 급진적인 경향의 학내 풍토 속에서도 기독교교육이 성령의 교육이어야 한다고 주장하여 눈길을 끈다.

> "기독교교육은 주로 전통-중심적, 심지어 성서-중심적인 것이 아니다. 그 기본 목적은 고정된 권위적 전통이나 거룩헌 문헌들에 대해 아는 것이 아니다. 전통과 그 문헌들이……기독교 공동체에 매우 중요한 것이라고 할지라도 그렇다. 기독교교육은 주로 학습자-중심이나 경험-중심적인 것이 아니다.……기독교교육은 사회-중심적이지도 않다. 그 기본적 목적이 사회 구조의 변혁은 아니다. 비록 사회적으로 하나님의 정의로운 통치를 위한 일이 기독교적 삶의 극히 중대한 차원이라고 할지라도 그렇다. 그리고 기독교교육은 교회-중심적인 것도 아니다. 그 기본적 목적은 사람들을 기독교공동체의 생활 안으로 편입시키는 것이 아니다. 비록 공동체가 기독교적 삶이 양육되는 대단히 중요한 장이라도 그렇다. 기독교교육은 성령-중심적이어야 한다. 기독교교육의 기본적 목적은 사람들이 이 세계와 인간의 삶에서 하나

---

22) 슐라이에르마허의 감정적 종교 이해에서 관심을 끄는 내용은 이 감정이 사물이나 인간이 직접 만드는 것이 아닌, 인간 위에 있는 어떤 것에 의해 의존적으로 갖는 것이다(목창균, "슐라이에르마허의 종교교육", 『기독교와 교육』 제1권 제1호 통권1호 [부천: 서울신학대학교 기독교교육연구소, 1989], 31). 이러한 사실은 신앙에 대해 가장 자유주의적인 성격를 갖고 있다고 생각하는 슐라이에르마허가 감정을 영적이라고 명시적으로 밝히고 있지는 않지만 영적인 차원으로 보고 있음을 시사하는 내용이다. 종교교육으로서의 기독교교육은 종교를 철학이나 도덕의 차원이 아닌 영적인 차원에서 다루는 교육이다.

님의 화해시키는 활동을 보고 취하는 능력을 심화시키고 유동성을 증
가시켜 그 활동에 참여하는 능력을 부여하는 것이다."[23]

성령과 기독교교육의 관계는 많이 언급되어 왔다. 그러나 널리 그
리고 명료하게 이해되지는 않았다. 성령을 기독교교육 안에 있는 실
재로 보기보다는 대부분 하나의 도달할 수 없는 초월적 이상으로 간주
하였다. 성령을 위한 자리는 교육의 장 "위에"(above), "옆에"(alongside),
그리고 "안에"(within)였다. 성령을 이해하고 성령의 사역의 일부가
되려는 시도는 기독교교육에서 이론적으로 충분히 수행되지 않았다.
다만 기독교교육의 틀에 성령을 맞추려고 해왔다. 문제는 '성령이
기독교교육의 어느 부분에 들어 맞느냐'나 '기독교교육이 성령에 의
해 어떤 영향을 받느냐'가 아니다. 문제는 '기독교교육이 어떻게 성
령에 의한 것일 수 있느냐' 하는 것이다.[24]

20세기 초 종교교육운동과 더불어 시작된 기독교교육은 양육과
교수가 혼합된 상태로 내려 왔다. 전자의 입장에 설 때, 기독교교육
은 질서가 있는 학습에 초점을 맞추지 못하고 "하나님이 당신의 구
원의 목적을 이루기 위해 사용하는 어떤 것이자 모든 것이 되었다.
이 같은 입장의 문제는 그 모호성이었다. 후자의 입장에 설 때, 기
독교교육은 학습자가 교실에 앉아 교사가 전해주는 지식을 수용하는
것이므로, 성령이 언급될 경우, 기독교교육은 그 의도성을 상실하게
되었다. 기독교교육의 목적은 불투명해졌고 그저 기독교교육이 회심
이나 성화의 과정에 어떻든 기여를 하지 않을까 하는 바람을 가질

---

23) Frank Rogers, Jr., "Dancing with Grace: Toward a Spirit－Centered
 Education", *Religious Education* 89:3 (Summer 1994), 387－88.
24) Carol L. Hess, "Educating in the Spirit", *Religious Education* 86:3
 (Summer 1991), 383.

수 있을 뿐이었다.[25]

기독교교육에 대한 이런 이해는 교사나 프로그램이 시작한 과정을 마무리 짓기 위해 성령께 호소하는 식이 되었다. "그것은 마치 기독교교육＋성령＋구원이나 성화와 같은 공식 같은 것이었다.……이렇게 되면 성령은 인간적 노력이 해결할 수 없는 구원에서의 미지의 요소에 대한 일종의 설명이 된다."[26] 여기서 성령은 교육의 간격, 인간 노력의 나머지를 채운다. 우리는 가르치고 성령은 반응을 가져온다.

기독교교육은 일반적으로 성령을 필요로 하지 않았다.[27] 교사는 학습자들을 미리 정해진 학습의 과정으로 인도하고, 그 다음에는 비켜서서 성령이 학습자들을 조명해주기를 구하는 사람이었다. 교사는 가르쳤고 성령은 교사가 주도하고 영향을 행사하는 학습과정을 마무리하는 단지 어떤 신비한 알 수 없는 요인이었다. 이 같은 상황이 성령을 나중에 들어와 승리를 지키거나 경기를 역전시켜야 하는 구원투수의 지위로 전락시켰다.[28] 그와 같은 이해가 성령을 필요 이상의 분으로, 그리고 철저하게 인간적 일에 대해 나중에 부가되는 분으로 만들었다.[29] 성령은 교육 과정을 마무리하기 위한 조명자가 아니다. 성령은 교육 사역의 근거를 지우는 분이며 교육이 의존하는 분이다.

"성령이 참 교사, 이 생을 지탱케 하는 실제적 동인이라면, 기독교교육은 성령의 사역에 참여하고, 거기에 맞추며, 그에게 협조해야 한

---

25) *Ibid.*, 384.
26) Edward Farley, "Does Christian Education Need the Holy Spirit?", *Religious Education* 60 (November－December 1965), 430.
27) *Ibid.*, 427－36.
28) Hess, "Educating in the Spirit", 385.
29) Farley, "Does Christian Education Need the Holy Spirit?", 430.

다. 교육자는 그보다 앞서 가는 가르치는 성령의 도구이어야 한다. 그
리고 기독교교육은 '성령-중심적'교육이어야 한다."[30)]

그런데 영적인 신앙이 반드시 기독교교육학적으로만 탐구되는 것
은 아니다. 성서신학적으로, 조직신학적으로, 교회사적으로, 기독교윤
리학적으로, 그리고 실천신학적으로도 탐구될 수 있다. 아니 수많은
일반 학문적으로도 신앙이라는 현상은 탐구될 수 있다. 신앙에 대한
다양한 학문들의 탐구는 가능하지만 그 때의 신앙은 탐구하는 그 분
과학문의 탐구 대상일 뿐이다. 그러니까 엄밀한 의미에서 탐구대상
만으로는 학문의 자율성을 확보할 수 없게 된다. 탐구대상에 대한
학문적 관점을 확보할 때 비로소 그 탐구 대상은 해당 학문의 탐구
영역이 되는 것이다.

이제까지 기독교교육학적인 입장에서 신앙에 대해 교육적인 입장
에서 살펴보았다. 그럼으로써 신앙교육이 기독교교육학의 탐구 영역
의 가능성이 있음을 확인했다. 그런데 탐구 영역의 지위는 학문의
내재율인, 다른 것으로 환원할 수 없는 독자적인 구조를 갖출 때에
의미를 띠게 된다. 아래에서는 그런 내용에 대해 탐구할 것이다.

---

30) Rogers, "Dancing with Grace", 387.

VI

기독교교육의 구조

　　독립적이고 자율적인 의미에서의 분과학문이기 위해서 갖추어야 할 최소한의 조건에는 고유한 탐구영역과 타 학문에 의존하지 않는 자기완성적인 구조를 갖고 있어야 한다. 여기서는 앞의 장에서 기독교교육학의 정체성 정립을 위한 시도로서 탐구영역에 대한 탐구에 이어 구조에 대해 탐구해 보자.

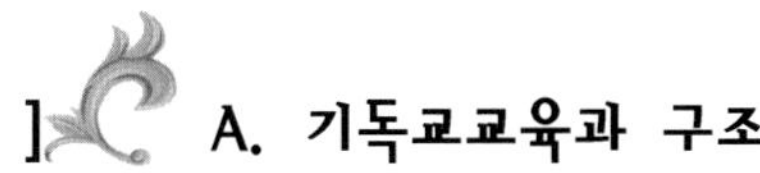 **A. 기독교교육과 구조**

분과학문의 대상을 생각할 때, 그것은 어떤 특수한 사실들의 단순한 집합이라는 원자주의를 초월할 수 있어야 한다. 분과학문은 그런 사실들의 집합으로 경계를 이루지 않는다. 분과학문은 그들 나름의 고유한 '대상' 혹은 '사실'을 가지고 있으며, 그것을 다른 학문의 대상들과 구분해 주는 것은 그것의 구조이다. 구조는 그것을 구성하는 요소들이 하나의 통일된 전체로 한꺼번에 융합될 때 드러난다.

어떤 인식의 대상 혹은 분과학문적 사실에 대한 인식은 그것을 드러내려는 우리 인식체계 내부의 요소들과 그들 간의 관계에 의해서 규정된다. 따라서 적어도 우리가 말하는 학문적인 사실은 그 구조가 밝혀지기 이전에는 아직 충분히 이해(comprehension)된 것이 아니다.

기독교교육에 대한 진실을 밝히는 일은 그 내부의 실체를 밝힘으로써, 즉 내적인 구조를 찾음으로써 비로소 가능하다.[1] 기독교교육의 내부에 존재하는 본질적인 여러 가지 요소들이 무엇인가 하는 점과 그 요소들의 배치와 상관관계의 형태가 무엇인가 하는 점이 밝혀져야 한다. 각각의 요소들은 서로 불가분의 관계를 맺고, 서로의 속성을 규정하면서 전체적인 의미의 맥락을 이룰 수 있어야 한다.

위에서 기독교교육이 일반교육과 구분되는 경계선에 신앙이 있다고 하였다. 기독교교육학의 구조에 대해 생각할 때 주의를 기울여야 할 것 역시 신앙이다. 기독교교육이 일반교육의 구조와 다른 형태를

---

1) Alex Stock, ed., *Religionspädagogik als Wissenshaft* (Zürich, Einsiedeln, Köln: Benziger Verlag, 1975), 15, 17.

갖는다면 아마 바로 이 신앙 때문일 것이기 때문이다. 신앙은 신적인 것과 관련된 것이다. 신에 대한 응답으로서의 어떤 실존의 상태를 신앙이라고 할 수 있을 것이다. 이런 면에서 기독교교육은 초월적인 것이다. 그럼에도 불구하고 기독교교육은 교육이라는 의도성을 무시할 수 없다. 기독교교육은 신적인 것(초월성)과 인간적인 것(의도성) 둘 다에 관련되어 있다는 것이다. 그중 어느 것도 포기할 수 없다는 것이 기독교교육의 갈등이며 난제이다.

기독교교육이 인간적이라는 것, 그리고 의도성이 들어간 계획적인 교육이라는 성격을 가진다는 면에서, 기본적으로는 '가르침'과 '배움'의 구조를 갖는다. 기독교교육이 교사의 가르침과 학생의 배움으로 이루어지는 것은 분명하기 때문이다. 그런데 기독교교육에는 외면해서는 안 되는 보다 중요한 초월적인 성격이 있다. 문제는 기독교교육의 이 초월적인 성격이 구조에 영향을 끼치느냐 하는 것이다. 만일 기독교교육의 초월적인 성격이 기독교교육의 구조에 영향을 끼치지 않는다면 기독교교육은 일반교육과 다를 바가 없을 것이다. 사실 이제까지의 기독교교육학은 신적인 차원에 그다지 주의를 기울이지 않았다. 물론 성서에 기반을 두고 그 차원에서 교육의 논리를 전개하기도 한 것은 사실이지만 성서가 신앙으로 자리 잡는 과정에 대한 연구는 부족했다. 대부분의 기독교교육학은 인간의 일과 하나님의 역사를 구분하여 교육의 초월적인 면에 대해서는 당연시하여 탐구의 주제로 삼지 않았다. 실제로 기독교교육의 현장에서 가르침과 배움으로 이루어지는 과정에서 신앙이 발생할 수 있는데, 그 때 그것을 단지 하나님의 역사로 간주하고 외면해왔던 것이다. 이 같은 처신은 오해에서 비롯된 듯하다. 즉 '하나님의 일과 인간의 일은 다르기 때문에 인간이 하나님이 할 일까지 간섭해서는 안 된다'는 신념 때문이다. 그 같은 신념이 틀린 것은 아니다. 인간은 하나님의 일을 대신 하려해서도 안 되고 대신 할 수도 없다. 여기서 말하려고 하는 것은 하나님의 일과 인간의 일이 다르더라도 하나님의 일이 어떻게 전개되고 있는가하는 그 과정에 대해서 인간은 신앙의 눈으로 분별할 수 있을 것이라는 뜻이다. 바로 그런 의미에서 기독교적 문맥에서 진행되는 가르침과 배움의 과정에 대해 보다 진지한 노력을 기울인다면, 분명하지 않을지는 모르더라도 가르침과 배움의 과정을 전보다는 더 잘 이해할 수 있을 것이다.

일반 교육이 인간적인 조건들에 의해 결정되는 데 비하여, 기독교교육은 신적인 조건에 의해 완성된다고 할 수 있다. 인간적인 노력을 기울였다고 해도 신앙으로 이끄는 데 실패했다면 그 교육은 불완전하다고 할 수 있는데, 신앙으로 이끌 수 있는 매개자는 인간이 아니라 성령이기 때문이다. 따라서 신적인 조건과 인간적인 조건에 의해 매개되는 기독교교육은 일반교육과 다른 구조를 지닐 수밖에 없다.

1. 전통적 구조

기독교교육의 구조를 생각할 때 대표적인 이론은 그룸(Thomas H. Groome), 윙크(Walter Wink), 그리고 리 등이다. 그룸은 교수-학습의 상황을 5단계로 나누어 설명한다. 1단계 현재의 행위에 대한명명: 참가자들은 관심을 기울여야 할 주제에 관한 그들 자신의 행동을 명명하기 위하여 초대된다. 2단계 참가자들의 이야기들과 비전들: 그들은 그들이 행하는 것을 어째서 행하고 있는지 그리고 그들의 행동에 따를 수 있는 결과들, 또는 의도되고 있는 결과들은 무엇인지 성찰하도록 초대된다. 3단계 기독교 공동체의 이야기와 그 비전: 교사는 현안의 중심 주제에 관한 기독교 공동체의 이야기와 그것이 요청하는 신앙적 응답을 그룹에게 제시한다. 4단계 기독교의 이야기와 참가자들의 이야기들 사이의 변증법적 해석: 참가자들은 기독교의 이야기를 그들 자신의 이야기들과의 변증법 속에서 그들의 삶에 적용하기 위하여 초대된다. 5단계 기독교의 비전과 참가자들의 비전 사이의 변증법적 해석학: 미래를 위한 개인적인 신앙 응답을 선택할 기회가 부여된다.

이와 같은 단계로 이루어지는 그룹의 기독교교육학적 구조는 몇 가지 문제점이 있다.[2] 첫째, 이 같은 구조는 결국 인식론의 변형에 불과하다는 것이다.[3] 인식론은 그것이 신앙적 인식론이 아닐 경우, 결국 주로 인간의 이성의 기능에 의존하기 때문에[4] 그룹의 이 같은 구조에 의해 신앙의 성장이 이루어질지 의문스럽다. 이 같은 구조의 결과로 예측되는 이성적 깨달음은 신앙의 일부일 수는 있어도 전체일 수는 없다. 둘째, 그룹의 기독교교육적 구조의 단계들은 기술적

---

2) 그룹의 "공유된 실천적 접근"(Shared praxis approach)에 대해, 교단의 권위와 개인의 자유 사이의 갈등, 하나님의 정치적·윤리적 환원성, '하나님 사랑의 환원적 이해, 그리고 비판적 성찰 능력에 대한 과대평가란 비판이 있다. 이규민, "실천신학 방법론 정립을 위한 비판적 연구", 「계명신학」11 (계명대학교 신학연구소, 1996), 133 – 36.
3) 그의 기독교교육적 구조의 이론적 근거는 프레이리(Paulo Freire)의 의식화 교육과 아리스토텔레스(Aristoteles)와 하버마스(Jurgen Habermas)의 인식 방법론에 두고 있다. Thomas H. Groome, *Christian Religious Education: Sharing Our Story and Vision* (San Francisco: Harper & Row, 1980, 176 – 77.
4) 이정효, 「성인신앙교육에 관한 한 연구」박사학위논문 (서울: 이화여자대학교 대학원, 1986), 145. 또한 다익스트라(Craig Dykstra)는 이성을 바탕으로 한 비판적 성찰의 위험성에 대해 행동이 따르지 않는 비판적 성찰의 무책임에 대해 경고한다. Craig Dykstra, "The Formative Power of the Congregation", *Religious Education* 82:4 (Fall 1987), 531.

전략의 다양성이 요구되고, 학습자의 창의적 상상력이 요구된다는 것이다.5) 이것 역시 인간의 조작적 의도가 다분히 개재된다는 면에서 인위적이다. 인위적으로 조작된 결과를 신앙이라 할 수 있을지 확신할 수 없다. 셋째, 각 단계들은 대화에 의해 진행되는데 그 대화는 현재와 과거, 그리고 미래에 대한 학생과 교사의 성찰을 기반으로 한 대화이다.6) 여기서 신적 성격은 배제된다.7) 신앙적 깨달음은 성령과의 관계가 고려되어야 한다. 그러나 무엇보다 그룸의 해석학적 교육모델은 매주 교회학교의 분반공부 같은 수업시간에서 사용하기보다는 퇴수회, 심포지엄, 교사훈련 같은 특별 프로그램을 위한 모형이라는 것이다.8) 그래서 기독교교육현상을 전체적으로 다루는 교육적 구조로서는 불충분하다. 물론 그룸은 이 나눔의 이론을 목회영역에 적용하고 있기는 하다.9)

다음으로 윙크의 기독교교육 구조를 살펴보자. 그는 이제까지의 교

---

5) Groome, *Christian Religious Education*, 222 – 27 참조.

6) Thomas H. Groome, "Christian Education: A Task of Present Dialectical Hermeneutics", *Living Light* 14:3 (Fall 1977), 420.

7) 그룸의 "공유된 실천적 접근"의 이성중심적 비판적 성찰에 대한 비판에서 나온 대안의 하나가 "칼케돈 모형"(the Chalcedonian pattern)이다. 헌싱어(Deborah Hunsinger)에 의해 제안된 이 내용은 예수 그리스도의 신인양성을 고백하는 칼케돈 신조(the Chalcedon Creed, 451)로부터 시사를 받아 목회상담에 있어서 신학과 심리학 사이의 정위적 관계를 설명한다. 그러나 그리스도의 신성이 인성에 대해 논리적 선재성(logical priority)을 갖듯 신학이 심리학에 대해 우위를 가져야 한다는 것이다("Becoming Bilingual," Ph. D. Dissertation [New York: Union Theological Seminary, 1993], 69 – 115). 이규민은 이를 그룸의 대안으로 다시 응용한다. 범주가 다른 내용을 그럴 수 있는지 의문이다. 이규민, "실천신학 방법론 정립을 위한 비판적 연구", 139 – 42.

8) Groome, *Christian Religious Education*, 207; Thomas H. Groome, *Sharing Faith*: *A Comprehensive Approach to Religious Education and Pastoral Ministry* (San Francisco: Harper Colins, 1991), 146.

9) *Ibid.*, 참조.

육이 지적인 차원에 치우쳐 정서적 차원을 포함한 인간의 전인적인 차원을 놓치고 있었다고 비판한다.[10] 그러면서 그가 내놓은 대안은 기독교교육학에 심리학적 차원을 도입하는 것으로 창의적인 면을 관장하는 우뇌의 성격에 대한 재발견이다.[11] 기독교교육은 양쪽 뇌를 균형 있게 활용함으로써 창의적이 될 수 있다고 보았다. 이 같은 방식의 실천은 구체적으로 성서 연구에서 통찰을 생산한다는 것이다.[12] 이를 위한 단계는 융해(Fusion)-격의(Distance)-친교(Communication)이다. 융해는 객체성과 주체성이 혼합되어 있는 상태인데, 이것은 현재까지 전해져 내려오는 전통을 가리킨다. 이것에 대해 물음을 던지는 단계이다.[13] 격의는 융해에서 형성된 객관성이 극복되는 단계로서 객관적인 사실과 해석자의 주체와의 사이에 관계를 설정하는 단계이다.[14] 친교는 해석자와 본문 사이에 진정한 대화가 이루어지는 단계이다.[15]

윙크의 교육전략은 가르침의 면에서 보면 다음과 같다.[16] 그것은 한마디로 가르칠 본문에 대한 준비성이다. 즉 학습자가 본문과의 대화 속으로 들어가 통찰을 얻도록 하는 데 있다. 그것은 구체적으로 다음

---

10) Walter Wink, *The Bible in Human Transformation*: *Toward a New Paradigm for Biblical Study* (Philadelphia: Fortress Press, 1973), 2. 그리고 *Transforming Bible Study* (Nashville: Abingdon Press, 1980), 26-32.
11) Wink, *The Bible in Human Transformation*, 2-15. 인간의 두뇌는 오른쪽과 왼쪽의 기능이 서로 다르다. 좌뇌의 기능은 시간관계와 사고 작용에서 분석적, 논리적, 추상적, 계기적, 인과적인 사고를 가능하게 하며, 연설 문법, 증명, 수학, 음악에 능하다. 우뇌는 공간관계와 사고 작용에 있어서 종합적, 상상적, 전체적, 의도적, 형이상학적 사고를 하게 되며 특히 예술분야에 능하게 된다. Wink, *Transforming Bible Study*, 24-25.
12) Wink, *The Bible in Human Transformation*, 63.
13) *Ibid.*, 19-25.
14) *Ibid.*, 34-64.
15) *Ibid.*, 67-80.
16) Wink, *Transforming Bible Study*, 35-37.

과 같은 세 단계로 이루어진다. 첫째, 비평(critical cases)의 단계이다.[17] 여러 가지 성서 비평(문학, 역사, 자료, 양식, 편집 비평 등)을 이용하여 학습자의 질문을 유발하면서, 그들의 편견을 제거하는 단계이다. 융해의 상태를 객관화시키는 단계이다. 둘째, 확대(amplification)의 단계이다.[18] 텍스트 속으로 깊이 들어가 그 소리를 듣게 되는 단계이다. 이때 상상력이 발휘되어야 한다. 셋째, 적용 실습(application exercises)의 단계이다.[19] 텍스트가 우리의 삶 가운데서 깊이 활동할 수 있도록 하는 단계이다. 텍스트와 통합적으로 관계를 맺게 된다.

이와 같은 윙크의 구조에도 문제는 있다. 윙크의 성서연구가 목표로 하는 통찰에 의하여 삶의 변화가 가능할 수 있을까. 통찰이 전인적 의미로 사용된 것이겠지만, 그래서 통찰을 위해 우뇌를 강조하게도 하지만, 좌·우뇌의 사용에도 불구하고 의지적인 면에서는 결핍이 있다. 삶의 변화를 실천이라고 한다면 의지적이지 못한 그래서 실행되지 않는 통찰은 무엇인가? 더구나 기독교교육이 목표로 하는 신앙이 함양될 수 있을까.[20] 둘째, 가르치는 차원이 너무 강조되었다. 가르침에 의해 변화의 성과가 좌우되는 것 같다. 인도자가 잘 준비하고 안내하면 되는 것 같은 인상이다. 교육의 차원은 가르치고 배우는 양 차원이 균형 있게 강조되어야 하는 것이 아닌가. 더구나 이런 상황에서는 기독교교육의 또 다른 주체자인 성령이 자리할 곳

---

17) *Ibid.*, 39.

18) *Ibid.*

19) *Ibid.*, 40.

20) 이와 관련해서 프라이버그(Elizabeth A. Fryberg)는 변증법적 해석학 방법에 기초한 윙크의 성서 연구 방식이 바르트(Karl Barth) 신학의 관점에서 융(Karl G. Jung)의 심리학을 원용하고 있음을 비판하면서, 성령의 현재적 사역을 통한 예수 그리스도와의 관계적 만남을 가능하게 할 수 있느냐에 의문을 던진다. Elizabeth A. Fryberg, "Transforming Bible Study Transformed", *Religious Education* 88:2 (Spring 1993), 178−89 참조.

이 없다. 셋째, 무엇보다 이런 구조는 성서공부 체제 외에는 기독교 교육의 다른 영역들에 대해 무력할 것이다.

다음으로 리(James M. Lee)의 경우를 살펴보자. 리는 기독교교육의 이론들[21] 중에서 교수이론을 주장한다. 교수이론은 종교적 방침에 따라 학습자의 행동을 목적에 맞추어 의도를 갖고 신중을 기하여 수정하는 것이다. 리는 교육 행위를 구성하는 변수를 넷으로 본다: 교사, 학습자, 주제, 환경. 이들 네 독립 변인들을 되도록 능숙하게 신중히 조정함으로써 교사는 바라는 결과를 얻을 수 있다는 것이다. 네 가지 변인은 다음의 단계들을 통하여 전체적인 교육의 구조를 형성한다.[22] 첫째, 수행적 술어로 교육목표를 명시한다. 둘째, 바라는 목적을 산출하기 쉬운 그런 일련의 경험들에 대해 가장 이용 가능한 자료에 근거한 교육체계(교과과정, 학과)를 입안한다. 셋째, 되도록이면 정상적인 것에 가까운 조건하에서 그 체계를 시험해본다. 넷째, 필요한 조

---

21) 리가 보기에, 기독교교육의 주요 이론적 접근들은 인격이론, 확실성이론, 증거이론, 바람이론, 대화 이론, 선포이론, 헌신이론 및 교수이론의 여덟 가지이다. 인격이론은 기독교교육에서 유일한 기본적 변수가 기독교교육교사의 인격이라고 주장하는 이론이다. 확실성이론은 교사의 진실한 인격을 지금, 그리고 여기에서 확실하게 나타내는 것이 종교적 방침에 따라 학습자의 행동을 수정하는 데 관련된 기본 변인이라고 주장한다. 증거이론은 교사가 말과 행위와 생활양식에서 기독교 메시지를 증거할 때 학습자의 행동이 종교적 방침에 따라 수정될 것이라고 주장한다. 바람이론은 성령의 불가해한 역사가 기독교교육에 관련된 기본적 원인적 변인이라고 주장한다. 대화이론은 바람직한 종교적 방침에 따라 학습자의 행동을 수정하는 일은 상호작용하는 교사-학습자 관계에서 깊은 개인적 만남에서 일어난다고 시사한다. 선포이론은 구원의 복음을 알리거나 포고하는 것이 기독교적 학습을 가져오게 하는 주요 변수라는 개념에 기초한다. 헌신이론은 교사의 헌신이 기독교교육에서 가장 중요한 변수라고 주장한다. James M. Lee, *The Flow of Religious Instruction* (Dayton, OH: Pflaum, 1973), 149-205.

22) *Ibid*, 230-32.

정을 한 후 그 체계를 정상적으로 운영한다. 다섯째, 교육목표로의 진전을 측정함으로써 그 체계의 효과성을 평가한다. 이 같은 교육체계는 다음 <그림3>과 같이 진행되는 폐쇄 환상(環狀)적 피드백 체계(a closed-loop feedback system)의 모형으로 나타낼 수 있을 것이다.[23]

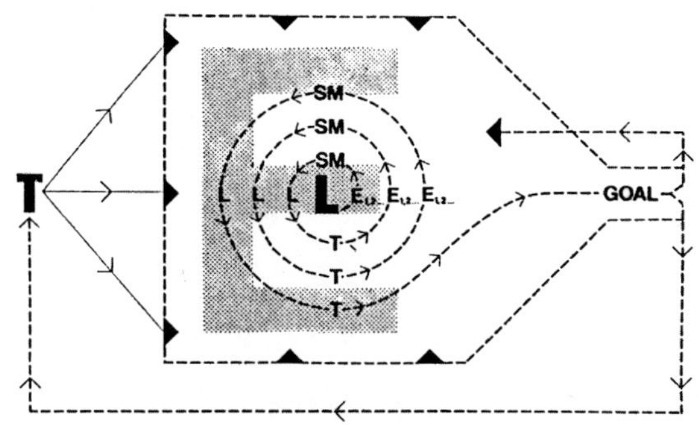

T: 교사 L: 학습자 SM: 주제내용 E: 환경

〈그림3〉 교육체계의 모형

그의 이 같은 교수이론은 구체적으로 교육의 구조를 밝히고 그것을 기독교교육의 전체적인 교육과정으로 확대한 것까지는 좋지만 여전히 수업적인 성격이 강하다. 그러나 그것은 현실적 가능성에 대한 의문에도 불구하고 장점도 되는 데 언제 어디에서나 네 가지 변수가 작용하여 교육을 이룬다는 것이다.[24] 이 같은 내용은 현재 일어나고 있는 교육목회 영역의 확장에 대한 논의가 주목해야 할 것이다. 그

---

23) *Ibid.*, 234.
24) James M. Lee, "Religious Education and the Bible: A Religious Educa-tionist's View", Joseph S. Marino, ed., *Biblical Themes in Religious Education* (Birmingham, AL: Religious Education Press, 1983), 40-41.

러나 리가 의도한 대로의 교육은 교사의 전문적인 자질이 요구되기 때문에 현실적으로는 수업 이외의 다른 영역에서는 실행하기가 어려울 것이다. 또한 이 구조는 기독교교육을 기독교교육 되게 하는 신앙의 지위에 대한 명확한 규정이 없어 일반교육과 크게 다를 바가 없다.

위와 같은 논의들을 정리하면 다음과 같다. 첫째, 이제까지의 기독교교육 이론들은 너무 조작적이었다는 것이다. 즉 교사 위주였다는 것이다. 그것의 목표가 특정한 내용인 경우에는 물론이고 목표가 개방되어 있는 입장을 취하더라도 그 자체로서 교사가 주도한다는 면에서 기술적 조작적이었다. 둘째, 지금까지의 기독교교육이론들이 교육의 상황을 그대로 반영하지 못했다는 것이다. 이 말은 기존의 기독교교육 이론들이 학습자를 고려하지 않았다거나 교육의 실제 상황을 외면했다거나 하는 의미가 아니라, 기독교교육이 발생하는 그 순수한 장을 전제 없이 바라보지 못했다는 것이다. 예를 들어, 어떤 이론을 가지고 교육 현장을 해석하려 하고 그 이론을 따라 교육을 실천하려 했다는 것이다. 그러는 사이에 실제로 교육이 어떻게 발생하는지는 간과되었다는 것이다. 이것은 앞서 학문의 요건으로 삼은 고유한 탐구 영역과 관계되는 문제이다. 셋째, 배움과 가르침 중에서 어느 한 면만을 은연중에 강조하였다는 것이다. 특히 리에게 있어서는 아예 기독교교육의 이론은 교수 이론이 된다. 더 좁게는 수업이론이 되어 버린다. 이하에서 이것들을 극복하는 기독교교육 전체를 포괄하는 그리고 전체적이고, 그리고 신앙적인 구조를 모색해 본다. 넷째, 기독교교육의 구조가 너무 성서연구, 수업 등으로 제한된 영역에서 논의되고 있다는 것이다. 기독교교육은 그런 장에서만 일어나는 것이 아니라 인간이 삶을 영위하는 곳이면 어느 곳이나 발생할 가능성이 있는 것이므로 그 모든 장들을 포함하는 기독교교육의 구조를 탐구해야 할 것이다. 마지막으로, 기독교교육의 목표로서의 신앙과 관련된 논의의 불충분함이다. 그리고 그와 관계되어 구조의 중요한 변인인 성령의 자리가 간과되고 있다는 것이다.

2. 기독교교육 구조의 성격

이제 '기독교교육이 실제로 어떻게 일어나는가' 하는 현상을 탐구할 것이다. 여기서 기독교교육 현상이라고 할 때, 그 행위는 전통적인 기독교교육에서 다루었던 대상인 교회의 교회학교에 한정되지 않는다. 교회학교 외의 교육적 현상도 있으며, 교회학교의 상황조차도 모두 교육적 현상이라고 볼 수 없기 때문이다. 교육적 현상은 소위 교육을 의도한 특정 조직에 국한된 것이 아니다. 아래의 <그림4>가 그것을 보여준다. 교회학교와 기독교교육은 경험 세계 내에서 서로 중첩되는 부분('나')을 가질 수 있다. 그러나 그들이 서로 중첩되지 않는 부분('가'와 '다')을 갖는 한 그들을 개념적으로 분리시켜야 한다.[25]

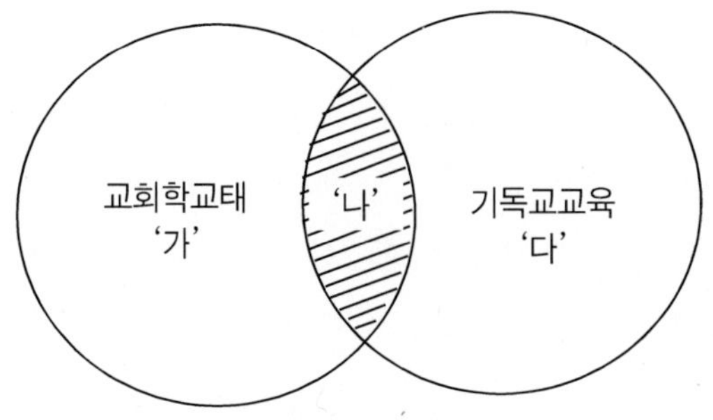

〈그림4〉 교회학교태와 기독교교육

---

25) 장상호, "교육의 정체혼미와 교육학의 과제," 「교육이론」제5권 제1호 (서울대학교 사범대학 교육학과, 1990), 26 참조.

　　교회학교에는 실제로 교육의 범주에 넣을 수 없는 여러 영역의 과정이 진행되고 있다.[26] 교육적 현상은 그중의 일부일 뿐이다. 그것을 <그림5>에서 볼 수 있다.

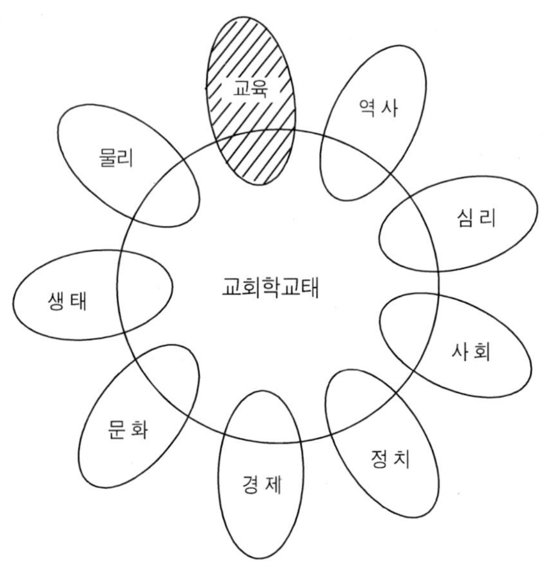

〈그림5〉 교회학교태의 제반 측면

　　역으로 주위 세계를 돌아볼 때, 그 세계 속에서 얼마든지 교육적 현상들을 발견해 낼 수 있다. 기독교교육의 경우도 마찬가지다. 기독교교육 현상은 교회 안에서 설교, 봉사, 친교, 예전에서 찾아볼 수 있다. 예를 들어, 교육을 중심으로 할 때, 설교는 하나의 교육현상이다.[27] 설교자는 교사이고 설교는 교육의 내용이며, 회중은 학습자가 된

---

26) *Ibid.*, 35 참조.
27) 성서적 전통에서 케리그마(Kerygma)와 디다케(Didache)는 함께 사람들을 회심과 신앙으로 이끈다. 이정효, 「성인신앙교육에 관한 한 연구」, 127.

다. 봉사의 경우도 마찬가지이다. 봉사자는 학습자이고, 봉사 행위는
교사가 되며, 봉사가 주는 의미는 교육 내용이 될 것이다(<그림 6>).

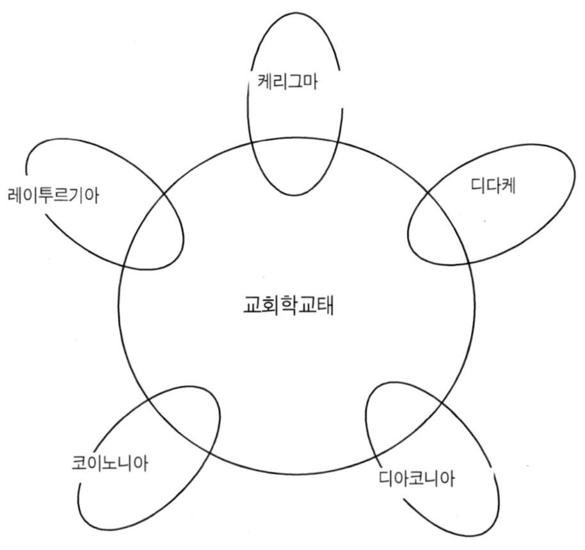

〈그림6〉 교회의 기능과 기독교교육

기독교교육현상은 교회 밖에서도 발견된다. 가정과 직장, 대중매
체, 청소년문화, 유행, 스포츠, 게임 등의 경우에도 기독교교육적인
차원이나 영역이 있는 것이다(<그림7>).[28]

---

28) *Ibid.*, 42.

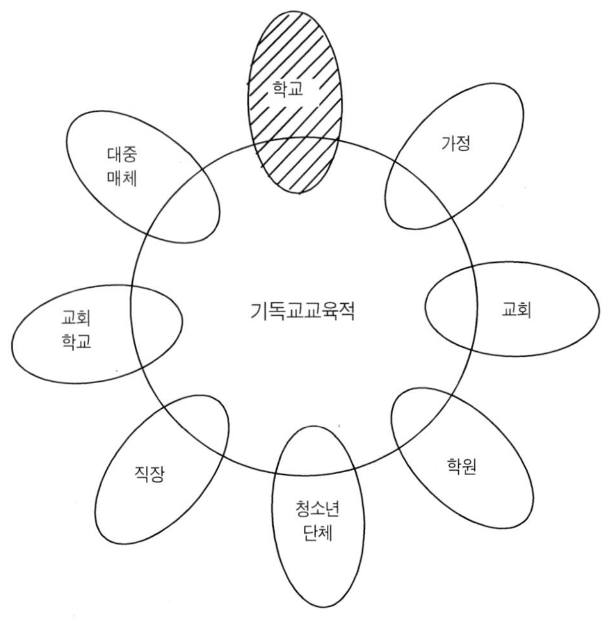

〈그림7〉 기독교교육적인 생활세계

여기서의 관심은 기독교교육현상이다. 기독교교육학은 바로 그 기독교교육현상을 탐구하는 학문인 것이다. 학문은 앞에서 언급했듯이 구조적으로 내적 자폐성 또는 완결성을 가진 전체라고 말했다. 그래서 여기서 기독교교육의 구조에 대해 언급하는 것은 기독교교육학이라는 학문의 자율성의 근거로 삼기 위해서이다.

여기서의 기독교교육 구조는 한국의 기독교교육현상을 가능한 한 그대로 들여다보고 거기로부터 추출된 구조이다. 앞에서 기독교교육학자들이 기독교교육의 구조를 어떻게 보아왔는지 몇 가지 경우를 살펴보았다. 관습적인 학문의 방식을 따른다면 그 같은 구조들을 분석하고 종합함으로써 새로운 구조를 만들어낼 수 있을 것이다.[29] 그러나 그런 탁상공론식으로 형성된 이론은 비현실적 이론이 될 수 있다.

이하에서 제시하게 될 기독교교육의 구조는 앞에서 언급했던 바와 같이 교회학교에만 유효한 구조가 아니라 기독교교육현상이 발생하는 교회 전체와 가정과 사회 모두에 유효한 구조이다. 그 동안 기독교교육학은 주로 교회학교에 한정지어 논의되어 왔다.[30] 그리하여 기독교교육학은 '교회교육학'으로 축소되었다. 현재의 이와 같은 기독교교육에 대한 관점으로부터 기독교교육 현상만을 분리해내어 기독교교육학을 수립할 수 있는 길은 무엇인가. 기독교교육학은 건실한 이론의 정립을 통하여 자신의 영역을 되찾을 수 있어야 한다. 이를 위한 작업이 여기서의 과제이다.

여기서 언급할 과제의 성격은 경험적이다. 즉 기독교라는 전통, 그리고 연구자가 한국이라는 지역에서 기독교교육활동에 참여하여 획득된 가치개입적인 성격을 띤다.[31] 그러니까 언급될 기독교교육의 구조는 지역이나 전통이 상이한 다른 상황에서는 다르게 제시될 수 있을 것이다.[32] 그렇다고 해서 이 구조를 주관적이라고 보아서는 안

---

29) 간혹 기독교교육학의 이론 전개에서 논제가 되는 기존 이론의 타당성 여부에 대한 검토도 없이 이론에서 이론으로 전개되는 방식을 볼 수 있다. '이것도 저것도 아니고 새로운 이것이다!'라고 하는 연구 방식은 쉽게 볼 수 없다.

30) 고용수, "한국 기독교교육학의 위기와 과제", 「장신논단」13 (서울: 장로회신학대학교, 1997), 351.

31) 예를 들어, 아담스(Carol C. Adams)는 이 점에 대해 잘 인식하고 있다. 그녀는 이 주에 명기된 논문에 자신의 중국의 문화적 전통, 그리고 지금 살고 있는 한국의 문화가 당연히 스며있다고 말한다. Carol C. Adams, "The Role of Philosophy and Theology in Christian Education", 「신학과 사회」2 (전주: 전주한일신학교, 1982), 213−14).

32) '기독교교육 현상을 어떻게 보느냐'는 '교육을 어떻게 보느냐' 하는 여러 개념들로부터 달라질 수 있다. 한 지역에서도 여러 교육의 개념이 있다. 독일의 경우를 예로 들어보자. 무엇보다 'Bildung'이 있다. 이것은 형성교육이다. 주체적으로 세우는 것이다. 이 개념은 처음에 에크하르트(Meister Eckhart)로부터 하나님의 형상으로 세운다는 신학적 성격으

된다. 오우크쇼트(Michael Oakeshott)의 말을 빌리면, '정당화'란 "우리가 하고 있는 구체적 활동을 어떻게 수행할 것인가에 관하여 우리가 가지고 있는 지식에 대한 믿음"으로 보아야 하며, 이것은 "활동의 원리나 규칙에 대한 믿음"과는 다른 것이다. 우리는 활동 자체와 관련짓지 않고서도 후자에 대한 믿음을 쉽게 가질 수 있다. 규칙과 원리는 활동의 논리적 구조를 '요약한 것'일 따름이다. 그러나 그것이 현실적으로 정당화될 수 있을지는 의문이다.

여기서 언급할 기독교교육 구조의 이론적 성격이 어떤 것인가와 관련지어 라일(Gilbert Ryle)과 오우크쇼트의 설명은 도움이 된다. 라일은 지식을 "명제적 지식"(know that)과 "방법적 지식"(know how)으로 나누고,33) 모든 형식의 방법적 지식을 가지고 있는 사람이라도 그 원리에 관한 명제적 지식을 반드시 가지고 있다고 가정할 수 없다고 하였다. 예를 들어 조리법을 모르고도 좋은 요리를 만들 수 있으며, 타당한 연역적 주장은 그 원리가 수립되기 전에도 타당한 것으로 간주되고 사용될 수 있음을 지적하고 있다.34) 오우크쇼트는 라일의 주장을 좀 더 정교화한다.35) 그는 지식을 "기술적 지식"(technical

---

로부터 시작되었지만, 나중에 철학적, 교육학적으로 갈라지면서 자율적 인간 형성적 측면이 강조하게 되었다. 다시 신학적인 성격의 회복이 필요하다. 'Erziehung'이 있다. 이것은 양육의 의미이다. 사육한다는 의미가 더 노골적으로 맞다. 학습자는 사육 당하기 때문에 그 사육의 행위가 없어질 때 설 수 없다. 'Sozialation'이 있다. 이것은 사회화이다. 이와 같은 교육의 개념에서 교육의 현상이 어떻게 새롭게 구성될 수 있는지는 앞으로의 과제가 될 것이다.

33) Gilbert Ryle, *The Concept of Mind*, 이한우 역, 『마음의 개념』 (서울: 문예출판사. 1994), 34.

34) *Ibid.*, 36.

35) Michael Oakeshott, "Rationalism in Politics" and "Rational Conduct", *Rationalism in Politics* (London, Methuen, 1962), Paul H. Hirst, ed., *Educational Theory and Its Foundation Disciplines* (Routledge & Kegan

knowledge)과 "실제적 지식"(practical knowledge)으로 나눈다. 기술적 지식은 규칙, 기술, 원리 등에 관한 지식을 말하며, 명제의 형태로 종합적으로 나타낼 수 있고 학습, 기억, 실천될 수 있는 것이다. 실제적 지식은 인식하고 판단하며 실행할 수 있는 조직화된 능력들로 구성되며, 이런 능력들은 이해, 신념, 가치, 태도 등에 뿌리박고 있다.[36]

실제적 지식은 우리가 속해 있는 구조화된 사회적 세계 속의 삶을 통하여 획득되며, 제도나 전통에 의하여 다양하게 구조화된다. 교육에서는 다른 분야의 활동에서와 마찬가지로 활동에 참여함으로써 그 활동과 그 활동의 문제, 그리고 그 문제의 해답을 이해할 수 있게 된다. 활동을 실천함으로써 그 활동의 특질을 꿰뚫어 보아야 한다. 그렇게 함으로써 점진적으로, 그리고 다양한 수단을 동원하여, 그 활동을 어떻게 추구하는가의 지식, 그 활동을 분석하는 능력, 그리고 부분적으로 그 과정 속에 작용하는 규칙과 원리를 반성하는 능력도 발전·확장시킬 수가 있는 것이다.

Paul, 1983), 최원형 외역, 『교육이론과 그 기초학문들』 (서울: 문음사, 1988), 21-23 재인용.

36) 오우크쇼트는 '기술적 지식'과 '실제적 지식'을 라일이 '명제적 지식'과 '방법적 지식'을 나누듯 그렇게 분명하게 나눌 수 없는 것이라고 한다. '기술적 지식'과 '실제적 지식'은 모든 구체적 활동 속에 포함되어 있으며, 서로 구분되기는 하지만 분리하기는 불가능하다. '실제적 지식'은 그 일부만 명제 형태의 '기술적 지식'으로 환원될 수 있는 것이다. *Ibid.*, 22.

B. 가르침과 배움의 구조

1. 가르침의 구조

기독교교육의 구조는 크게 두 차원으로 나뉜다. 그것은 가르침과 배움이다. 교수-학습 이론이 주로 교실 내에서 교사와 학생 사이에 전개되는 수업의 과정[37]을 일컫는 데 비하여, 교육 구조적으로 본 가르침과 배움은 어느 교육적 상황에서나 공통적으로 숨겨져 있는 구조라고 할 수 있다.[38]

---

[37] 교회에서는 '분반공부'라 이름하는 것이다.

[38] 기독교교육은 이제까지 너무 좁은 영역의 범위에서 사용되어 왔다. '기독교교육' 하면 일반적으로 교회학교의 실제적 문제를 처리하기 위한 처방학이었다. 최근 들어 기독교교육의 장은 교회의 교회학교를 넘어서 가정으로까지 확대되고 있다. 그러나 그것도 대부분 목회적인 차원에서 논의될 뿐 기독교교육적 차원에서의 본격적 논의는 찾아보기 어렵다. 또한 기독교교육을 사회로까지 확대하려는 움직임들이 있으나 이론과 주장에 지나지 않을 뿐 구체적인 대안은 없다. 은준관, 『기독교교육현장론』 (서울: 대한기독교출판사, 1988), 379−439 참조.
그런데 기독교교육이란 현상은 지금까지처럼 교회의 교회학교에만 있는가? 다시 말하지만, 찬찬히 바라볼 때 기독교교육이란 현상은 교회의 기능인 설교, 봉사, 친교 등에도 교육적인 차원이 깃들어 있으며, 가정과 사회에도 기독교교육현상이라 할 만한 내용들이 있다. 그 현상들의 발견은 특정한 틀에 의해서 발견되어진다. 여기서 말하는 기독교교육의 구조는 기독교교육현상을 드러낼 수 있는 그런 틀 중의 하나라고 할 수 있다.
세계는 무수한 하위세계로 구성되어 있다. 그런 하위 세계는 우리의 인식에 의해서 드러난다. 인식이 없으면 그 세계는 드러나지 않는다고 볼 수 있다. 이것을 앞서 I장의 주 25의 예를 통해 이해할 수 있을 것이다. 거기 실린 그림은 보기에 따라 오리일 수 있는가 하면 또한 토끼일

단계:　→　청함　→　마련　→　소개　→　소원　→
내용:　(환영, 개방)　(준비, 대비)　(직접, 간접)　(격려, 권면)
방법:　　신뢰　　　사랑　　　전달　　　기도

〈그림8〉 가르침의 구조

기독교교육의 가르침의 구조의 첫 단계는 "청함"이다.39) 교육적

수 있다. 그리고 전체 그림을 구성하는 요소들은 그 전체를 오리로 보
느냐 혹은 토끼로 보느냐에 따라 전혀 다른 의미를 갖는다. 이것은 일
상의 세계 속에 있는 무수한 이질적인 세계들은 그것들에 대한 인식에
의해서 가능하게 된다는 것을 의미한다. Ludwig Wittgenstein, *Philoso-
phische Untersuchungen*, 이영철 역, 『철학적 탐구』 (서울: 서광사, 1994),
289.
기독교세계 역시 마찬가지이다 기독교세계는 무수한 세계가 그 안에
포함되어 있다. 예를 들어, 설교를 단순히 선포로 보면 그것은 말씀의
전달이다. 그러나 설교를 통해 무엇인가 배우게 된다는 점에서 설교를
기독교교육으로 보면 설교는 충분히 기독교교육적인 현상이 된다. 문제
는 어떤 관점을 소유하느냐이다. 이 관점은 무엇을 중심으로 하느냐는
입장에 따라 달라진다.

39) 연구자는 기독교교육 구조의 단계들에 대한 이름을 일상어로 정한다.
그 이유는 기존의 기독교교육이론에서 여기에 상응하는 명칭을 발견할
수 없기 때문이기도 하고, 학술적 논문이라 하더라도 현학적인 어휘로
쓰여질 당위성은 없다고 보기 때문이다. 논문의 목적이 이해에 있다면
알기 쉬운 우리말의 사용은 이런 논문의 목적과 부합된다. 학자들의 글
이 어려워지는 이유는, 외국이론을 목표로 하고 한국현실을 수단으로
삼는, 다시 말해 외국이론에 우리현실을 꿰맞추는 일이 비일비재하기
때문이다. 이 같은 상식적인 이유에 덧붙여 어떤 외국어가 다른 외국어
로 번역될 때의 그것은 단순하지 않다. "하나의 개념을 다른 하나의 개
념으로 번역한다는 것은 결국 각 개념이 속해 있는 사유체계 전체를
비교함을 뜻한다"(이정우, "20세기 한국과 사유의 변환," 「emerge」[중앙
일보사, 1999·12]). 사유와 언어의 뗄 수 없는 관계는 다음의 말에 잘
나타난다.

　　"언어와 더불어 그리고 언어 속에 세계와 그 현상들을 보는 일정
한 양식이 갈무리되어 있으며, 그렇기 때문에 한 언어는 그 내적 형
식 안에 일정한 세계관을 숨기고 있다고 말할 수 있다. 한 언어 속으

관계는 누군가가 배우려하고 누군가가 가르치려하는 협력관계에서 성립할 수 있다. '청함'의 단계와 연관지어, 이 구조에서 인간 학습자와 교사[40]만을 생각해서는 안 된다. 예를 들어, 가르침의 구조의 첫 단계인 '청함'은 인간 교사에 의해서만 이루어지는 것은 아니다. 그것은 어떤 사건이나 성령에 의해 이루어질 수도 있는 것이다. 이제까지 기독교교육에서 주로 명시적인 변인들에 대해서만 언급함으로써 그보다 훨씬 더 넓고 다양한 드러나지 않은 암묵적인 부분을 외면해왔다. 기독교교육학은 그 구조를 더욱 선명하게 드러내기 위해서 이 드러나지 않은 그림자 부분에 대한 탐구에 노력을 기울여야

로 들어가 성장하는 모든 사람들은 반드시 현상과 정신의 세계를 파악하는 그 언어의 양식을 습득해야 한다. 따라서 한 언어 공동체에 속해 있는 모든 사람들은 그들의 체험을 그들의 모국어의 내적 형식에 따라 소화하게 되며, 그에 상응하여 사유하고 행동하게 되는 것이다."

J. Leo Weisgerber, *Muttersprache und Geistesbildung.* 허발 역, 『모국어와 정신 형성』 (서울: 문예출판사, 1993), 117.
위의 말을 통해, 우리가 우리의 체험 내용을 정돈하는 데에도 모국어의 도움을 받으며, 우리의 인식을 개념적으로 논리적으로 파악하는 데에도 모국어의 도움 없이는 불가능하며, 우리의 행위 역시 모국어의 지도를 받고 있음을 확인할 수 있다. 다시 말해 우리는 잘 갈무리되어 있는 세계관을 모국어를 통해 전수 받으며 그 속에서 성장하고 있는 것이다. 우리나라에서 학문 연구에 사용되는 용어는 일본에서 만든 번역어를 그대로 가져 온 것이 대부분이다. 하다못해 한글학회의 『우리말 큰사전』 (서울: 어문각, 1992)까지 한자어의 뜻은 일본 사전을 베꼈을 정도이다 (조동일, 『우리 학문의 길』 [서울: 지식산업사, 1993], 57). 이 같은 상황에서 한국 일상어에 의한 논지의 전개가 한국에서 연구된 본 논문의 성격에 부합될 것이다.
40) 여기서 "학습자"와 "교사"라는 말은 좁게는 일반적인 교수-학습 상황에서의 양 당사자를 지칭하기도 하지만, 여기 기독교교육의 구조에서 그 말들의 의미는 넓은 의미로 쓰인다. 즉 학습자는 교회학교의 학생들을 포함해 신앙공동체에서 생활하는 신자들 전체를 가리키며, 교사는 교회학교의 교사를 포함, 부모, 신자, 목회자를 포함해서 무의식적으로 교육활동에 참여하는 모든 이들을 가리킨다.

할 것이다.

가르침의 구조의 첫 단계인 '청함'에 요구되는 조건은 개방과 환영이다. 교육은 긍정적 방향으로의 변화 가능성에 대한 하나의 믿음이다. 그렇다면 가르침의 첫 단계에서부터 학습자에 대한 선별이 이루어져서는 안 된다. 가르침은 누구에게라도 개방되어야 하며, 가르침의 향연에로 안내되어야 한다.41) 여기서 기독교교육은 모든 연령층에 대한 평생에 걸친 교육의 기회 보장이 된다. 그것을 교육 기회의 총체성, 즉 통시성과 공시성의 차원이라 부를 수 있을 것이다. 이 개방과 환영 속에는 학습자의 교사에 대한 신뢰도 들어 있지만, 역으로 교사의 학습자에 대한 믿음도 들어 있다. 교사가 학습자에 대해 개방을 하고 환영을 하는 것은 학습자가 가르침을 통해 변화되리라는 믿음이 있기 때문이다. 이 학습자에 대한 신뢰는 교사의 자질 요건이라 할 수 있다. 교사의 학습자에 대한 신뢰 속에는 학습자에 대한 이해가 포함된다. 학습자가 가르침의 과정 속으로 편입될 때에 그가 습관적으로 타성에 젖어 나오든, 문제꺼리나 사랑을 가지고 나오든 그 상태를 그대로 인정해 주는 이해의 마음이 필요하다. 인간은 누구나 타인이 이해해주기 바라고 타인에게 수용되고 싶어 한다. 청함의 단계에서 이 같은 분위기가 조성되지 않을 경우, 가르침의 다음 단계들은 그 효과가 반감될 것이다.

둘째 단계는 "마련"이다. 마련에는 두 가지 차원이 있다. 그것들은 준비와 대비이다. 준비는 미리 갖추어 놓는 것을 말한다. 준비는 미리 어떤 것을 구비해 놓는다는 외적인 결과의 뜻이 강하다. 그에 비

---

41) 세리와 죄인의 친구인 예수를 기억하라. 그리고 예수의 "수고하고 무거운 짐진 자들아, 다 내게로 오라. 내가 너희를 쉬게 하리라"(마 11:28)는 말씀도 상기하라.

해, 대비는 앞으로 있을 어떤 일에 대응하여 미리 준비하는 것이지만, 준비된 상태에서 예측치 못한 상황에 대처하는 자세를 말한다. 그러므로 여기서 대비는 늘 준비하고 있는 마음의 자세라는 내적인 의미가 강하다. 교사는 학습자가 가르침의 자리로 나오는 상태와 정도에 맞추어 미리 준비를 갖출 뿐만 아니라, 학습자의 순간순간의 변동 가능성에 대비하여야 한다.[42]

그러나 이 마련의 단계는 사실 본격적인 교육적 상황이 전개되기 전에 교사가 미리 갖추고 있어야 할 성격의 내용이다. 이 마련의 단계에서 교사가 갖추어야 할 조건은 가르침과 관련된 내용들(학습자, 학습 내용, 환경 등)의 파악[43]이다. 학습자를 파악하여 적실한 자리[44]를 마련하기 위해서는 가르침과 학습자에 대한 사랑이 있어야 한다. 사랑이 있을 때 우리는 온전히 인식할 수 있다. "사랑, 그 자체

---

42) 콘라드(Robert L. Conrad)는 그의 해석학적 교육모형에서 이 '마련'이라는 준비의 단계가 얼마나 중요한 지를 보여준다. 그는 자신의 교육모형을 크게 예비적 단계와 해석의 단계로 나누어 두 단계 모두에 같은 비중을 두고 있다. Robert L. Conrad, "*A Hermeneutic for Christian Education*", *Religious Education* 81:3 (Summer 1986), 392－400.

43) 파악은 이해와 함축과는 다르다. 이 용어들을 구태여 영어로 구별하면 다음과 같다: 이해(understand)는 이해한 결과의 지식을 강조한다. 참뜻·설명·원인·성질 등을 아는 것이다. 함축(comprehend)은 그 이해에 이르기까지 심적 과정을 강조한다. 심정적 이해라고 할 수 있다. 파악(appreciate)은 어떤 것의 참된 가치를 바로 이해·평가하는 것이다. 사물을 올바르게 인식하는 것이다(Victoria Neufeldt, *Webster's New World Dictionary of American English*, College Edition, 3rd ed. (New York: Macmillan, 1993), 1455. 이해가 지적인 성격이, 함축이 정서적 성격이 강하지만 파악은 이 두 성격을 모두 포함하는 총체적인 감지(感知)라고 할 수 있다. 그러므로 여기서 파악은 단편적인 사실들을 전체적인 관점에서 이해하게 해주는 메타이해라고 할 수 있을 것이다. 이 파악은 주로 관계로부터 생성될 것이다. Morris L. Bigge and Samuel S. Shermis, *Learning Theories for Teachers* (New York: Longman, 1999), 11장 참조.

44) 자리는 외적인 형태의 다양성에도 불구하고 내적인 자리일 수 있다.

가 지식이다 더욱 사랑할수록 더 많이 알게 된다"(St. Gregory). 사물의 이치는 지식보다 사랑을 통해 파악된다. 사랑으로 잘 마련된 자리는 그 자체가 하나의 교사로서 학습자에게 배움을 선사하게 될 것이다.

이 단계에서 우애(friendship)에 대해 생각할 가치가 있다.[45] 우애는 단순한 개인 사이의 감정이 아니다. 그것은 보다 폭넓은 차원을 갖는다. 우애의 특성은 크게 네 가지로 볼 수 있다. 첫째, 공유된 이야기(a shared story)이다. 둘째, 구체화된 사랑이며 친밀감(embodied love and intimacy)이다. 셋째, 헌신된 상호성(committed intimacy)이다. 넷째, 생산성 있는 공유된 비전(a shared vision that enables generativity)이다. 이런 차원에서 볼 때, 우애는 기독교교육의 내용일 뿐만 아니라 문맥이기도 하다. 우애는 삶과 교회, 그리고 사역을 활성화하는 효과적 매개로 작용한다. 그리고 문화적 단절을 이어주며 교회가 친밀한 공동체가 되게 한다.

셋째 단계는 "소개"이다. 여기서 교사가 학습자에게 소개하는 대상은 신적인 것과 사물이다. 여기서 '신적'이라고 하는 것은 삼위일체 하나님일 수 있고 성서가 될 수 있고, 그 밖의 외형적으로 일반적으로 기독교적인 것이라 할 수 있는 것들이다. 여기서 '사물'이라고 하는 것은 의미를 내포한 사건들이라고 볼 수 있다.[46] 그것들은 사소해 보이나 언제라도 궁극적인 것을 열어 보일 수 있는 계기가

---

45) David Shields, "Friendship: Context and Content of Religious Education", *Religious Education* 91:1 (Winter 1996), 104-21.

46) 들뢰즈(Gilles Deleuze)의 표현을 차용한다면 '시뮬라크르'(simulacre)이다. 이 말은 '환각'(phantasma)을 의미한다. 즉 이데아로부터 멀리 떨어져 있는 사물을 말한다. 그러나 이정우는 이 말을 여기서 이데아로부터 떨어져 있으나 이데아를 향하여 가까이 나갈 수 있는 가능성을 지닌 의미 있는 사물에 대하여 사용한다. 그것은 순간적인 것, 사건, 이마쥬(image), 환각 등이다. 이정우, 『시뮬라크르의 시대』(서울: 거름, 1999), 54-56.

되는 그런 의미 가능성의 사물들이다. 교사는 학습자들에게 이 하나님과 사물을 적극적인 방법과 소극적인 방법을 사용하여 소개할 수 있다. 적극적인 방법은 어떤 매체(예를 들어, 성서)를 통한 주도면밀한 전략이다.47) 소극적인 방법은 분위기를 조성하여 유도하는 것이다. 그것은 일종의 간접전달이라고 할 수 있을 것이다.

여기서 키에르케고르(Sören Kierkegaard)의 '간접전달론' (indirect com - munication)에 대해서 생각해 볼 수 있을 것이다.48)

간접전달은 두 가지 구분되는 방식으로 수행된다. 하나는 '이중 반사'(double reflection)에 의한 전달이며, 다른 하나는 전달자의 '인 커그니토'(incognito)를 수반하는 전달이다. 이중 반사에 의한 간접전

---

47) 앞에서 성서 교수에 대해 언급했는데 그것들이 바로 여기에 속할 수 있을 것이다. 성서 교수의 일반적 방식은 그것이 주로 교사에 의해서 계획되고 전체적으로 그 의도대로 진행된다는 점에서 매우 정교한 전략적 교수라는 것이다.
한국에서의 성서교육에 대한 본격적 논의는 이정효, 「성인신앙교육에 관한 한 연구」; 동일 저자, 『현대 성서교육론: 이론과 실제』 (서울: 성광문화사, 1996) 참조.

48) 그의 이 주장은 원래 그가 살던 당시의 기독교 사회에 대한 반성적 성찰의 결과였다. 당대의 기독교 사회는 개인들이 기독교의 가르침을 자신들의 내면에 자리잡도록 하여 그에 따라 살아가는 데에는 소홀한 채, 기독교를 철저히 세속화시키고 있었다. 당시의 기독교인들은 목사나 신도들을 막론하고 인간의 이성과 이해능력을 초월하고 있는 기독교의 가르침을 이해의 대상으로, 또는 지식으로 변질시키고는 그것마저도 자신들의 내면이 아닌 언어적 외양으로만 간직하고 있었다. 키에르케고르는 이러한 반성적 검토에 근거하여 기독교는 언어적 형태의 교리가 아니며, 개인들이 각자의 노력을 통하여 그들의 내면으로 점유화(appropriation)해야 되는 것이라는 생각에 도달하였다. 그리고 그는 자신의 이러한 자각을 기독교 사회의 성원들과 공유하기 위하여 특별한 형태의 교육방법을 고안한다. 그것이 간접전달이며, 이는 '참된 기독교인의 형성'을 위한 교육방법이다. 엄태동, 「교육적 인식론 연구: 키에르케고르와 폴라니의 교화적 방법에 대한 교육학적 고찰」박사학위논문 (서울: 서울대학교 대학원, 1998), 46.

달은 전달자가 상호 대립하는 두 가지 내용을 어느 하나로 피전달자
의 시선이 쏠리지 않도록 적절히 균형을 이루게끔 하여 동시에 제시
하고, 전달자 자신은 이 가운데 어느 것이 정답인지를 제시하지 않
은 채, 등을 돌려버리는 방법이다.[49] 이중 반사에 의한 간접전달은
피전달자의 주체적 점유화를 유도하려는 방법이다. 어느 한 가지 내
용을 직접전달할 경우, 피전달자들이 그것을 언어적으로만 수용할
뿐, 자신들의 직접 판단과 선택에 의하여 그들의 실존으로 복제한다
거나 그에 걸맞은 삶을 영위한다거나 하는 것으로부터는 멀어지는
폐단을 애초부터 봉쇄하려는 것이다. 이중 반사에 의한 전달을 받게
되는 비전달자는 변증법적 매듭을 형성하고 있는 두 가지 가능성 가
운데 어느 하나를 선택하기로 자신이 직접 주체적으로 결단하고, 이
를 열정적으로 추구하여 자신의 내면으로 점유화할 수밖에 없다.[50]

간접전달의 다른 하나의 방식은 '인커그니토' 또는 '미행'(微行)[51]
이다. 인커그니토는 인간이 자신의 본질적인 존재양상이 지니는 특
징과는 불일치하는 방식으로 존재함으로써 자신의 정체를 식별 불가
능한 상태에 있도록 하는 것을 의미한다.[52] 자신의 내면에 들어 있
는 윤리적인 것이 외현적으로 드러나지 않도록 꾸미는 아이러너나,
종교적인 내면을 감추고 행동하는 유모어(humor)는 모두 인커그니토

---

49) Sören Kierkegaard, *Practice in Christianity*, 임춘갑 역, 『그리스도교의 훈
    련』 (서울: 평화출판사, 1978), 196 − 200.
50) Sören Kierkegaard, *Concluding Unscientific Postscript to the Philosophical
    Fragments*, trans. D. Swenson and W. Lowrie (Princeton: Princeton
    University Press, 1941), 313.
51) 미행은 원래 임금이 미복(微服)으로 갈아입고 자신의 신분을 숨긴 채,
    백성들의 삶을 살피러 다니는 것을 뜻한다. 인커그니토는 자신의 정체
    를 숨기고, 자신의 진정한 면모와는 다른 것을 자신의 것인 양 내세운
    다는 특징을 지니며, 이 점에서 그것은 미행으로 번역될 수 있다.
52) Kierkegaard, *Practice in Christianity*, 190.

에 속한다. 아이러니나 유모어 같은 인커그니토는 전달자가 전달받는 자의 주체적 점유화를 유도하기 위하여 상대의 수준까지 하강하고, 상대의 현실적 자아에 대하여 이상적 자아가 될 만한 것을 암시하거나 제시하는 행위로 이해할 수 있다.[53]

위에서 교사는 하나님이나 의미를 만나도록 어떻게 학습자들에게 소개할 것이냐 하는 문제를 보았는데, 그 경우 초점은 소개하려는 대상에 맞추어지고 소개하는 교사는 가리어진다. 사실 중요한 것은 소개되는 대상이다. 그러나 그 대상은 소개하는 사람과 무관하지 않다. 소개하는 사람이 어떠냐에 따라 그 대상의 의미의 경중이 달라질 수 있다. 여기서 교사의 존재가 의미를 갖는다. 결국 소개의 단계에서 교사가 어떤 성격을 띠는가가 문제이다. 교사가 갖추어야 할 모든 요소들을 아우르는 말은 '권위'라고 할 수 있을 것이다. 교사의 권위는 다름 아닌 영성일 것이다.

기독교의 영성은 구약에서 세 가지로 나타난다. 첫째, 출애굽적 전통으로부터 나온 하나님의 언약에 대한 신실함, 둘째, 예언적 전통으로부터 나온 헌신, 셋째, 현자들의 전통으로부터 나온 지혜이다. 그러나 기독교의 대표적 영성은 아나윔(anawim)이다. 이것은 하나님과 사람 앞에 가난하고, 비천하고, 약한 주변인의 자리에 처하는 것인데, 거기서 나오는 것은 희생을 통한 영성과 하나님에 대한 신뢰이다.[54] 이와 같은 성격의 영성은 하나님의 성품의 일부를 드러내는 것이거나 하나님의 뜻의 일부를 실천하는 것이므로 그것 자체로 권위를 획득한다. 교사가 이러한 영성을 소유할 때 권위가 주어지며, 그 권

---

53) 엄태동, 「교육적 인식론 연구」, 92-93.
54) Robert W. Pazmiño, *By What Authority Do We Teach?* (Grand Rapids, MI: Baker Book House, 1994), Ⅲ장 참조.

위는 본 가르침의 구조의 소개의 단계에서 유효하게 작용할 것이다.

소개의 단계에서 중요한 영역 중의 하나는 질문이다. 질문은 교육적 상황에서 대단히 중요한 영역이다. 특히 교수-학습 상황에서 더 그렇다. 그러나 반드시 교수-학습 상황이 아니라고 하더라도 교육적 상황으로 보이는 상황에서는 형식을 갖추지 않았더라도 질문적 상황이 있게 마련이다.

바른 질문, 좋은 질문은 무엇인가? 그것은 특정 정보를 습득하는 것과는 본질적으로 다른 것이다. 그것은 학습자가 딛고 있는 굳건한 토대의 기반을 파내어 위협을 느끼게 하는 것이며, 마침내 그것이 쓸모없는 토대임을 스스로 깨닫고 다른 것을 찾도록 전향시키는 일에 비유될 수 있을 것이다.[55] 이와 같이 하기 위해 교사는 학습자의 지식체계, 신념체계를 포함한 그의 전인적 구조에 대해 부족감, 불일치, 당혹감, 혼란 등의 느낌이 일어나도록 해야 한다. 이것은 학습자와 '적절한 거리'를 두는 것이며, '적정 수준의 불일치'를 조장하는 것이며, '거리를 두는 전략'인 것이다.[56] 이것은 다음의 말과도 통한다.

> "……예수는 질문에 답하기 위해 온 것이 아니라, 오히려 질문을 던지고자 왔다. 그는 인간 영혼을 안주시키기 위해 온 것이 아니라, 그 영혼을 자극하여 각성하도록 하기 위해 왔다."[57]

---

55) 양미경, "질문의 생성을 촉진하는 교육적 조건연구", 「교육학연구」33:1, 101-2.

56) Joseph M. Hunt, *Intelligence and Experience* (New York: Roland, 1961); Jean Piaget, *The Development of Thought: Equilibration of Cognitive Structures* (New York: Viking, 1977); I. E. Siegel and T. D. Kelly, "A Cognitive Developmental Approach to Questioning", J. T. Dillion, ed., *Questioning and Discussion: Multidisciplinary Study* (New Jersey: Ablex Publishing Corporation, 1988), 105-34.

57) William P. Merrill, *Christian Internationalism* (New York: Macmillan, 1919),

영적 성장 또는 성숙이 누적이 아닌 구조의 변화라면 이 같은 교육 전략이 도움이 될 것이다.

소개의 효과를 좌우할 수 있는 숨겨진 요소는 교사와 학습자 간의 관계의 성격이다. 교사는 학습자를 사랑하고 학습자는 교사를 신뢰할 때 소개되는 내용에 대한 흡수력이 높을 것이다. 특히 학습자의 교사에 대한 신뢰는 순서상 교사의 학습자에 대한 사랑에 뒤따르는 것이기 때문에 더욱 중요하다. 교사가 의무감에서 행하는 행위는 발각이 되기 마련이다. 교사의 진정이 학습자를 위해 희생하고 그들을 사랑하며 살아가는 모습만이 학습자들의 신뢰를 획득할 수 있다.58)

넷째 단계는 "소원"이다. 교사는 학습자가 하나님과 사물의 의미와 만나서 긍정적 바뀜의 변화를 겪도록 바라야 한다. 이 소원은 두 가지 형태로 나타난다. 하나는 격려이고, 다른 하나는 권면이다. 뒤에서 살펴 볼 배움의 구조에서 네 번째 단계인 "바뀜"의 단계에서 학습자는 수용을 통해 긍정적으로 변화되기도 하지만, 거부를 통해 자신의 현 상태를 고집한다. 가르침의 구조에서, 배움의 구조의 '바뀜'에 상응하는 단계는 '소원'의 단계인데, 교사는 이 단계에서 수용적인 학습자에게는 그 순종에 의한 변화를 유지해 나가라고 격려할 것이며, 거부하는 학습자에게는 긍정적인 방향을 제시하고 권면해야 할 것이다. 소원이 학생들을 직접적으로 상대해서는 격려와 권면으로 나타나지만, 학생들이 교사의 외부가 아닌 내면에 소재하게 될 때, 소원은 기도의 형식으로 나타난다.

42-43, Herman H. Horne, *Teaching Techniques of Jesus*, 박영호 역, 『예수님의 교육방법론』 (서울: 기독교문서선교회, 1980), 78. 재인용.
58) 데살로니가전서 2장 7-8절 참조.

기도[59]는 종종 기독교교육자들에게 오해된다. 그런데 설명하고 예측할 수 있어야 한다는 의미에서 가장 과학적인 기독교교육을 주장하는 리조차도 신비적 초월적인, 그래서 비과학적인 기도의 교육적인 측면에 눈을 돌린다.[60] 그는 기도 안에 여러 가지 성격이 포함되어 있는 것을 본다. 그것들은 금식이나 고행 등을 통해 나타나는 신체적 성격, 하나님과 세계와 자신의 관계를 반성하는 등의 인지적 성격, 하나님을 향한 경배와 사랑 등의 정서적 성격, 그리고 삶 속에서 하나님을 향하는 생활방식적 성격 등이다. 그렇기 때문에 기도를 단순히 사적이고 정적인 영역으로 치부해서는 안 된다. 기도 안에서 우리는 하나님과 세계와 이웃과 연합되며, 그리고 자신뿐만 아니라 타인에게도 역동적인 변화를 야기시킨다. 그럼에도 불구하고 많은 기독교교육자들은 마치 교육의 시작과 끝을 알리는 수업종 식으로 기도를 형식적으로 사용해왔다. 그렇지 않더라도 일반인들은 기도를 어떤 목적을 이루기 위한 수단으로 이용하는 경우가 많다. 기도는 목적을 위한 수단이 아니라 목적 자체가 되어야 한다. 왜냐하면 삶 자체가 기도여야 하는 것이 기독교인의 삶의 성격이기 때문이다.

---

59) 기도에 대한 가장 단순한 정의는 "기도란 인간이 하나님께 말하는 인간의 언어이다"이다(Wayne R. Spear, *The Theology of Prayer: A Systematic Study of the Biblical Teaching on Prayer*, 지인성 역, 『기도의 신학: 기도의 성서적 교훈에 관한 체계적 연구』 [서울: 대한기독교서회, 1990], 15). 그러나 기도는 이제까지 너무 언어적으로만 이해되어 왔다. 더구나 그 언어조차 너무 경직되어 있다. 그러나 기도하는 데 정해진 언어가 따로 있다고 볼 수 없다. 그런 차원에서 기도의 언어는 자연스런 일상 언어로부터 다양한 형식을 통하여 표현되어야 할 것이다. 신체어, 감각훈련, 상징, 음악, 미술, 건축, 의상까지도 기도의 표현 수단으로 이용될 수 있다(Wayne E. Oates, *The Psychology of Religion*, 정태기 역, 『현대종교심리학』 [서울: 대한기독교서회, 1994], 233-49).

60) James M. Lee, The Content *of Religious Instruction: Social Science Approach* (Birmingham, AL: Religious Education Press, 1985), 672-76.

기도의 정체를 앞에서와 같이 파악한다면, 가르침의 구조 중의 소원의 단계에서, 교사의 기도는 격려와 권면과의 연속성을 지닐 뿐만 아니라 더 깊은 차원에서 학습자와 연합시켜주는 행위가 되는 것이다. 물론 기도의 본래적 성격은 욕구의 표출이라고 볼 수 있다. 그러나 욕구가 없을 경우에도 기도하는 것으로 보아 기도의 본질적 성격은 하나님과의 교제이다.[61] 그것은 하나님을 알고 그와의 사귐을 추구하는 기도이다.[62] 이 하나님과의 교제인 기도 안에 학습자가 등장한다. 이와 같은 교제 안에서 하나님과의 관계, 그리고 사람과의 관계가 변한다.[63] 그래서 기도를 관계라고까지 말한다.[64]

팔머(Parker J. Palmer) 역시 기도를 관계로 본다.

"기도는 자아와 타자, 인간과 인간 이외의 것, 보이는 것과 보이지 않는 것이 복잡하게 얽혀있는 광대한……삶 속으로 들어가는 능력이다.……관계를 추구하고 상호성과 책임성을 느끼며……(그런 삶) 안에 자신을 정위시키는 것이다."[65]

그리고 이 관계로서의 기도 안에서만 인간은 참 자아일 수 있다. 기도에서는 기도자로부터 하나님께로 향하는 기도의 방향이 하나님

---

61) Michael Argyle and Benjamin Beit-Hallahmi, *The Social Psychology of Religion* (London and Boston: Routledge & Kegan Paul, 1975), 10.
62) Walter H. Clark, *The Psychology of Religion*: *An Introduction to Religious Experience and Behavior* (New York: The Macmillan Company, 1958), 312.
63) W. W. Meissner, *Psychoanalysis and Religious Experience* (New Haven and London: Yale University Press, 1984), 214.
64) Laurence B. Brown, *The Human Side of Prayer*: *The Psychology of Praying* (Birmingham, AL: Religious Education Press, 1994), 110.
65) Parker J. Palmer, *To Know as We Are Known*: *Education as a Spiritual Journey* (San Francisco: Harper & Row, 1983), 11.

으로부터 기도자로 향하는 방향에 주의를 돌려 하나님께서 말씀하시는 것을 들을 때 교사는 통찰을 얻는다.[66] 기도에서 내가 하나님을 향해 나갈 때 하나님 역시 나를 향해 오고 있다. 그러면서 나를 고립과 자아중심성으로부터 끌어내어 타자와의 관계 속으로 이끈다.[67] 학습자나 권면을 받은 부정적인 변화를 겪은 학습자는 다시 처음의 "청함"의 단계로 돌아간다. 이 역시 배움의 구조처럼 폐쇄적 순환체계라고 할 수 있다.

위와 같은 기독교교육의 구조를 단지 교수-학습 상황으로 오해해서는 안 된다. 교수-학습 상황은 일반적으로 기독교적 수업과 관련되어 언급되어 왔다. 그러나 최근 그 개념이 학교식의 수업체제를 넘어 사회 전반에서 교수적 성격의 행위를 일컫는 말로 확장되었다.[68] 그런데 여기서는 그보다 더 확대된 개념으로 다양한 장에서의

---

66) 사실 오늘날 하나님은 신자를 향하여 직접 말씀하시기도 하지만 성서를 통해 말씀하신다. 이에 대한 구체적인 예는 Jeannine Schmid, *Religion, Montessori, and the Home*: *An Approach to the Religious Education of the Young Child*, 박종석 역, 『가정에서의 몬테소리 기독교교육』 (서울: 한국교회교육협회, 1989), 155-59 참조.

67) Palmer, *To Know as We Are Known*, 11.

68) 클라프키(W. Klafki)는 교수학의 발전과 확대의 가능성에 직면하여 '일반교수학'(Allgemeine Didaktik)의 개념을 새로이 정의한다: "교수학이라는 개념은 지난 몇십 년간의 독일 교육학 안에서 실제적으로 학교수업, 학교와 비슷한 유관 기관들에서의 교수와 학습, 경영적 견습생을 위한 직업교육, 정기적으로 제공되는 교수과정과 강좌에 우세하게 관련 되어 졌다." 클라프키의 이러한 진술은 기독교교수학적으로 전화(轉化) 시킬 수 있다. 즉 기독교교수학의 개념은 기독교교수학의 발전가능성과 확대가능성에 의하여 학교에서의 기독교수업, 학교와 유사한 혹은 교회기관들 내에서의 교수와 학습, 기독교교사와 목회자의 직업훈련, 그리고 성인교육을 위하여 정기적으로 제공되는 교수과정과 강좌에 관련될 수 있다. 윤화석, "구성 비판적 학문으로서의 기독교교육학과 기독교교수학(Religionspädagogik und Religionsdidaktik als konstruktiv-kritische Wissenschaft)", 한국기독교교육학회 발표논문 (1999. 12. 5), 6 재인용

가르치고 배우는 현상을 일컫는 말로 사용한다.

2. 배움의 구조

기독교교육의 구조에서 배움의 구조는 가르침의 구조와 상응하여
아래의 그림과 같은 구조를 띤다.

단계: → 나옴 → 처함 → 접함 → 바뀜 →
내용: (습관: 의도) (참여: 방관) (인격: 의미) (수용: 거부)
방법: 동기 실천 대화 결심

〈그림9〉 배움의 구조

그것들을 하나씩 살펴보자. 첫째, 교육이 이루어지기 위해서는 교
육의 장으로 나와야 하는데, 이것을 "나옴"의 단계라고 부를 수 있
을 것이다. 여기서 교육의 장은 다양하다. 그것은 예배일 수 있고
여러 가지 내용의 모임(기도회, 성경공부 모임 등)일 수 있다. 또는
교육을 중심으로 볼 때 교육이 발생할 수 있다고 보이는 어떤 장일
수 있다. 학습자가 교육이 가능한 장으로 나올 때 그는 두 가지 양
태로 나올 수 있을 것이다. 하나는 장기적인 차원이고 다른 하나는
단기적인 차원이다. 장기적인 차원은 학습자가 과거에 배운 모든 것
의 총화이다. 이런 의미에서 그것은 그의 현재의 가치 체계, 의식적
행동 유형, 즉 무엇을 결정할 때 사용하는 원리이다. 그것은 구체적
으로 심리적 준비성과 문화적 환경이다.[69]

---

69) Richard Reichert, *A Learning Process for Religious Education*, 박종석

단기적인 차원은 다시 두 가지로 나눌 수 있다. 하나는 소극적 태도이다. 그는 습관적이거나 타성에 젖어 별 생각 없이 나올 수 있을 것이다. 다른 하나는 적극적 태도이다. 그것은 어떤 의도를 갖고 나오는 것을 말한다. 그 의도는 다시 두 가지로 나눌 수 있을 것이다. 하나는 긍정적이고 다른 하나는 부정적이다. 긍정적인 것은 사랑을 갖고 나오는 것이다. 부정적인 것은 문제나 갈등 상황[70]을 갖고 나오는 것이다.

둘째, 배움의 구조의 다음 단계는 "처함"의 단계이다. 이 단계는 해당 교육의 장의 내용에 처하게 되는 단계이다. 예를 들어, 예배에 참여한 사람은 그 예배가 처함의 장이 된다. 그런데 그 처함의 장은 같은 장내에서도 변화가 있을 수 있다. 예배의 장에 처한 사람은 그 다음 순간에는 설교라는 장에 처할 수 있는 것이다. 기존의 기독교교육은 이 처함의 장을 분반공부나 성경연구 등으로 제한했다. 그러나 교육을 중심으로 보는 입장에서는 처함의 장은 여러 곳으로 확장될 수 있는 것이다.

처함의 단계에서 학습자의 태도는 두 가지로 나타날 수 있다. 하나는 적극적인 성격의 참여이고, 다른 하나는 소극적 성격의 방관이다. 참여와 관련하여 그 성격이 어떠해야 하는지 살펴보자. 긍정적인 참여의 성격은 진지한 참여여야 할 것이다. 그것은 경의적 참여(respectful attending)이다.[71] "경의적"이라는 말은 '존경의 마음을 갖

역, 『기독교교육의 학습과정』 (서울: 대한기독교서회, 1998), 13.

70) 콘라드는 갈등(conflict)을 모티프(motif)로 삼은 해석학적 교육모델을 말하기까지 한다. 그것은 크게 갈등에 대한 파악-갈등을 대면하기-갈등에 대한 통찰력 발견-갈등에 대한 새로운 이해 등의 단계로 진행된다. Conrad, "*A Hermeneutic for Christian Education*", 399.

71) Daniel S. Schipani, "Christian Religious Education and Revelation in a Culture of Disbelief", *Religious Education* 92:2 (Spring 1997), 172.

고 있다'는 뜻인데, 그러기 위해서는 뭔가 배울 것이 있다는 공손한 태도가 포함되며, 일반적인 때보다 상당한 주의를 기울이는 것을 말한다. 이와 같은 성격의 참여는 보다 풍성한 학습의 열매를 맺게 할 것이다. 경의적 참여의 대상은 하나님, 우리 주위의 세계, 그리고 우리 자신이다. 경의적 참여는 가려져졌던 것을 걷히게 한다. 그런 면에서 경의적 참여는 신비와 관련된다. 신비는 참여자의 능력에 의하여가 아니라 주어지는 선물이지만 경의적 참여는 그 신비를 엿보는 조건이 될 수 있다.

경의적 참여의 대상이 하나님뿐만 아니라 우리의 이웃과 나 자신이라면, 교육적 상황에서 다른 사람들 자체가 신비가 될 수 있으며 신비를 드러내는 매개가 될 수 있다. "사람들은 신비이다. 왜냐하면 그들은 상이하고 독특하기 때문이다. 그들은 우리의 통제로부터 독립된, 우리의 이해를 넘어있는 깊이인 그 나름의 하나의 현실이다. 그들에게 그처럼 참여함으로써 구별이 생긴다."[72]

물론 이 참여와 방관은 외적 태도에 의해서 판별될 수 있는 성질의 것은 아니다. 나옴의 단계에서 소극적으로 습관적으로 타성에 젖어 나온 사람은 이 처함의 단계에서 행위 양태가 소극적인 방관의 태도를 나타낼 수 있을 것이다. 그러나 반드시 그렇다고 볼 수는 없을 것이다. 소극적으로 나왔다가 적극적으로 참여의 자세를 보일 수도 있는 것이다.

처함의 태도는 학습자에 의해서만 결정되는 것은 아니다. 그것은 교사의 태도와도 관련된다. 교사가 권위적일 때, 학습자는 수동적이고 방임적이 되기 쉽다. 교사가 민주적일 때 학습자는 배우고자 하

---

72) Craig Dykstra, *Vision and Character*: *A Christian Educator's Alternative to Kohlberg* (New York: Pilgrim Press, 1981), 40.

는 동기가 유발되어 적극적인 참여자가 될 수 있다.[73]

 셋째, 배움의 구조의 다음 단계는 "접함"의 단계이다. 여기서 접함의 대상은 하나님일 수도 있고, 처한 상황의 실재와의 접촉(그 장의 내용의 본질)이라고도 할 수 있을 것이다. 접함은 두 가지 방식으로 이루어진다. 둘 다 교류적 성격의 것이지만, 하나는 대화이고, 다른 하나는 교통이다. 접함의 단계에서 우리가 접하는 대상은 하나님과 사물이다. 하나님과의 접함은 대화라는 방식을 통해, 사물과의 접함은 교통이라는 방식을 통해 이루어진다. 대화는 말 그대로 주고받는 교류로서 하나님과의 관계에서는 인격적인 교류가 오갈 것이며, 사물의 실재와의 관계에서는, 사물이 자신을 드러냄으로써 의미의 발견을 기다리고,[74] 그것을 접하는 사람은 개방된 정신으로 사물과 교통할 때 의미를 깨닫게 될 것이다.

 접함의 단계에서 발생할 수 있는 의미 있는 경험은 현재로부터 벗어날 수 있게 하는 어떤 것이라고 할 수 있다. 의미는 학습자가 나옴의 단계에서 소유하고 있는 여러 가지 성향들에 따라 다양할 수 있다. 어떤 이에게 의미 있는 것이 다른 이에게는 전혀 의미가 없을 수 있다. 의미 있는 경험은 죽을 뻔했던 큰 사고, 사랑하는 사람의 죽음, 첫사랑, 처음으로 부모가 될 때 등과 같이 보통 극적이다. 그러나 우연히 지나치는 말 한마디가 의미를 가질 수도 있다. 그러나 여기 기독교교육의 구조에서 의미 있는 경험은 일단은 의도적인 교

---

73) 정웅섭, 『기독교교육의 이론과 실제』 (서울: 대한기독교출판사, 1981), 326 참조.

74) 하이데거(Martin Heidegger)는 그것을 이렇게 말한다. "이미 사유된 것 안에 아직 숨어있는 사유되지 않은 것", 즉 "사유해야 할 것"(das zu-Denken)이 자신에게 말 걸어오기를 끈기 있게 "기다린다"(warten). Martin Heidegger, *Vorträge und Aufsätze*, 4. Aufl. (Pfullingen: Neske, 1978), 133.

육적 상황에 한정된다. 그러나 교육적 상황에서 의미를 주지 않던 것이 교육외적인 상황과 결부되어 의미를 띨 수 있다.[75] 결국 이 접함의 단계는 학습자가 미래를 위해 무엇을 선택해야 하는가를 깨닫게 하는 사건이나 그 조합을 요소로 갖는 단계라고 할 수 있다.

접함은 학습자에게 반응을 요구한다. 반응은 차이성이 원인이 되어 발생한다. 즉 반응은 "차이(difference)"를 깨닫고, "그렇지 않을 수 있음(it-could-be-otherwise)"을 깨닫는 것이다. 반응은 타자의 타자성을 아는 것일 뿐만 아니라 자신을 또 다른 자로서 보기를 배우는 것이다.[76]

넷째, 기독교교육의 배움의 구조의 마지막 단계는 "바뀜"이다. 접함의 단계에서, 하나님과 사물에 대한 만남의 방식에는 두 가지가 있다. 하나는 순종이고 다른 하나는 불순종의 방식이다. 학습자는 순종할 때 만남이 가져온 내용을 수용하면서 긍정적인 변화를 겪는다. 그러나 만남이 요구하는 내용에 대해 거부하는 불순종은 현 상태를 고집한다. 그러나 이 경우에라도 옛날과는 다른 상태의 현 상태라고 할 수 있을 것이다. 기존의 상태에서 불순종이라는 경험을 거친 상태이기 때문이다.

바뀜은 결심을 포함한다. 결심은 현재의 생활양식을 그대로 계속하거나 다소 어떤 방식으로 변화시키는 것이다. 어느 경우에나 결심은 새로운 인식과 확신 후에 나타난 상태이기 때문이다.[77] 이 결심은 심리적으로는 새로운 통찰을 자신의 현재 생활양식에 통합시키며, 다른 가치와 행동을 제거하려는 시도이다. 즉 그는 자신의 새로

---

75) Reichert, *A Learning Process for Religious Education*, 15.
76) Heinz Streib, "The Religious Educator as Story-Teller: Suggestions from Paul Ricoeur's Work", *Religious Education* 93:3 (Summer 1998), 314.
77) Reichert, *A Learning Process for Religious Education*, 17.

운 통찰을 시험해보는 시행착오를 겪을 수 있다. 실제로 바뀜은 쉽게 일어날 수도 오랜 시간에 걸쳐 일어날 수도 있다.[78]

바뀜은 살아 계신 하나님 안에서의 성장이라고 할 수 있다. 그렇기 때문에 그것은 순간적이고 일회적인 사건이 아니라 삶 속에서 지속되는 진행형의 사건이다. 그런 면에서 바뀜은 교육적 대상이 될 수 있다. 그런데 바뀜에서의 교육적 성격은 기독교교육을 기독교교육 되게 하는 초월적 성격과의 관련에서 이루어져야 한다.

초월적 성격을 고려한 바뀜에서의 교육은 하나님의 눈으로 현실을 보는 능력의 성장을 의미한다. 이와 관련하여 쉬파니(Daniel S. Schipani)는 그와 같은 성장이 무엇을 의미하는지 말한다.[79] 그것은 하나님의 렌즈(Godly lenses)를 끼고 보는 것이며, 하나님의 관점(Godly perspective)을 소유하는 것이며, 보편적인 전통과 인습에 도전하고 현실을 더 깊이 이해하기 위해 비판적 인식력(critical awareness)을 기르는 것이며, 하나님의 약속과 성서의 예언자들의 비전과 꿈과 유사한 방식의 인간적 소망에 바탕을 둔, 더 나은 대안들과 미래를 기대하는 비판적 상상력(creative imagination)에 빠지는 것이며, 영적으로 검토가 요구되는 모호한 것들을 분별하고 이 세상의 악과 그 악마적 활동의 실상을 알아채기 위해서, 우리 삶 가운데서 하나님의 임재와 활동을 인식하고 이해하고 반응하는 영적 분별력(spiritual discernment)을 갖는 것이다. 이 내용들은 서로 관련이 있으므로 상호 연관되는 방식으로 함께 고려되어야 한다.[80]

배움의 구조에서 바뀜의 단계의 유형이 어떤 것인지 그 일단을

---

78) *Ibid.*

79) Schipani, "Christian Religious Education and Revelation in a Culture of Disbelief", 172−75.

80) *Ibid.*, 172.

보여줄 것으로 생각되는 것은 키에르케고르의 '상심'(傷心, offence)의 개념이다. 이 개념은 희랍어 'σκανδαλον'(skandalon)으로부터 나왔는데 그 뜻은 짐승을 잡기 위하여 설치하는 '덫'을 의미했다. 그러나 성서에서는 '함정', '파멸의 원인'의 뜻으로 사용되었다.[81] 여기서는 이 단어가 학생의 심리상태를 나타낸다는 점, 그리고 키에르케고르가 이 단어의 수동적 의미를 강조한다는 점을 고려하여 '상심'이라 번역한다.[82] 상심은 신적 가능성에 직면하여 신앙을 통하여 도약함으로써 새로운 존재로 거듭나지 못하고, 자신의 현존 실존이나 이성에 안주해 버리는 것을 지칭한다. 이는 다른 표현으로 말하면, 곧 절망이며 죄에 해당된다.[83] 신약에서도 이 상심은 인간과 하나님의 관계를 나타낸다. 상심은 신앙의 장해물이며 따라서 타락과 파멸의 원인이 된다.[84]

그런데 키에르케고르는 '상심의 가능성'(possibility of offence)이라는 계기를 설정한다. 상심의 가능성이란 한 미천한 인간이 곧 신이라는 파라독스(paradox)에 직면하여 인간이 자신의 이성을 버리고 신

---

81) Geoffrey W. Bromiley, ed. *Theological Dictionary of the New Testament*, 『신약성서신학사전』 (서울: 요단출판사, 1986), 1149. 신약성서 영역본에는 이 단어가 'offence'(King James Version, the Revised Standard Version, New International Version), 또는 'shock'(The Transtlator's New Testament) 등으로 번역되며, 국역 성서에서는 '실족'(개역), '걸려 넘어짐'(공동번역)으로 번역되어있으며, 맥락에 따라, '오해'(마 17:27), '배척'(마 13:57), '부인'(마 26:34) 등으로 번역되고 있다. 신약에서는 종말론적인 배교(마 18:7), 예수에 의한 실족(마 13:57, 26:31, 33, 막 14:7, 29), 타인을 넘어지게 하는 일(막 9:42 이하) 등과 관련되어 사용되었다. *Ibid.*, 715-16.
82) 이 번역은 임병덕으로부터 왔다. 임병덕, "키에르케고르의 '상심'의 개념: 교육적 전달에 주는 시사", 「교육이론」5:1 (서울: 서울대학교 사범대학 교육학과, 1990), 74.
83) Sören Kierkegaard, *The Sickness unto Death*, trans. W. Lowrie, (Princeton: Princeton University Press, 1967), pp.168-173, 208.
84) Bromiley, *Theological Dictionary of the New Testament*, 1150.

앙으로 도약할 것인가, 아니면 파라독스를 부정하고 이성적 존재로
남음으로써 상심할 것인가 하는 절대적인 양자택일의 가능성을 말한
다.[85] 이렇게 보면 상심의 가능성은 학생을 새로운 차원의 진리로
이끄는 결정적 계기이기도 하지만, 동시에 그의 기존 지식체계를 강
화함으로써 그를 새로운 진리에 대한 열정적인 반대자로 이끌기도
하는 두 가지 반대 상황을 모두 함의한다고 볼 수 있다.

그러나 상심의 가능성은 파라독스[86]가 그러한 것처럼 인간적 존
재에 의하여 설정될 수 있는 것이 아니다. 그것은 신적인 가능성이
나 절대적 진리를 인간적 현실성이나 가변성에 겹쳐 놓을 수 있는
신만이 사용할 수 있다. 상심의 가능성을 불러일으키는 일은 신에게
만 가능하며, 그것을 구사할 수 있는 존재는 신뿐이다.[87]

학습자는 하나님과 사물을 접함으로써 어떤 성격이든 변화를 겪게
된다.[88] 이 바뀜의 단계는 더 나은 변화를 향하여 처음의 단계인 나
옴의 단계로 돌아간다. 그래서 나옴－처함－접함－바뀜의 배움의 구

---

85) Sören Kierkegaard, *Works of Love*, ed. and trans., H. Hong & E. Hong,
    (Princeton: Princeton University Press, 1995), 59.
86) 신이 인간이 된다는 성육신의 사건이다.
87) Kierkegaard, *Practice in Christianity*, 81－82.
88) 여기서 '변화'는 '변형', '변질'을 모두 포괄하는 의미에서의 본질적 변
    화이다. 구태여 영어를 사용하여 그것들을 구분하면 다음과 같다: 변형
    (형태의 변화)＝transformation(to change in appearance), 변질(성질의 변
    화)＝transmutation(to change in quality), 변화(본질의 변화)＝transubs－
    tantiation(to change from one substance into another)(Neufeldt, *Webster's
    New World Dictionary*, 1420－22). 그러므로 변화는 내적인 성질의 변
    화가 외적인 행위의 변화로 이어지는 그 전체적인 과정과 결과, 그리고
    내용을 말한다. 신학에서는 이 용어가 화체설을 의미한다. 즉 떡과 포
    도주가 진정한 그리스도의 몸과 피로 변한다는 것이다. 본질적인 변화
    를 말하고 있다. Juergen L. Neve and Otto W. Heick, *A History of
    Christian Thought: History of Christian Doctrine*, 서남동 역, 『기독교
    교리사』 (서울: 대한기독교서회, 1992), 320－24 참조.

조는 하나의 폐쇄된 순환체계를 이룬다고 할 수 있다.

기독교교육의 배움의 구조는 교육의 의도적 차원에서 보면 무의도적인 방임적인 교육으로 보일 수 있다.[89] 그러나 사실은 그렇지 않다. 이 배움의 구조는 그것만으로는 온전할 수 없다. 그것은 교사가 관여된 가르침의 구조와 관계를 맺을 때 그 본래의 역할을 다 할 수 있다. 배움의 구조는 가르침의 구조와 유기적 관계를 맺음으로써 하나의 전체적인 구조를 형성한다.

3. 가르침의 구조와 배움의 구조의 관계

앞에서 가르침의 구조와 배움의 구조에 대해서 생각해 보았다. 그런데 이 배움과 가르침은 어떤 관계가 있는가. 그것들은 분리된 별개인가. 아니면 하나인 것의 다른 이름인가. 이 같은 물음에 대해 그 둘 다라고 대답할 수 있을 것이다. 첫째, 가르침과 배움의 구조는 앞에서의 설명을 통해 보았듯이 각각 독자적인 구조를 갖는다. 가르침의 구조는 교사와 관계되며, 배움의 구조는 학습자와 관계된다. 이 두 구조는 각각의 차원에서 단계적인데, 이 단계들은 서로 관계된다. 초청과 나옴, 마련과 처함, 소개와 접함, 소원과 바뀜의 단계들은 서로 상응한다. 이 상응하는 단계들은 하나가 없이 다른 것은 그 효과가 반감된다. 가르침의 구조와 배움의 구조가 서로 상합적이라는 면에서 가르침과 배움의 구조는 전체적으로 하나의 전체

---

89) 기독교교육에서의 잠재적 교육과정에 대해서는, 여성훈, "종교교육에 있어서 Hidden Curriculum의 의미와 그 미래로서의 '미시 종교교육학'", 「기독교교육논총」4 (한국기독교교육학회, 1999), 169 – 186 참조.

를 이룬다.

가르침의 단계:　청함 → 마련 → 소개 → 소원
　　　　　　　　↕　　　↕　　　↕　　　↕
배움의 단계:　　나옴 → 처함 → 접함 → 바뀜

〈그림10〉 가르침과 배움의 구조의 관계

이 구조 전체의 배경에는 성령이 교육의 환경적 성격으로 작용한다. 가르침의 구조와 관련하여 성령의 역할은 교사의 정체성에 대한 자각을 주며, 각 단계에서 지혜를 부여하는 역할을 한다. 그리고 성령은 가르침과 배움으로 이루어지는 교육현상 전체에 걸쳐 인간이 할 수 없는 부문에서 신비로서의 기능을 행한다. 배움의 구조와 관련하여 성령의 역할은 권면과 활동이다. 권면은 해당 단계의 의도에 충실하도록 하는 것이며, 활동은 실제적인 사역이다. 성령은 학습자에게 배움의 장으로 나가도록 권면하며, 배움에 진지하게 참여하도록 권하며, 열린 마음으로 배움의 주제와 만나도록 하며, 그 결과 학습자 안에 변화가 일어나도록 한다.

이와 같은 기독교교육 구조론의 장점은 기독교교육의 영역을 목회로까지 확장시킨다는 것이다. 예를 들어, 최근 기독교교육학계에서는 교육목회에 대한 관심이 높은데, 이 같은 관심에는 근본적인 오해가 들어 있다. 즉 교육목회라고 할 때, 기존의 교회학교 부서에 대한 교육을 교회 전체로 넓혀 교육을 해야한다는 입장인 것으로 보인다. 그래서 예를 들어, 해리스(Maria Harris)는 교회의 기능인 케리그마(kerygma), 디다케(didache), 코이노니아(koinonia), 디아코니아(diakonia), 레이투기아(leiturgia)에 대한 교육적 모색을 시도한다.[90] 그러나 그 모색은 각 기능에서 교육적으로 어떤 내용들을 다루면 좋을 지에 초점을 맞춘다. 내용의 범위를 정하는 일정한 기준을 제시한다하더라도 일단 교육학에서 내용을 말하기 시작하면 교육학은 이미 그 내용에 관한 것으로 바뀌게 된다. 즉 교육학이 아닌 다루어진 소재의 영역으로 변질된다는 말이다. 그랬을 때 교육학은 알지도 못하는 영역을 어설프게 건드리는 우매한 짓을 하게 될 수 있다. 위에서 언급한 교육목회의 경우, 기독교교육학은 케리그마나 디다케 등의 내용보다는 교회의 그 같은 기능들 가운데 교육이 어떻게 일어나고 있는지를 분별해 내는 일에 보다 초점을 맞추어야 한다. 기독교교육학 분야에서 이와 유사한 시도를 한 이로 웨스터호프(John H. Westerhoff)를 들 수 있을 것이다. 그는 의식(Liturgy) 분야에서 어떻게 배움이 가능한지를 여러 가지 예들을 통해 제시하고 있다.[91] 해리스와 웨스터호프의 예를 통해 볼 수 있는 사실은 일단 교육의 가르침과 배움의 구조 중에서 어느 한쪽만 언급되고 있다는 것이다. 해리스에게서는 가르침이, 웨스터호프에게서는 배움의 영역이 언급되고 있다. 그러나 무엇보다 그 가르침과 배움이 어떤 식으로 일어나는 지에 대한 언급은 없다. 이것은 이제까지의 기독교교육학이 전통적으로 해 온 방식이기 때문에 탓할 일은 아니다. 기독교교육을 구조의 차원에서 볼

---

90) Maria Harris, *Fashion Me A People*: *Curriculum in the Church* (Westminster: John Knox Press, 1989) 참조.

91) 예를 들어, John H. Westerhoff Ⅲ and William H. Willimon, *Liturgy and Learning through the Life Cycle*, 박종석 역, 『교회의 의식과 교육』 (서울: 베드로서원, 1992) 참조. 이 책에서 다루는 내용들은 세례, 성만찬, 교회력, 기도, 목회사역, 결혼, 출생, 이사, 임직, 은퇴, 회개, 병자, 임종 등이다. 각 장은 세 부분으로 나뉘어져 있는데, 첫째 부분은 그 의식에 대한 역사와 신학에 대해 설명하며, 둘째 부분에서는 의식에 대한 교육적 기준에 대해서, 마지막 세 번째 부분은 의식 수행의 지침이나 방향을 제시하고 있다. pp.5－8.

때 이런 문제는 극복된다는 장점이 있다.

　이 구조의 단점은 너무 잠재적 교육과정의 성격이 강하지 않느냐 하는 비판이 있을 수 있다. 그러나 그렇지만은 않은 것이 일반적으로 잠재적 교육과정은 가르치는 과정과 분리된 환경에서 발생되는 경우가 많다. 그러나 이 구조는 가르침의 구조가 병행하기 때문에 잠재적 교육과정의 무의도성과는 구별되어야 한다. 그러나 이것은 교육에서 배제되었던 잠재적 교육과정을 교육의 장안에 끌어들였다는 면에서 장점이기도 하다.

　기독교교육을 하나의 자율적 학문으로 보는 관점을 확립할 경우, 다른 학문과의 교류를 통해 타학문을 통합할 수 있을 뿐만 아니라, 타학문에게도 그 학문의 의미 영역을 넓힐 수 있는 계기가 될 수 있다는 것이다. 예를 들어, 성서의 사건들에 대해서도 교육적인 관점에서 볼 때, 전에 보지 못했던 교육 현상들을 발견할 수 있고, 그럼으로써 성서의 사건들의 의미를 보다 풍성하게 할 뿐만 아니라, 교육을 하는 데 있어서도 보다 그 의미를 살려 잘 할 수 있을 것이다.[92]

---

[92] 그런 예들 중의 하나로 예수가 부활한 후 엠마오로 가던 두 제자를 만난 사건에 대해, 위에서 언급한 기독교교육의 구조적 입장에서 적용한 예는, 박종석, 「한국에서의 기독교교육학의 학문성에 대한 연구」, 87－96; 동일 저자, "엠마오 사건에 나타난 기독교교육의 구조", 「한국기독교신학논총」23 (한국기독교학회, 2002), 245－65. 이 같은 예를 통해 기독교교육의 구조가 기독교교육현상을 어떻게 드러내는 가를 보게 되고, 기독교교육의 구조가 여러 영역에 이용될 수 있음을 알 수 있을 것이다.

VII

기독교교육학과 학문교류

이 장에서의 주제는 앞에서 정립한 자율적 분과학문으로서의 기독교교육학이 어떤 식으로 타학문 또는 지식과 관계를 맺느냐이다. 타학문과의 교류라고 할 수 있는 학제적 연구[1]는 어떤 학문이 자율적인 분과학문의 지위를 확보했다고 해서 불필요한 것이 아니다. 오히려 학제적 연구는 자율적 학문으로서의 지위를 확보한 분과학문에게 주어지는 특권과 같은 것이다. 자율적인 분과학문이 아닐 경우 그것은 학문 간의 상호 연구라고 할 수 없겠기 때문이다.

---

1) '학제적'(interdisciplinary) 연구는 '다학문적'(multidiciplinary)연구와 구별되어야 한다. 그리고 학제적 연구와 동일한 의미로 "학제간"(學際間)이라고 쓰는 것은 잘못이다. "학제적(學際的)"이라고 해야 한다. "學際的"에서 "際"는 이 문맥에서 "사귀다"(예. 교제[交際]), "만나다"(예. 제회[際會])라는 뜻이다. 그래서 '학제적'이라는 말은 학문 사이의 사귐과 만남을 뜻한다. 이렇게 보면 '학제간'이란 말은 '학제와 학제 사이', 즉 '학문의 만남과 학문의 만남의 사이'라는 뜻이 되므로 부적절하다.

A. 학문 교류와 주체성

학제적 연구는 결코 학문 간의 벽을 허는 데 목적이 있는 것은 아니다. 무엇보다 학제적 연구의 목적은 상호 관계되는 분과학문들이 서로를 통해 더욱 풍요하게 되는 것을 목적으로 하며 또 실제로 그렇게 된다는 것이다. '둘 또는 그 이상의 분과학문들이 그 관계에 의하여 항상 직접적이거나 동등하게는 아니지만, 모두 통합성을 가지면서도 서로 풍요하게 되도록 어떻게 관련을 가질 수 있는가?' 하는 것이 학제적 연구의 목적이라 할 수 있다.

학문은 과정적이다. 학문은 생겨나고 스스로를 바꾸어 간다. 학문은 기존 체계의 재편과 새로운 지식 영역의 수용, 그리고 전통과의 화해를 통해 변신해 간다. 특히 현대에 들어 와서 그 추세는 더욱 가속화되고 있다. 현대의 학문은 새로운 영역들이 출현하면서 급격하게 학문 체계의 전통이 재편되고 있다. 19세기 후반에서 20세기 전반에 걸쳐 서양의 학문에 일어난 중대한 전환은 마르크스(Karl Marx), 프로이트(Sigmund Freud), 경제학의 수리화, 상대성 이론과 양자 역학 등이다. 여기에 20세기말에 일어난 지식 세계의 새로운 영역으로서 비활자매체·영상매체의 출현, 인공지능, 페미니즘 등이 학문의 변화를 촉구하고 있다.[2] 이 같은 서양학문의 쇄도는 한국의 학문에 전통의 단절을 야기 시켰다. 이런 상황 속에서 한국의 학문계는 독자적인 정체성을 구축하려는 노력을 기울이고 있다.[3]

---

2) 백낙청 편, 『현대 학문의 성격: 전통의 재편과 새로운 영역의 출현』 (서울: 민음사, 2000) 참조.

기독교교육학 역시 지속적인 변화를 겪어왔다. 오래 동안 행해겼던 실천에 '이론'이라는 옷이 입혀진 후에도 신학과 교육학, 심리학 등의 영향으로 기독교교육학은 늘 자기 변신을 꾀해 왔다. 그런데 타 분과학문들과는 달리 한국의 기독교교육학은 뿌리가 없는 학문으로서 외래 학문이 그대로 이식되어 왔다. 그래서 한국의 기독교교육학은 뿌리 없는 상황과 그 안에서의 정체성 정립, 그리고 최근 학문 세계의 급격한 변화 요인이라는 세 가지 난맥상을 겪고 있는 것이다. 이런 상황에서 기독교교육학은 자기 정체성을 확보하기 위해 '한국'이라는 사회에서 학문의 변동에 민감하게 반응하며 대처해 나가야 할 것이다.

기독교교육학의 정체성 확립을 위한 과제는 현대 학문의 급격한 변동과 무관하지 않다. 정체성이란 자폐적인 토착주의나 식민지적 제국주의가 아니다. 기독교교육학의 정체성은 고정된 것으로서가 아니라 오히려 변화되어 가는 그 과정적인 차원에서의 정체성으로 이해되어야 한다.[4] 그것은 이론적 경험적으로 한국의 기독교교육학과

---

3) 그 같은 노력들의 현실을 담은 책이 김정근 편, 『한국 사회과학의 탈식민성 담론 어디까지 와 있는가』(서울: 지식산업사, 2000)이다. 이 책은 교육학을 비롯하여 정치학·경제학·법학·인류학 등 11개 분야로 나누어 우리 학문의 '토착화' 혹은 '한국화'의 이름으로 진행된 연구들을 소개·분석했다.
4) 다음과 같은 하우(Reuel L. Howe)의 말에 주의를 기울일 필요가 있다.

　　"본래 전통이라는 말은 '한 사람의 손에서부터 다른 사람의 손으로 넘어 간다'는 뜻을 가지고 있다. 종교적 전통은 인간의 생과의 만남이 없이 각 세대를 거쳐 간다고 하면 그것은 생명이 없고 비생산적인 전통이 되고 만다. 진리와 생의 대화가 이루어질 때 전통은 자라나고 이해와 기술이 축적되며 각 세대에 나타나는 도전에 대해서도 맞서 나갈 수 있게 된다.……우리는 지금 1,500년 전의 성서와 꼭 같은 성서를 가지고 있지만 그 당시의 성서 이해보다 현대적인 이해가 더 한층 인간 생활에 빛을 던져주는 이유는 성서 연구와 과학, 문학, 심

관련된 엄연한 현실을 인정해야 한다. 그것은 당장 기독교교육학과 관련된 분과학문들과의 관계 형성과 관련이 될 것이다. 기독교교육학과 관련된 분과학문들 역시 변화를 겪고 있으며, 그것들 사이의 관계, 그리고 그것들과 기독교교육학과의 관계는 대단히 복잡할 수밖에 없다. 다양한 지식 영역들 사이의 상호관계는 점차로 복잡해지며, 그래서 기독교교육학의 영역이라 할 수 있는 것의 구획이 어떻게 변할지 모르는 상황이 되었다. 이런 유동성 때문에 기독교교육학은 변화되는 경계들과 변화하는 관계들에 대한 지속적 예측을 해야 한다.5) 그러므로 기독교교육학은 관련된 분과학문들을 분별력을 가

리학, 그리고 문화, 철학 연구와의 대화를 계속하여 왔기 때문이다."

Reuel L. Howe, *The Miracle of Dialogue* (New York: The Seabury Press, 1963), 22.

또한 다음과 같은 무어(Mary E. Moore)의 말에도 유의할 필요가 있다.

전통과 변화 사이의 대안으로서 "전통화(traditioning)는 기독교공동체가 미래를 향해 동기를 부여해 줌으로써, 역사적 전통이 재기억되고 변형되는 과정으로서 이해된다."

Mary E. Moore, *Education for Continuity & Change: A New Model for Christian Religious Education* (Nashville: Abingdon Press, 1983), 121.

그리고 다음의 말 역시 의미가 있다.
"정체성은 본디 정태적인 것이 아니라 역동적인 것이기에 특수와 보편, 역사와 전통의 변증법적 대결 없이는 그 모습을 제대로 그려낼 수 없다. 변화된 조건 속에서 스스로 변하지 않는 전통은 이미 전통이 아니지 않은가."

이진우, 『한국 인문학의 서양 콤플렉스』 (서울: 민음사, 1999), 31.
5) Rachel Henderlite, "Moments of Unpredictability which Create Difficulties in a Precise Definition of Christian Education", *Religious Eucation* 62:5 (Sep－Oct. 1967), 405.

지고 이용해야하는 한편, 다른 한편으로는 기독교교육학과 분명하게 모순이 되는 관련 분과학문들의 사실들에 의구심의 시선을 거두지 말아야 할 것이다.[6]

이 연구는 학문의 정체성을 구조주의적 관점에서 보아오고 있다. 구조주의는 그 본성상 정적인 형태(form)일 수 없다.[7] 그럴 때 그것이 관련되는 방식은 두 가지가 있다. 그것은 공통되는 점을 찾아 관계 짓는 것인데, 하나는 구조이고, 다른 하나는 방법이다[8] 여기서는 구조에 관심을 갖는다.

기독교교육학을 교류적 통합학문으로서 볼 때, 구조의 과정성에 주의를 기울여야 할 것이다. 구조 자체가 하나의 전체를 이루면서 그 구성(composition)이 구조의 경계 밖으로 이탈하지 않고, 경계 밖의 대상에 호소하지 않는다는 특성상 그렇게 볼 수 있다. 그런 면에서 구조는 닫힌 체계(closed system)를 이룬다.[9]

그러나 구조에는 크게 나누어 이미 완성된 구조가 있고, 형성의 단계에 있는 구조가 있다. 그러나 완성된 구조를 이미 '구조가 이루

---

6) *Ibid.* 물론 기독교교육학을 탐구하는 데 필요하다고 생각되는 여러 분과학문들의 통찰을 이용할 수 있다. 그러나 그러기 전에 기독교교육학의 목적, 전제들, 그리고 연구에서 밝혀진 사실들을 분명히 해야 한다는 전제가 따른다. *Ibid.*, 406.

7) Jean Piaget, *Main Trends in Interdisciplinary Research*, 오세철 역, 『현대 학문체계와 그 엇물림』 (서울: 연세대학교 출판부, 1980), 5.

8) 전자의 예로 언어구조와 논리 또는 지능과의 관련성에 대한 연구가 있고, 후자의 예로는 계량경제학에서 나온 게임이론(game theory, 한 집단, 특히 기업에 있어서 어떤 행동의 결과가 게임[놀이]에서와 같이 참여자 자신의 행동에 의해서만 결정되는 것이 아니고 동시에 다른 참여자의 행동에 의해서도 결정되는 상황하에서, 자기 자신에 최대의 이익이 되도록 행동하는 것을 분석하는 수리적 접근법)으로 문제해결, 지각의 식역(識閾) 등의 심리적 행동을 설명하려는 연구가 있다. *Ibid.*, 11–12.

9) *Ibid.*, 5.

어진'(structured) 것으로만 보아서는 안 된다. 그것은 동시에 무기한으로 '구조를 이루어 가는'(structuring) 구조이기도 하다.[10] 형성 단계에 있는 구조에 있어서는, 이미 완성된 구조의 하부체계 사이에서처럼 교환이 내부적 상호작용에만 제한되어 있지 않고 이들 구조가 기능하기 위해서 필요한 공급물을 획득하는 것을 촉진시키기 위한 상당한 정도의 외계와의 교류가 이루어진다.[11] 그러나 본질적으로 구조는 외부로부터의 영향을 받는 중에도 그 구성 요소를 상호작용에 의해서 일정하게 유지하는 까닭에, 구조 스스로 닫힌 순환적 고리를 갖는다. 이 같은 구조는 끊임없는 활동에도 불구하고 유지되기 때문에 정적(static)이라고 할 수 있다. 그럼에도 구조는 계속적인 변환을 하는 역동성을 갖는다.[12] 구조의 이와 같은 역동적인 과정적 성격 때문에 분과학문은 다른 분과학문들과의 교류 가능성이 열리게 되는 것이다. 그렇다면 어떤 조건에서, 또는 어떤 기준을 갖고 하나의 분과학문이 다른 분과학문과 교류를 할 수 있게 되는가.

기독교교육학은 주체적 입장에서 타 분과학문과 교류하여야 한다. 주체성은 원론적으로는 자기 자신에 대해, 사물에 대해, 세계에 대해 자신의 눈으로 보고 판단하며 자신의 상황 속에서 마주치는 문제들을 스스로 사유하여 스스로 풀려고 노력하는 주체적인 생활 태도와 사유 방식을 말한다.[13] 기독교교육학의 주체성은 폐쇄적이고 독단적인 절대성을 주장하거나 모든 것을 회의로 바라보고 비판하는 입장

---

10) *Ibid.*, 8 – 29.
11) 이 같은 예는 특히 생물학적 구조에서 발견할 수 있다. 생물학적 구조는 오직 환경과의 계속적인 교환을 통해서만 성장할 수 있다. *Ibid.*, 31.
12) *Ibid.*, 32.
13) 이기상, "이 땅에서 철학하기. 탈중심시대에서의 중심 잡기," 우리사상 연구소 편, 『이 땅에서 철학하기: 21세기를 위한 대안적 사상 모색 (서울: 솔, 1999), 37.

이 아니다. 기독교교육학의 주체성은 타자와의 관계에서 매 순간 타진의 가능성과 운신의 폭을 결정하는 가변의 점이라고 할 수 있을 것이다.

기독교교육학이 주체성만을 강조할 경우에는 타 분과학문과의 교류에 난맥을 띨 것이다. 그러나 주체성을 보류하고 타 분과학문과의 교류에만 비중을 둘 때, 자신의 정체성을 상실하게 될 것이다.

주체로서의 기독교교육학이 타 분과학문과 관계할 때, 거기에는 자아를 상실하지 않으면서 기독교교육학과 타 분과학문을 최대한으로 견실하게 묶는 일시적 구조가 기능할 것이다. 이것은 기독교교육의 구조가 선험적이고 불변적인 형태가 아니라 주체와 타자가 만날 때 새롭게 태어날 가능성을 말하는 것이다. 구조는 결코 온전하거나 영원한 대상들이 아님을 발견하게 된다.

주체성과 타자성의 관계 속에서 드러나는 현재 속에서 펼쳐진 구조는 애초부터 존재하는 운명은 아니지만 새로운 방식으로 주체에 관여하고 제어하는 역할을 수행한다. 주체가 타자와 관계할 때 착상되는 구조 없이는 타자와의 관계에서의 연속성이 상실된다.

하지만 더욱 강조되어야 할 점은 타 분과학문과의 교감에 의해서 생기된 구조가 기독교교육학에 영향을 끼칠 수는 있지만, 기독교교육학을 근본적으로 대치할 수는 없다는 것이다. 다시 말해서 타학문에 의한 기독교교육 구조의 제어는 언제나 새롭게 재편될 수 있는 잠정적이고 계기적인 영향력일 뿐이다.

주체성과 타자성이 성숙한 문양으로 만나게 될 때 그 지점이 바로 교류성의 문을 여는 장소가 된다. 교류성은 타자성보다 더욱 고양된 가치를 지니는 개념이다. 타자성이 주체성과 길항의 양상을 띠고 있다면 주체가 타자를 폄하하지 않고 인격적으로, 혹은 목적의 구현을 위한 성실함으로 타자와 관계할 때 거기에 교류성이 생성된다.

이 교류성의 최대치가 바로 아직 오지 않은 기독교교육학의 정체성을 여는 빗장이다. 이런 의미에서 주체성과 타자성, 그리고 교류성의 모든 지향은 기독교교육학의 정체성을 은밀하게 지시하고 있음을 새삼스럽게 발견하게 된다.[14)

 **B. 학제적 연구의 필요성**

1. 학문 경계의 가변성

학제적 연구의 필요성은 단지 연구 작업을 쉽게 하는 도구로서의 중요성보다 더 크다. "학제적 연구의 진정한 목적은 상호교환을 통해서 지식의 분야를 다시 조직하고 다시 모양을 갖추게 하는 것이다. 이는 사실상 구성적인 재결합을 뜻한다."[15) 학제적 연구의 필요성은 '학문 경계의 가변성'과 '학제적 연구의 결과로서의 독창성과 생산성'으로부터 나온다.

뉴튼(Isaac Newton)의 시대(17－18c)만 해도 오늘날의 의미로서의 철학자 / 과학자 등의 구분은 별 의미가 없었다. 뉴튼 자신이 자연

---

14) 전철, "주체성·타자성·연대성", 「한신논총」9 (오산: 한신대학교 대학원, 1999), 10－13.

15) Piaget, *Main Trends in Interdisciplinary Research*, 158.

철학에 대한 수학적 원리를 밝히려는 의도로 "프린키피아"(*Principia*)를 썼던 것만 보아도,[16] 그 당시에는 과학이라는 것과 (자연) 철학이라는 것이 분명하게 구분되지 않았음을 알 수 있다. 그러나 과학 혁명기를 거치고 실용주의적 학문관이 만연해지기 시작하면서 물리학을 태두로 여러 분과들이 기존의 철학으로부터 분과하기 시작했고, 19-20세기를 거치면서 각 분과들이 더욱 세분화되고 전문화되어 왔다. 비단, 이런 과정이 자연과학 내에서만 일어난 현상은 아니다. 인문 과학과 사회과학에도 여러 분과들이 생성되고 발전되어 왔다.

그런데 여기서 유의해야 될 점은 이런 학문의 분화 과정이 본질적으로 정해진 길을 따라 진행되는 것이 아니라는 사실이다. 학문 분과는 생겼다가 소멸될 수도 있고(연금술[17]) 여러 분야가 합쳐져 또 다른 분야로 탄생할 수도 있으며(사회생물학[18]), 현재에도 그 경계가 모호한 분과들도 상당수 존재한다는 사실이다(인지과학[19]). 이

---

16) 1687년에 출판된 『자연철학의 수학적 원리』(*Philosophiae Naturalis Principia Mathematica*), 혹은 『프린키피아』는 먼저 질량(quantity of matter), 운동량(quantity of motion) 및 몇 가지 힘에 대한 정의로부터 시작해서 오늘날 우리가 '뉴튼의 운동법칙'이라고 부르는 세 개의 법칙을 기본 원리로서 도입하고, 이를 기초로 해서 제1권에서 저항이 없는 공간에서의 물질입자와 일반적인 운동을 수학적으로 취급하는 법으로부터 시작해서, 2권에서 각종의 저항이 있는 공간에서의 운동을 다루고, 3권에서는 1권의 결과들을 사용해서 태양계를 포함한 우주에서의 운동을 기술하고 있다.

17) 연금술의 이론적 근거는 아리스토텔레스(Aristoteles)의 4원소(흙, 물, 불, 공기) 이론에 바탕을 두고 있다. 모든 물질은 4원소들의 배합이기 때문에 그 비율을 바꾸면 다른 물질이 된다는 생각은 연금술사들에게 물질이 변환될 수 있다는 믿음을 주었다. 연금술은 화학의 기원으로서 18세기말부터 화학이 과학적인 체계를 갖추게 됨에 따라 사라졌다. 김영식 · 임경순, 『과학사 신론』 (서울: 다산출판사, 1999), 423.

18) 사회생물학은 인간의 사회적 행동의 기초를 생물학(특히 진화생물학)에서 찾는 학문으로 특히 생물학, 인류학, 사회학이 서로 깊이 얽혀 있는 분야이다. Piget, *Main Trends in Interdisciplinary Research*, 157-63 참조.

19) 인지과학은 인간의 인지 과정을 탐구하는 학문으로 컴퓨터과학, 인류학,

런 사실을 한 마디로 '학문 경계의 가변성'이라는 말로 뭉뚱그릴 수 있다. 그렇다면, 학문 경계가 변하는 것은 무엇 때문인가? 학문 분과에서 일어나는 두 가지 현상, 즉 학문의 세분화(전문화, 분절화) 과정(specialization)과 혼성화 과정(hybridization) 때문이다.

세분화 과정은 학문의 영역이 점점 세분화되고 파편화되는 과정으로, 어떤 학문이 하나의 분과로 자리 잡기 위해 반드시 거쳐야 할 과정이다. 학문들은 연구 영역이 날로 확대되어가고 있다. 즉 일반성의 감소 및 복잡성의 증가가 있다는 것이다.[20] 문제가 복잡해지면 그에 대응하는 인간의 활동도 복잡해질 수밖에 없고 일정 균형점을 지나 복잡성이 더 높아질 경우 전문적 문제로서 대응하는 인간들의 활동이 전문적 활동일 것을 요청하게 된다. 혼성화 과정은 여러 분과들이 섞이는 과정, 혹은 그렇게 섞여서 전혀 다른 형태의 학문이 출현하는 과정을 말한다. 이 과정은 전문화 과정이 한계에 부딪쳐 더 이상 분절화되지 못하는 정체된 상황에서 흔히 진행된다. 이 과정에서 학자들은 자신의 영역보다는 다른 분과의 영역에 더 관심을 가지면서 새로운 돌파구를 모색하기도 한다.[21]

언어학, 철학, 심리학, 신경과학 등이 깊이 관여되는 그야말로 '다학문적 연구분야'(multi-disciplinary study)이다. *Ibid.*

20) *Ibid.*, 14.

21) 학문의 사회성 역시 학문 경계의 가변성에 영향을 미친다. 즉 특정 학문의 경계는 사회, 정치와 무관한 본래적 성격을 가지는 것이 아니라, 역사적으로 사회적 필요에 따라 생성, 변형, 소멸되기도 하기 때문이다. 그래서 어떤 분과가 학문 사회에서 자리를 잡아가기 위해서는 일반적으로 수많은 '레토릭'(rhetoric)이 동원된다. 그 대표적인 예 중에 하나가 '유전 공학'이 정착하는 과정에서 사용된 과장된 선전이다. 마치 유전자를 조작함으로써 모든 질병들을 정복할 수 있을 것처럼 선전했던 유전공학 초창기의 레토릭은 지금에 와서는 좀 더 다른 방식(예를 들어, 생명 복제의 가능성 등)으로 진행되고 있다.

2. 학제적 연구의 생산성

토마스 쿤(Thomas S. Kuhn)은 학제적 관심의 결과가 다른 학문 분야들에 얼마나 큰 영향을 끼칠 수 있는지를 보여준 대표적인 인물이다. 그는 원래 물리학도였지만 어떤 기회로 과학사를 연구하게 되면서부터, 역사학, 철학, 언어학 등의 학문 분과들을 넘나들면서 과학과 과학자 사회의 본성을 해명하려고 노력하였다. 『과학 혁명의 구조』(*The Structure of Scientific Revolutions*)[22]라는 책은 이러한 그의 학제적 관심의 결정체였다. 그 책에서 핵심적으로 사용한 "패러다임(paradigm)" 이론은 그 당대뿐만 아니라 지금도, 과학사(역사), 과학철학(철학), 과학사회학(사회학) 뿐만 아니라 정치학, 종교학, 심리학, 언어학, 심지어는 예술 분야에 이르기까지 널리 받아들여져서 사용되는 분석틀이 되고 있다. 여기서 나올 수 있는 자연스런 기대는, "학제적 관심을 가지고 학문을 대할수록 더 독창적이고 영향력이 큰 이론들을 만들어 낼 수 있지 않겠는가?"라는 것이다.[23]

학제적 관심이 결과하는 또 다른 장점은 세계에 대한 다차원적 이해를 가능하게 한다는 것이다. 사실, 어떤 현상에 대해서 한 가지

---

22) Thomas S. Kuhn, *The Structure of Scientific Revolutions* (Chicago: University of Chicago Press, 1962).

23) 물론, 그렇다고 해서 그 이론이 언제나 맞는 이론이라는 말은 아니다. 쿤의 예를 들어 말하려는 바는, 쿤의 이론이 전부 옳다는 것이 아니라, 그의 독창적인 논의가 여러 학문 분야에서 많은 논쟁들을 불러 일으켰으며 세계를 이해하는 데 또 다른 하나의 관점을 제시했다는 것이다. 가령 쿤이 말하는 패러다임 간의 '불가공약성'(incommensurability) 논제가 종교학에 적용되었을 때에는 기독교의 (배타적) 진리성을 확보하기가 상당히 힘들게 된다. 따라서 '어떤 이론을 받아들일 것인가'에 관한 논의는 '그 이론이 얼마나 독창적인가'와는 별도의 다른 차원에서 논의되어야 한다.

원인, 혹은 한 가지 방법, 혹은 한 가지 학문 분과로만 설명하고 이해하려는 환원주의적 태도는 다양한 학문과 그 방법들이 동원되어야만 설명되고 이해되는 '다학문적 분과'에는 잘 어울리지 않는다. 모든 현상을 신앙으로만 환원하여 이해하려는 '영적 환원주의'(spiritual reductionism)를 경계하듯이, 모든 현상을 특정의 학문으로만 이해하려는 '분야 환원주의'(disciplinary reductionism)[24]도 또한 경계한다는 측면에서 학제적 관심은 유용하다.

기독교교육학을 신앙교육현상을 탐구하는 학문이라고 할 때, 기독교교육학은 관련이 있다고 여겨지는 학문들을 이용할 경우 기독교교육현상을 보다 더 잘 이해할 수 있을 것이다. 현재의 기독교교육학 체제는 여러 분과학문들이 모여 있는 종합적 성격을 띠고 있는데, 이 같은 상황도 기독교교육학이 주체적 입장에서 그 학문들을 이용할 경우 보다 풍성한 기독교교육적 사실들의 산출이 가능할 것이다.

학제적 연구가 정체성을 지닌 서로 다른 분야들 사이에서 일어날 때의 그 산물은 생성적 산물이다. 그리고 부분이 가지고 있는 성질 외의 것이 부분의 유기적 결합에 의하여 전체로서의 독특한 성격과 구조가 확실해진다는 점에서 학제적 연구가 더욱 필요하다. 또한 각 분야의 지식과 현 상태만을 다루는 것이 아니라 각각의 문제와 연구의 경향을 수평의 차원에서 모두 꿰뚫어 엮음으로써 전체와 부분이 함께 유기적 조화를 유지하는 것이 학제적 연구의 필요성이자 강점이라고 하겠다.

---

24) 이런 경우의 대부분은 '○○결정론'이라고 표현된다. 가령 '생물학적 결정론', '사회학적 결정론' 식이다.

 C. 학문 교류의 원리

1. 공통점의 원리

학제적 연구의 기본 원리로 우선 공통점의 원리를 들 수 있을 것이다. 그런데 분과학문들 사이에 공통점은 있는가. 엄밀한 의미에서는 없다고 보아야 할 것이다. 그러므로 유사성의 의미로 보아야 할 것이다. 비트겐슈타인(Ludwig Wittgenstein)은 이를 설명하기 위해 '가족유사개념'에 대해 말한다.

"66. 가령 게임에 대해서 생각해 보자. 장기게임, 카드게임, 구기, 올림픽 등이 있다. 이 게임에 공통된 점은 무엇인가? '……그렇지 않으면 게임이라……할 수 없다'라고는 말할 수 없다.……왜냐하면……그 모든 게임들을 주시하여 본다면 그것들은 어떤 공통점이 아니라 유사성이나 관련성 같은 것을 보게 될 것이기 때문이다.……

67. 나는 이 비슷한 점들을 나타내는 데에 '가족 유사'보다 더 나은 언어 표현을 생각해낼 수 없다. 왜냐하면 한 가족의 여러 성원들 간의 여러 가지 닮음, 가령 체격, 용모, 눈의 색깔, 걸음걸이, 기질 등은 같은 방식으로 중복되고 겹치기 때문이다. 그러므로 게임은 하나의 가족을 이룬다고 말하게 되는 것이다."[25]

이것을 집합으로 설명하면, A가 {ϕ, ψ}, B가 {ϕ, χ}, C가 {ψ, χ}

---

25) Ludwig Wittgenstein, *Philosophische Untersuchungen*, 이영철 역, 『철학적 탐구』 (서울: 서광사, 1994), 59－60.

이라고 할 때, 이들은 가족유사의 관계라고 할 수 있다. A와 B는 {φ}라는 공통요소, B와 C는 {χ}, A와 C는 {ψ}라는 공통요소로서 각각 묶여질 수 있는 관계이다. 이런 관점에서 볼 때 어떤 탐구영역은 다른 어떤 탐구영역과 관련이 깊고 어떤 것은 비교적 멀다고 할 수 있다. 그럼에도 불구하고 거기에는 유사성이 있다.

기독교교육학과 관계가 깊은 교육학의 경우, 교육이 정치, 경제, 사회, 문화 등의 중요한 변수로서 작용하고, 또 공통의 메커니즘으로서 사회화, 학습, 상호작용, 일탈 등의 사회학적 심리학적 또는 두뇌생리학적 과정과 관계가 있기 때문에 다른 학문의 분야와 학제적 연구의 관계가 형성될 가능성이 크다.

분과학문들이 공통점을 중심으로 어떻게 관계를 형성하는 지를 설명해주는 개념 중의 하나는 "절합(articulation)"이다. '절합'은 여러 요소들의 만남과 헤어짐이 동시에 일어나는 현상이다. 절합이 일어나는 지점에서는 서로 다른 것들이 교차한다. 이런 점에서 절합은 '중층결정'이며, 네트워킹이다. 분과학문들 사이의 관계가 절합의 모습을 띤다는 것은 학문분야들을 개별적으로 인정하면서 그것들이 망으로 묶여지는 것을 이른다. 그런 점에서 절합은 '성좌화'를 추진한다. '성좌(constelation)'는 벤야민(Walter Benjamin)이 소개한 개념으로 현상적 요소들의 관계 맺기이다. 하나의 성좌는 별들로 이루어지지만 아무 별이나 성좌에 속하는 것으로 인식되지는 않는다. 오직 일부의 별들이 서로 관계있는 것으로 인식되며 그로써 성좌가 이루어지는 것이다.[26] 분과학문들의 관계는 "성좌화"로서 절합적 관계가

---

26) Walter Benjamin, *The Origin of German Tragic Drama* (London: NLB, 1977), 34. 강내희, "분과학문 체계의 해체와 지식생산의 '절합적 통합'", 「문화과학」11 (1997 봄), 33 재인용.
이 성좌를 보는 것은 마치 숨은 그림 찾기와도 같다. 숨은 그림은 그림

잠정적이듯, 지속될 수 있는 한도 안에서 이루어지는 만큼 한시적일 수밖에 없다.

이 원리는 기독교교육 현상에서 '경험'의 측면에 대한 연구에 응용될 수 있을 것이다. 경험은 기독교교육과 신학, 그리고 심리학을 이어주는 내용이 될 수 있다. 신학에서 경험의 문제는 기독교교육학이나 심리학에서만큼 크지 않은 것만은 사실이다. 그러나 최근 신학에서 경험에 대한 강조가 새롭게 일어나고 있다.[27] 교회의 역사는 하나님에 대한 인간 경험의 과정이고 그에 대한 이야기 과정이었다. 교회는 경험과 이야기의 공동체(an experience-and narrative-community)라고 할 수 있다.[28] 기독교교육학은 직접적으로 종교 경험을 가능하게 할 수는 없다. 그러나 "어떤 종교 경험도 어떤 하나님 경험도 하늘로부터 뚝 떨어지지는 않는다."[29] 경험은 어떤 조건하에서 가능하다. 기독교교육은 이 조건을 창출할 수 있다. 그리고 그 경험의 내용이 무엇인가를 탐구하는 것은 심리학의 몫이라 할 수 있다. 그래서 신학은 경험의 소재이며, 기독교교육학은 경험의 조건이고 심리학은 경험의 내용이라고 본다면 경험을 축으로 신학, 기독교교육학, 심리학은 공통점을 띠면서 교류가 가능하다.[30]

들 사이에 원래 있었던 것이지만 그것을 인식하는 순간 등장하는 것처럼 보인다. 그리고 조금 지나면 그것들은 곧 사라진다. 따라서 숨은 그림이 보이는 것은 "처음에는 보이지 않던 그림이 갑자기 가시적인 패턴으로 짜맞추어져 보이는 어느 순간일 뿐"이다(심광현, "전자복제시대의 이미지와 문화정치", 「문화과학」9 [1996 봄], 26). 숨은 그림은 모습을 나타내는 순간 주변의 다른 그림들 혹은 요소들과 함께 하나의 성좌를 형성한다.

27) Trond Enger, "Religious Education Between Psychology and Theology", *Religious Education* 87:3 (Summer 1992), 435.

28) *Ibid.*, 436.

29) Andre Godin, *The Psychological Dynamics of Religious Experience: It Doesn't Fall Down from Heaven* (Birmingham, AL, 1985), 2, 252.

2. 대화의 원리

학제적 연구는 다른 학문의 결과를 단순히 전용하거나 적용하는 것이 아닌, 상호적으로 주고받는 왕복 질문의 방식으로 수행 된다. 이 상호적 연구방식의 목표는 다양한 학문의 담론들을 양립적인 것으로 대할 수 있도록 하는 것이다.[31]

기독교교육학이 학문의 정체성을 유지하면서 그 정체성을 좀 더 정교화할 수 있는 방식중의 하나가 이 같은 성격의 대화의 방식이다. 하지만 대화 자체로 충분치 않다는 것은 분명하다. 생산적이고 인식할 수 있는 대화의 원리를 발견해야 할 것이다.

학문 교류의 방식에 있어서 이 같은 대화의 원리는 학문 또는 지식의 내재적 논리이다. 리오타르(Jean－François Lyotard)는 학문이 더 이상 해방의 설화나 사변적 설화 및 기술적 효율성에 의존하여 정당화될 수 없는 탈현대적 상황에서는 이제 그 자체의 논리에 따라 정당화되어야 하며, 역리(逆理)와 논전(論戰)은 학문의 발전을 가능하게 하는, 학문 자체의 내재적 논리라는 것이다.[32] 이것은 '이교주

---

30) 신학과 심리학의 교류에 관한 책으로는 C. Stephen Evans, *Wisdom and Humanness in Psychology: Prospects for a Christian Approach*, 이창국 역,『기독교심리학 입문: 지혜와 인간미를 지닌 심리학』(서울: 기독교문서 선교회, 1993); Ronald L. Koteskey, *Psychology from a Christian Perspective*, 한기태 역,『심리학의 기독교적 이해』(서울: 소망사, 1982)이 있고, 심리학과 기독교교육과의 교류에 관한 연구는 Karl E. Nipkow, *Grundfragen der Religionspädagogik*, Bd. 3, (Gerd Mohn: Gühtersloh 1982), 42, 125 이하, 218.

31) Alex Stock, "Wissenschatstheorie der Religionspädagogik", Alex Stock, hrsg., *Religionspädagogik als Wissenshaft* (Zürich, Einsiedeln, Köln: Benziger Verlag, 1975), 23.

32) Robin Usher and Richard Edwards, *Postmodernism and Education* (London, New York: Routledge, 1994), 180.

의'(paganism)라는 종교적 은유로 불리는데, 이는 이교도들 간의 대화는 끝없는 논쟁의 과정일 뿐, 결코 합의에 이를 수 없기 때문이다. 그는 담론의 이질성이 합의를 불가능하게 하기 때문에, 학문에 있어서 합의가 대화의 궁극적 목적일 수 없고, 목적이어서도 안 된다고 본다.[33] 합의라는 것은 논의의 과정에서 형성되는 특정 상태를 지칭할 뿐, 결코 학문적 대화의 궁극적 목적일 수 없다. 합의를 목적으로 하는 한 지식의 발전은 불가능하므로 논전과 역설적 사고 실험을 존중하는 대화의 이면적 차원에 주의를 기울여야 할 것이다.

3. 문제제기의 원리

타 학문과의 교류를 위한 세 번째 원리는 문제제기의 원리이다.[34] 분과학문은 본성상 지식의 체계를 안정화시키려는 흐름이라고 볼 수 있다. 학문 체계에 문제를 제기하는 노력은 외형상으로는 학문 체계의 안정을 거스르는 흐름처럼 보이지만 사실은 학문을 좀 더 정교하게 체계화시키는 데 도움이 된다.

문제 제기가 되기 위해서는 누구나 당연하게 여기는 영역에 대해서라도 의구심의 눈초리를 던지며 질문을 던져야 한다. 상식시되는 학문의 체계와 내용에 대해 시비를 거는 자세를 가져야 한다. 그럴 경우 쉽게 생각되던 학문이, 안정적이라고 여겨졌던 학문의 체계가 어렵고, 불안정하고, 복잡하게 돼버린다.

---

33) Jean-François Lyotard, *The Differend*: *Phrases in Dispute*, trans., G. Abbeele (Minneapolis: University of Minnesota Press, 1988), 55.
34) 강내희, "분과학문 체계의 해체와 지식생산의 '절합적 통합'", 29-33 참조.

학문의 체계를 단순화시키려는 것은 그 학문이 누리는 권력을 유지하려는 속셈이거나 그 학문을 보다 수준 높게 발전시킬 능력이 없기 때문이다. 그러므로 전자의 입장에서 보면 학문의 단순화는 기존 학문 체계에 머슴 노릇을 하는 것이다.[35)]

학문에 있어서 문제 제기의 태도는 정상적인 것이다. 학문은 그것이 정상적인 학문이라면 항상 열린 체계일 것이다. 학문이 닫힌 체계라면 그것은 독선이 되고 도그마화된다. 바로 이런 이유로 학문은 순응이 아니라 반항을 지향해야 한다.

학문 체계에 대해 문제 제기를 한다는 것은 곧 다른 학문과의 교류가능성으로 이어진다. 학문의 교류에 있어서 문제 제기의 원리는 앞서 언급한 대화의 원리의 하나의 동기가 된다. 문제의식이 없으면 대화의 필요성을 느끼지 않으며, 대화를 한다고 해도 그것은 내용이 없는 잡담에 불과하게 될 것이다. 문제 제기에서 나타난 문제는 대화의 주제가 되며 그에 대한 상호 대화는 문제의 해결책으로 이어질 것이다.

문제는 항상 학문의 체계를 향상시키는 방향으로 제기되어야 한다. 문제 제기가 비판을 위한 비판이어서는 안 된다. 학문을 더욱 성장시키기 위한 애정이 있는 비판이어야 한다. 그리고 문제 제기는 구체적이어야 하며 현실적이어야 한다. 그럴 때 학문이 추구하는 이상과 현실은 분리된 이질적인 세계가 아니라 연결된 하나의 실체가 될 것이다. 이상은 현실적 가능성이 되고 현실은 이상의 가능성이 될 수 있을 것이다.

---

35) Jean-François Lyotard, *La Condition Postmoderne*, 이현복 역, 『포스트모던의 조건』 (서울: 민음사, 1992), 152.

 ## D. 기독교교육학의 학문 교류

1. 학문교류의 동향

기독교교육학에서 '분과학문들이 어떻게 관계되고, 가장 중요한 것이 무엇이냐'에 대한 의견은 상이하다. 그러나 다양한 분과학문들이 기독교교육학의 과제를 위해 상호관련이 되어야 한다는 점에서는 일치를 보인다.

로더(James E. Loder)는 기독교교육학에서 논의되는 학문교류를 그 방식을 중심으로 볼 때 네 가지로 말한다.36) 첫째, '상호관계적'(correla-tional) 방법론이다. 이것은 틸리히(Paul Tillich)의 신학 방법으로부터 나온 원리이다. 그것은 인간 상황에 내재된 모호성에 의해 야기된 실존적 질문들로부터 시작된다. 이것들은 복음에 의해 대답된다. 인간 실존을 위한 복음의 중심은 예수 그리스도 안에서 새로운 존재이다. 그 존재의 설명을 위해 심층심리학이 도움이 되었다. 기독교교육에서 틸리히의 상호관계적 방법은 쉐릴(Lewis J. Sherrill)에게 큰 영향을 미쳤다. 그리고 이론 설계에 있어서 와이코프(D. Campbell Wyckoff)에게 영향을 끼쳤다. 기독교교육을 목회의 다른 측면들 사이에서 포괄하는 실천신학은 틸리히의 방법을 수정하고 확장하는 상호연관적 기초 위에서 체계적으로 재건되고 있다. 브라우닝(Don S. Browning)이

---

36) James E. Loder, "Interdisciplinary Studies", Iris V. Cully & Kendic B. Cully, eds., *Harper's Encyclopedia of Religious Education* (San Francisco: Harper & Row, 1990), 327−28.

편집한 『실천신학』(*Practical Theology*)[37]은 이 점을 분명히 보여준다.

둘째는, 힐트너(Seward Hiltner)에 의해 체계적으로 개발된 '전망법'(perspectival)이다. 이 방법은 경험적 현상(예를 들어, 심리병리학)에 초점을 맞추는 것으로 시작된다. 문제에 대해 신학적으로 보고(예를 들어, 죄의 차원 아래서), 그 다음에 심리역학적으로 해석한다(예를 들어, 병리학적 잠재성은 정죄와 죄의식이다). 그리고 마지막에는 구체적 인간 상황에 대해 신학적 관점에서 재진술한다.

기독교교육학에서 경험적 신학으로부터 나온 자유주의적 실용주의적 접근들이 이 전망적 접근과 일치하는 경향이 있다. 코오(George A. Coe)가 대표적이라고 할 수 있을 것이다.

셋째, 인식적 방법론이다. 로네간(Bernard Lonergan)은 초월적인 토마스 아퀴나스주의(Thomism)의 영향을 받아 네 가지 앎의 단계를 말한다. 그 단계들은 경험, 이해, 반성, 그리고 판단이다. 로네간은 이같은 인식 양태를 이용하여 존재에 대한 참 지식을 획득해야 한다고 한다. 그리고 존재에 대한 인식을 위한 학문들은 이런 차원에서 협력할 수 있다고 본다. 로네간은 그의 접근을 『신학의 방법』(*Method in Theology*)[38]에서 신학 커리큘럼의 구조와 순서에 적용했다. 그리고 그 순서는, 어떤 주어진 교육적 관심과 관련하여 경험으로부터 판단으로 나감에 의해서 교사–학생의 상호 행위의 단계를 구조화하면서, 교육적 과정에 대해 적용된다.

네 번째 접근은 구조주의이다. 레비 스트로스(Claude Lévi–Strauss), 라캉(Jacques Lacan), 피아제(Jean Piaget), 콜버그(Lawrence Kohlberg),

---

37) Don S. Browning, ed., *Practical Theology* (San Francisco: Harper & Row, 1983).
38) Bernard Lonergan, *Method in Theology* (New York: Herder & Herder, 1972).

그리고 길리건(Carol Gilligan) 같은 이들은 신학과 기독교교육학과 관련 있는 연구에 대해 구조주의 방법을 사용하였다. 가장 폭넓게 논의되는 구조주의의 적용 예는 파울러(James W. Fowler)일 것이다. 그의『신앙의 단계들』(Stages of Faith)[39]이 기독교교육학과 연관된 구조주의 방법의 좋은 예이기는 하지만 신학과 발달론에서 논쟁이 되고 있으므로 구조적 방법론의 규정적 예로 보아서는 안 될 것이다.

그런데 로더는 기독교교육학에서의 학제적 연구를 방법론적인 입장에서만 본다. 하지만 본질적 의미에서의 학제적 연구는 방법이라는 형식뿐만 아니라 내용적인 면에서의 상호 엇물리는 연구를 말한다. 그렇기 때문에 방법론적인 차원에서의 학제적 연구는 한 쪽 날개가 없는 불완전한 연구가 될 것이다. 또한 로더는 학제적 연구를 방법론적인 차원에서 본다고 하더라도 그것을 신학적 차원에서만 언급하였다. 신학자들이 강조됨으로써, 일반 분과학문들에서의 학제적 관심보다 신학적으로 관련된 학제적 관심에 비중을 둔다. 그런데 이런 입장은 근본적으로는 기독교교육학이 신학적 입장을 추종하는 것으로 기독교교육학의 자율적 성격을 훼손하기 쉽다. 이 같은 입장은 신학이 기독교교육을 이해하고 행하는 실마리가 되며, 어떤 커리큘럼의 배경과 전제가 된다는 입장과 다를 것이 없다.[40] 또한 로더는 학제적 연구를 학문 간의 경계를 분명히 하는 것으로 생각하고 있다. 물론 학제적 연구가 의도적이든 그렇지 않든 분과학문들 사이의

---

39) James W. Fowler, *Stages of Faith*: *the Psychology of Human Development and the Quest for Meaning* (San Francisco: Harper and Row, 1981).
40) Randolph C. Miller, *The Clue to Christian Education* (New York: Charles Scribner's Sons, 1950), 그리고 Randolph C. Miller, ed., *Theologies of Religious Education* (Birmingham, AL: Religious Education Press, 1995) 도 참조.

경계를 헐 수 있다. 그러나 결과적으로는 분과학문들 사이의 경계를 더 뚜렷하게 할 수도 있다. 그러나 우리가 주의를 기울여야 하는 것은 분과학문들 사이의 경계라는 폐쇄성이 아니라 그 경계를 넘어 타 학문들을 향해 열려 있는 개방성이다. 그러므로 기독교교육학에 있어서 학제적 연구가 풍성한 결과를 맺기 위해서는 그 방법과 내용에서, 신학을 포함한 모든 과학의 영역을 포함하는 범위로 확장되어 연구되어야 할 것이다.

2. 주체적 학문 교류

기독교교육학의 교류적 연구는 학문의 발전을 위해 필요하다. 그러나 기독교교육의 본성을 교류로 보는 입장도 있고 보면 학문적 교류는 더욱 권장된다. 모란(Gabriel Moran)은 기독교교육을 '제2의 언어'(a second language)로 보고 있다. 제1의 언어를 '모국어'라고 하면 제2의 언어는 외국어이다. 외국어 습득의 유익은 그 언어 사용자를 보다 잘 이해할 수 있다는 것, 그리고 모국어까지 더 잘 이해할 수 있다는 점이다. 모란은 이런 유비를 통해 기독교교육이 전통과 변화, 성과 속을 이어주는 교류적 기능을 하는 학문임을 말하고 있다.[41]

기독교교육학의 교류적 연구는 크게 두 방향에서 진행된다. 하나는 기존의 기독교교육학과 긴밀한 관계에 있는 학문들과의 주체적 교류이며, 다른 하나는 신앙교육의 구조에서의 통합적 교류이다. 그럼 먼저 기독교교육학에 큰 영향을 끼쳐왔던 학문들과의 교류가 어

---

41) Gabriel Moran, *Religious Education as a Second Language* (Birmingham, AL: Religious Education Press, 1989), 23 – 30.

떻게 재정립되어야 하는 지에 대해 탐구해 보자. 기독교교육학에 영향을 끼쳐왔던 학문은 크게 신학과 사회과학이다.

가. 신 학

이제까지 기독교교육학은 신학의 내용을 받아 기독교교육적으로 응용해왔다. 기독교교육학은 신학의 방향과 유형과 연관 짓는 방식으로 성서신학이나 조직신학의 결과들에 종속되거나 응용하여 왔다. 그러나 이제 기독교교육학이 하나의 고유한 탐구영역을 학문적으로 탐구하는 독자적인 분과학문으로서 정립될 수 있다면 상황은 판이하게 달라질 수밖에 없다.[42] 그러므로 이제 역으로, 기독교교육학이 신학을 주체적 입장에서 새롭게 수용할 수 있는 길이 열리게 된다. 즉 신학 → 기독교교육학 뿐만 아니라 기독교교육학 → 신학도 가능하다는 것이다.[43] 이 같은 입장은 그동안 명목상의 신학 ⇌ 기독교교육학의 상황을 실제적 상황으로 바꾸어 놓을 것이다.

기독교교육학 → 신학의 입장은 신학의 여러 영역에서 가능할 것이다. 성서신학의 경우, 성서 전체에 걸쳐서 신앙교육이 어떻게 나타나고 있는지 탐구할 수 있을 것이다.[44] 보이스(Mary C. Boys)는 성서

---

42) Stock, "Wissenschatstheorie der Religionspädagogik", 26.

43) 그와 같은 성격의 교육신학을 페레(Nels F. S. Ferre)에게서 볼 수 있다. 페레는 기독교신학은 결코 완성된 결정체가 아니라고 보면서, 신학이 교육을 위하여 새롭게 구성되어야 한다고 본다(Nels F. S. Ferre, *A Theology of Christian Education*, 이정기 역, 『기독교교육신학』 [서울: 보이스사, 1979], 151). 그래서 그는 하나님을 교육자로, 예수 그리스도를 모범자로, 성령을 개인교사로 보는 등 역사, 교회, 죄, 구원, 종말 등에 대해 교육적인 해석을 하고 있다(*Ibid.*, 2부, 151-341 참조).

44) 성서에서의 신앙교육 탐색은 성서신학의 큰 영역인 구약과 신약으로 나뉘어 탐구될 수 있고, 구약을 오경, 예언서, 성문서 등에 나타난 신

신학의 경우, 기독교교육학은 교회를 그 맞은편에 두고 그 가운데 위치한다고 한다. 성서신학의 연구들은 신앙공동체의 신앙을 풍성하게 해주며, 교회의 신앙은 성서신학에 영향을 미친다. 기독교교육학은 성서신학이라는 전문성과 목회라는 영성 그 사이에 있다.[45] 특히 구속사(Heilsgeschichte)[46] 안에서 성서신학과 기독교교육은 교차된다.[47] 이 두 과목은 서로 분리되어 발전해 왔으며 그 결과, 그렇지 않았을 경우 끼칠 수 있었을 교회에 대한 유익한 영향을 끼칠 수 없었다.

성서신학의 텍스트인 성서는 신학 논문이 아니라 하나의 교육서이다.[48] 성서는 하나님의 백성들이 어떻게 교육받아왔는가에 대한 책

앙교육의 구조를 연구할 수 있겠다. 물론 신약의 경우도 공관복음, 요한, 그리고 바울의 경우로 나누어 연구할 수 있다. 또한 무엇보다 신앙교육의 원형이라 할 수 있는 예수의 경우에 대한 연구는 유익할 것이다. 사실 예수의 교육에 대한 연구는 그 중요도에 비추어 활발하지 못하다. 그리고 원형이라 할 수 있는 예수의 교육이 그의 제자들을 거쳐 후대로 넘어가면서 어떤 변화를 겪었는지에 대한 연구는 또 다른 과제가 될 것이다.

이와 같은 탐구 방식은 진보와 보수 양편 모두에게 교육신학의 의미를 회복시켜 줄 것이다. 보수적 성향의 학자들은 '교육신학'이라는 말 대신에 '기독교교육철학'이라는 말을 쓴다. 둘 다 기독교교육에 대한 체계적인 이론적 노력이라는 면에서는 같다. 다만 보수적 성향의 학자들은 성서와 관련된 내용에 대해서만 '신학'이라는 이름을 사용하기 때문에 인간 이성에 의한 이론이 개재되는 기독교교육에 대해 '신학'이라는 말을 사용하기를 꺼려한다. 이정근, "기독교교육과 신학의 관계," 출판위원회 편, 『조종남 목사 회갑기념논문집』(서울: 기독교대한성결교회 출판부, 1987), 515.

45) Mary C. Boys, *Biblical Interpretation in Religious Education* (Birmingham, AL: Religious Education Press, 1980), 9.

46) '구속사' 또는 '구원사'에 대한 독일어로 성서학자들 사이에 통용어이다.

47) Boys, *Biblical Interpretation in Religious Education*, 10.

48) James M. Lee, "Religious Education and the Bible: A Religious Educationist's View", Joseph S. Marino, ed., *Biblical Themes in Religious*

이다. 브루지만(Walter Brueggemann)은 성서의 형성과정과 교육이 떼려야 뗄 수 없는 관계에 있음을 말하고 있다. 즉 이스라엘 신앙공동체는 후손들에게 교육시켜야 할 내용을 중심으로 정경화(canonization) 작업을 추진해왔다는 것이다.[49] 이런 면에서 볼 때 이스라엘은 성서를 중심으로 한 교육공동체라고 할 수 있다. 이스라엘 백성들이 어떻게 교육 받아왔는지를 탐구하는 곳에서 성서신학과 기독교교육학은 접촉될 수 있을 것이다.

성서신학의 여러 연구 방법들은 기독교교육학의 구조를 탐구하는 방식들로 이용될 수 있을 것이다. 예를 들어, 성서학의 주석 방식은 심리사회적인 차원에서 학습자의 정체성과 역할 문제(즉 역할의 상태, 역할의 복잡성), 그리고 정해진 연령단계나 정해진 사회문화적 환경의 역할 등에 대한 구조적 서술을 가능하게 할 것이다.[50] 그리고 예를 들어, 서사비평 방법은 여기서 논의한 기독교교육의 구조에서 가르침의 소개 단계 등에 적용될 수 있을 것이다.[51]

조직신학은 기독교교육의 경험들을 언어로 표명하는 데 도움이 될 것이다. 그리고 예를 들어, 기본적 종교용어학습에 대한 물음에 대해 답을 하는 데 유용할 것이다.[52] 그리고 근본적인 문제인 학문성 탐구 면에서[53] 기독교교육학과 대화할 수 있을 것이다. 신학의 학문성

　　　Education (Birmingham, AL: Religious Education Press, 1983), 3－8.

49) Walter Brueggemann, *The Creative Word*: *Canon as a Model for Biblical Education* (Philadelphia: Fortress Press, 1982), 31－34.

50) Stock, "Wissenschatstheorie der Religionspädagogik", 23.

51) 박종석, "이야기와 기독교교육: 서사비평의 교육적 응용", 「기독교교육논총」1 (한국기독교교육학회, 1996), 77－96.

52) Stock, "Wissenschatstheorie der Religionspädagogik", 23.

53) 신학은 당연히 학문인 것처럼 여겨지나 그 학문성이 아직 문제가 되고 있다. 이 문제를 다룬 대표적인 학자는 판넨베르크(Wolfhart Pannenberg) 로서 이 주제를 그의 책 『학문론과 신학』(*Wissenschaftstheorie und Theologie*

[Frankfut: Surkamp, 1973])에서 본격적으로 다루고 있다. 학문성은 이중의 차원을 갖는다. 하나는 다른 학문과의 공동 기초에 근거한 외부 관계이고, 다른 하나는 신학 내부적으로 유의미하게 정당화될 수 있는 논리이다. 판넨베르크의 이 책은 이 둘 중에서 전자의 문제를 다룬다. 후자의 문제는 신학 내부적인 문제로서 타학문을 고려하지 않는다. 그러므로 학문계에서 학문성을 인정받을 수 없는 내용들이다(이 같은 내용들에 대해서는 최성수, "신학은 학문인가?", 「기독교사상」477호 [1998·9], 137-53도 참조). 수많은 신학적 이론들이 있으나 막상 신학이 무엇인지에 대한 합의는 없다. 루터(Martin Luther)에게 신학은 그 대상에 의해 규정되었다. 그에게 신학의 대상은 의롭게 하시는 하나님과 죄인인 인간(Deus justificans et homo peccator)이었다. 종교개혁 이후 학문으로서의 신학보다 삶 자체를 강조하는 경건주의 운동과 교회의 말보다는 합리적인 사고를 더 인정하는 계몽주의가 병행되었다. 산업혁명을 통해 그 진리성을 확인한 자연과학과 경험론은 신앙에 대한 경험적인 충분한 이유를 제시하지 못하는 신학의 진리성을 의심하게 되었다. 신학은 칸트(Immanuel Kant)에게 와서 이제 이성의 한계 안에서 머무는 종교가 되어야 했다. 그러나 신학은 헤겔(G. W. Friedrich Hegel)에게 와서 다시 한 번 부흥하게 된다. '역사는 절대정신의 자기 실현과정'이라는 그의 역사철학적 진술은 곧바로 '신학은 절대정신의 해명'이라는 의미를 띠게 되었다. 이후 신학은 기독교의 교리들을 인간학적인 원리가 투영된 가공물로 본 포이에르바하(Ludwig Feurbach)에게서 인간학이 되었다. 종교적 차원에서 신학을 구성한 사람은 쉴라이에르마허(Friedrich Schleiermacher)였다. 세속화되어 가는 사회에서, 종교의 의미가 상실돼 가는 상황에서 쉴라이에르마허는 종교의 가치를 재확인하고 그것을 교회적 언어로 설명하려는 의미로서의 신학을 생각했다. 리츨(Albrecht Ritschl)은 기독교 안에서 이상적 종교적 삶을 추구하였는데, 신학은 그 같은 삶의 증진을 위한 실천적 의미의 학문이었다. 리츨 이후의 시대는 역사주의가 지배하던 시대였다. 그래서 트뢸취(Ernst Troeltsh)로 대표되는 신학은 역사 전체를 조망할 수 있는 관점을 제공해주는 해석학적 원리였다. 바르트(Karl Barth)의 등장은 당시의 역사학적, 종교학적, 그리고 사회학적 방법을 신학에 적용하려는 모든 노력에 일침을 가한 것이었다. 그에게 신학이란 인간과 질적으로 다른 하나님의 행위에 대한 고백적 학문이었다. 제2차 세계대전 이후 신학은 바르트의 그리스도 중심주의적, 교회 중심의 신학을 통해서는 더 이상 사회와 세계의 문제 해결에 도움을 줄 수 없었다. 바르트를 극복하려는 움직임은 여러 가지로 나타났다. 불트만(Rudolf Bultmann)은 삶과 무관한 초월적인 신학의 주제를 탈신화화(Entmythologisierung)를 통해 실존의 문제로 환원시키

면서 해석학으로서의 신학을 천명했다. 본회퍼(Ditrich Bonhoeffer)는 하나님 없이도 살아가는 현대에서 성서의 개념에 대한 비기독교적인 해석을 통해 하나님의 현실을 발견하고자 했다. 판넨베르크는 하나님의 계시가 역사의 형태로 나타난다고 보았다. 그는 계시인 역사를 예수 그리스도의 종말론적인 사건을 기준으로 해석하였다. 신학은 현실을 파악하기 위해 제시된 모든 진술들을 대상으로 하면서 모든 것을 규정하는 하나님에 대한 고백이 현실 속에서 참임을 입증하는 작업이었다. 몰트만(Jürgen Moltmann)은 희망이라는 종말론적 개념을 통해 현실을 인식하고 현실을 개혁하는 원리로 부각시켰다. 자우터(Gerhard Sauter)는 몰트만과 달리 하나님의 나라는 인간에 의해 이루어지는 것이 아니라 하나님에 의해 이루어져서 다가오는 것으로 보았다. 그리고 현실은 하나님에 의해 이루어지고 있는 것이다. 그래서 신학은 그 현실을 바로 관찰하고 또 기술하는 것이며, 그것을 바탕으로 해서 신학적인 주제와 관련시키는 것이 되었다. 최성수, "신학은 학문인가?", 138 - 47.
독일을 중심으로 한 신학의 학문성에 대한 이 같은 흐름은 신학 내부적 논의라고 할 수 있을 것이다. 즉 과학성이 담지되지 않은 타학문 배타적인 학문성 논의라 할 수 있다. 그러나 신학의 학문성 논의 자체가 타학문과의 관계가 거론될 때의 문제이기 때문에 일반적인 신학의 학문성 논의는 그 초점을 벗어난 것이 된다. 신학의 내부에서조차 합의되지 않은 신학은 타학문과의 관계에서 언급될 수밖에 없는 학문성 문제에 대해서는 더욱더 적은 논의가 있을 뿐이다. 바르트는 신학의 학문성을 사실적합성(Sachgemäßheit), 사실지속성(Sachhaltigkeit) 또는 대상적합성(Gegenstandsgemäßheit)으로 보는데(Karl Barth, *Die Kirch -liche Dogmatik* Ⅰ / 1, Geoffrey W. Bromiley, trans., *Church Dogmatics Ⅰ / 1: The Doctrine of the Word of God* [Edinburgh: T. & T. Clark, 1975], 3 - 11), 이것들은 학문 내적인 논리이다. 바르트의 이 같은 주장은 학문성은 배타적 방법으로 정초해야 한다는 당시 신칸트학파의 경향을 따른 것이었다(김양원, 「신학의 학문성에 관한 연구: W. 판넨베르크를 중심으로」석사학위논문 [광주: 호남신학대학교 대학원, 1998], 30). 숄츠(Heinrich Scholz)는 바르트를 거부하며 학문성의 기준을 각 분야의 학문들이 형성하는 모든 명제들이 모순되어 있지 않아야 한다는 비모순성(Satzpostulat), 모든 학문들이 연구하는 대상의 영역은 공통된 것이어야 한다는 대상의 통일성(das Kohärenzpostulat), 모든 명제는 보편적인 것으로 검증될 수 있어야 한다는 진술의 검증 가능성(das Kontrollier- barkeitspostulat), 물리적, 생물학적으로 불가능한 것을 고려해야 한다는 조화성(Konkordanzpostulat), 모든 선입견으로부터 자유로워야 한다는 비의존성(das Unabhängigkeitspostulat)을 들었다(Heinrich Scholz, "Wie ist

이 숙명적으로 타학문과의 관계 속에서 야기되는 문제이지만54) 그럼에도 신학은 타학문과 공유할 수 없는 가치중립적이지 못한 초월적 차원들을 갖고 있다. 그런데 기독교교육학은 바로 이 신학의 가치중립적이지 못한 차원에서의 학문성과 공통점을 갖는다. 기독교교육학은 이 주제를 신학과의 연관에서 보다 심화시켜 나가야 할 것이다.

그밖에 조직신학의 연구 영역을 따라 신론, 기독론, 교회론, 구원론, 종말론, 신앙론, 계시론, 성령론 등을 신앙교육의 관점에서 연구할 수 있을 것이다. 특히 신앙론, 계시론, 성령론 등은 신앙교육과 깊은 관련이 있는 것이기 때문에 연구가 필요하다. 다만 앞서 말했듯이 이들 영역에 대한 조직신학의 연구 성과들을 받아들이는 데 그치지 않고 교육적 시각에서 탐구할 때 새로운 사실들이 밝혀질 수

---

eine evangelische Theologie als Wissenschaft möglich?", *Zwischen Zeiten* 9 (1931), 8–53. Barth, *Church Dogmatics Ⅰ/1*, 8 재인용). 판넨베르크의 경우에는 보편성, 진리성, 상호주관성으로 제시한다(이에 대해서는 김양원, 「신학의 학문성에 관한 연구」, 58–107 참조).
신학의 학문성은 다음과 같이 정리될 수 있다. 연역적 학문으로서의 신학: 신학은 교회의 신조를 최고의 원리로 삼아, 여기서부터 여러 가지 내용을 연역하여 발전시키는 것이다. 실천적 학문으로서의 신학: 신학은 하나님에 관한 이론적 또는 사변적 지식을 전개시키는 것이 아니라, 하나님에 대한 경외와 사랑을 일깨우는 연구이다. 실증적 학문으로서의 신학: 신학은 교회를 이끌어 나가기 위한 목회자의 양성에 그 목적이 있다. 종교학으로서의 신학: 신학은 일반적인 종교학의 틀 안에서 다른 종교와 함께 종교사적으로 연구함으로써 학문성을 추구하는 것이다. 신앙의 학문으로서의 신학: 신학은 신앙을 전제로 하나님 등에 대해 탐구하는 학문이다. 김광식, 『조직신학』Ⅱ (서울: 대한기독교서회, 1990), 11–13; 김균진, 『기독교조직신학』Ⅰ (서울: 연세대학교 출판부, 1984), 33–54; 김양원, 「신학의 학문성에 관한 연구」, 7–29.
54) "역사적으로 볼 때 기독교 신학 그 자체는 아예 (과연 신학의 의도와 필연성에 있어서는 아니지만 실제로는) 기독교 신앙과 세상의 지혜와의 만남에서 생겨난 것이다." Heinrich Ott, *Denken und Sein: Der Weg Martin Heideggers und der Weg der Theologie*, 김광식 역, 『사유와 존재』 (서울: 연세대학교 출판부, 1985), 15.

있을 것이다.

기독교윤리는 기독교교육적 학습의 삶의 의미를 규명하는 데 도움이 될 것이다. 구체적으로는 일상에서의 학습자의 도덕과 관련된 경험심리학과의 교류가 가능할 것이다.[55]

역사신학의 경우, 기독교교육학의 입장에서 신앙교육 현상을 인물, 사건 등에서 찾아낼 수 있을 것이다. 특히 역사를 통해 교회의 교육이 어떤 변화를 겪어왔는지를 탐색할 수 있을 것이다. 그리고 교회의 역사에서 소외되어 온 일반 신자들의 신앙교육현상에 대한 탐구는 교회사 연구에 대한 도전도 될 것이다. 이와 같은 연구를 하기 위해서는 새로운 자료의 발굴과 선택이 중요하다. 자료의 선정 자체가 하나의 관점일 수 있겠기 때문이다.

실천신학의 경우, 신앙교육과 밀접한 관련이 있다. 앞서 신앙교육은 교회의 주일학교에 한정되지 않는 여러 영역에서 발견될 수 있는 현상이라고 했다. 그래서 신앙교육은 목회의 전 영역으로 확장될 수 있는 것이고 그렇게 되면 필연적으로 실천신학과 접촉할 수밖에 없다. 신앙교육으로서의 학문성을 갖춘 기독교교육학은 실천신학의 영역들을 그 안에 수용하여 보다 효율성 있게 바꾸어 놓을 수 있을 것이다. 기독교교육학은 초월성의 차원에서 적극적인 교류를 해야할 것이다.

나. 사회과학

사회과학의 경우에는 현재 기독교교육학 내에서 함께 교류되고 있

---

55) Jean Piaget, *Jugement moral chez l'enfan*, Marjorie Gabain, trans., The Moral Judgment of the Child (New York: Collier Books, 1962).

는 학문인 교육학, 심리학, 사회학, 상담학 등과의 관련을 생각해 보자. 교육학은 그 모학문들로부터 온 하위 전공영역들로 구성되어 있다. 그렇기 때문에 현재의 기독교교육학이 교육학의 체제를 따르는 것은 잘못이다. 즉 교육현상에서 모학문적인 사실들을 가려내던 현재의 탐구 방식을 바꾸어, 역으로 모학문에서 교육적 사실들을 추출해내는 탐구 방식이어야 한다.

교육학의 하위전공 영역 체제를 그대로 수용하고 있는 기독교교육학 체제 역시 각 하위 전공 영역들, 즉 교육철학, 교육사, 교육과정, 교육심리, 교육행정 등의 분야에 대해서 신앙의 가르침과 배움의 현상과 연관 지어 탐구해야 할 것이다.

기독교교육학과 교육학의 교류는 전체적으로 의도성의 차원에서 이루어져야 할 것이다. 기독교교육학이 인간적 의도성을 완전히 무시한 채 초월성을 핑계로 교육에서의 인간 노력의 무효성이라는 도피성으로 피하는 것을 경계해야 한다. 기독교교육학은 모든 인간의 노력이 소용없어지는 초월적 상황에서라도 의도성의 역할과 한계를 규정하는 탐구를 해야 할 것이다. 초월과 의도라는 모순된 상황이야 말로 기독교교육학과 교육학이 교류를 하는 장이다.

심리학, 특히 종교심리학과 기독교교육학과의 교류의 가능성은 세 차원에서 가능하다. 종교는 교리(creed), 의례(cultus), 행위적 규범(code)의 세 가지 구성요소로 되어 있으며, 인간 심리는 인지(cognition), 정서(affection), 행위(conation)의 세 가지 기능으로 분류할 수 있다. 여기서 종교의 교리는 인간 심리의 인지적 차원과, 의례는 정서적 차원과 규범은 행위적 차원과 관계가 깊다. 이것들은 각각 기독교교육의 교육과정, 환경, 그리고 실천과 관련된다.[56] 즉 교리－인지－교육

---

56) 강희천, 『종교심리와 기독교교육』 (서울: 대한기독교서회, 2000), 6－7.

과정, 의례-정서-환경, 그리고 규범-행위-실천의 연결이다. 이 사실이 가지는 의미는 결국 종교심리는 기독교교육전체와 관련되어 있다는 것이다.

여기서 종교심리학은 그 자체에 모순을 품고 있다. 종교가 초월적이고 주관적인 데 비하여, 심리는 현세적이고 객관적이다. 이 각기 다른 두 성향이 어떻게 공존할 수 있는가. 그리고 종교심리의 내용들은 기독교적인가.[57] '종교심리학은 어떻게 기독교교육이 기독교라는 종교교육일 수 있는가'라는 정체성 해명에 도움이 될 것이다. 그리고 기독교교육이 어떻게 신앙교육일 수 있는지, 즉 신앙에 대한 심리적인 설명을 해줄 것이다.

사회학과 기독교교육학의 교류는 교육사회학 분야를 통해 관련될 수 있을 것이다. 최근 새로운 교육사회학은 기독교육학에 대해 가르치는 지식의 성격에 대한 탐구에 시사점을 줄 수 있을 것이다.[58] 지식사회학은 지식이 사회적으로 구성되는 실재로 보고 그 역사성을 중시한다. 기독교교육에서 교육되는 지식은 일반적으로 불변의 지식으로 간주되는데, 지식사회학적 입장을 택할 때, 그 지식의 정체를 보다 밝히 규명해 낼 수 있을 것이다. 이 같은 작업을 통해 기독교교육의 지식이 참으로 신앙의 형성에 도움이 되는 지식인지 그렇지 않은지를 판단할 수 있게 될 것이다. 또한 기독교교육의 지식이 신교육사회학에서 말하는 '교과지식'적 성격을 갖는 성서적 지식은 아닌지, 즉 '생활지식'처럼, 삶과 연결되어 실천되는 신앙적 지식인지 판별하는 데 교육사회학의 도움을 받을 수 있을 것이다.

---

57) *Ibid.*, 7.
58) David Blackledge and Barry Hunt, *Sociological Interpretations of Education* (London; Dover, NH: Croom Helm, 1985), 290-315.

또한 기독교교육이 추구하는 교육의 전통적 목표들이 갖는 가치의 타당성과 그러한 목표들의 의도가 무엇인지, 그리하여 드러나는 교단 등 지배집단들의 이데올로기가 어떻게 반영되어 있는 지, 그것들이 신앙교육과 어떤 관계에 있는지 등을 탐색하는 데도 교육사회학은 도움이 될 것이다. 또한 기독교신앙교육에서 사용되는 언어가 기독교교육이란 영역 안에 제한된 '정교한 어법'(elaborated code)은 아닌지, 그래서 세계 내에서 신앙적 삶에서는 통용되지 않는 언어로서, 신앙과 삶을 분리하게 되는 원인은 되고 있지 않은 지에 대한 탐구도 필요할 것이다.[59]

상담학은 교육과 관계가 깊다. 특히 로저스(Carl R. Rogers)의 인간 중심적 상담이론이 그렇다. 그는 자신의 상담이론을 교육에 적용시킬 때, 신뢰의 분위기 조성으로 호기심과 배우고자하는 자연스런 욕구 함양, 의사결정에의 참여 격려, 자존감 함양, 지적·정서적 발견의 기쁨, 가장 효과적인 학습촉진자로서의 교사의 태도 개발, 학습자와 상호관계에서 큰 만족을 찾을 수 있는 인격으로 성장하도록 돕기, 그리고 무엇보다 행복한 삶은 외부가 아닌 내부에 존재한다는 인식을 육성할 수 있다고 한다.[60] 결국 상담이 교육을 향상시킬 수 있다는 것이다. 교육에서 상담은 하나의 교육방법으로 수용될 수 있을 것이다.

기독교교육이 단지 성서적 지식과 기술을 습득하는 것이 전부가 아니라, 통전적 방법으로 기독교인을 양육하는 것임을 전제한다면, 하나님과의 관계, 타인과의 관계에서 각기 소유한 잠재력을 충분히

---

59) 이종각,『교육사회학 신강』(서울: 동문사, 1995), 181-84.
60) Carl R. Rogers, *Freedom To Learn for the 80's* (Collumbus, OH: Charles E. Merrill Publishing Company, 1983), 3.

활용하도록 도움을 주는 면에서 기독교교육은 상담과 일치점을 찾을 수 있다. 그래서 기독교교육과 상담은 개인의 신앙적, 인간적 성숙을 위하여 성장을 촉진시켜 주는 체계적인 접근이라고 볼 수 있다. 여기서 할 수 있는 교사의 여러 역할 중에 하나는 상담적 영역이다.[61] 이 차원은 상담과 기독교교육이 교차하는 영역이다. 그것을 예수와 니고데모와의 만남(요 3:1-20)에서 볼 수 있다. 예수는 그를 찾아온 니고데모와 대화를 나누고 이를 통해 니고데모는 통찰력을 얻는다. 이것은 상담이다. 그리고 니고데모 안에 인지적 재구조화가 이루어진다.[62] 이것은 교육이다. 이 사건에서 볼 수 있듯이 상담과 기독교교육은 엄격하게 분리되지 않는다.

목회상담의 경우는 기독교신앙교육과 관계가 깊다. 목회상담의 목표를 사람들이 자신들의 독특한 신앙의 여정을 지원하기 위해 신앙의 삶을 살아갈 때 겪는 투쟁과 도전들을 이해하도록 돕는 것이라고 할 때,[63] 기독교교육과 신앙의 성장이라는 점에서 공통점을 갖는다. 목회상담은 신앙의 성장을 돕기 위한 여러 방향들을 제시할 수 있을 것이다.[64]

위에서 살펴 본 기독교교육학과 타학문 분야와의 교류적 연구는 필요할 경우 내용의 수용도 가능하겠으나, 근본적으로는 원리적인 면에서의 교류이다. 그것은 우선적으로 방법론과 접근 차원에서의 교류이다.

---

61) 정소영, 『상담과 기독교교육』 (서울: 한국장로교출판사, 2000), 29-30.
62) *Ibid.*, 31-33.
63) Thomas F. O'Meara, *Theology of Ministry* (New York: Paulist, 1983).
64) 블란체테(Melvin Blanchette)는 신앙 성장을 돕는 목회상담은 자신의 신앙이 무엇인지를 깨닫게 하고(clarification), 자신의 무지를 이해하고 맞서 나가게 하고(freedom), 자신의 분리됨을 인정하고 극복하게 하는(recon-ciliation) 사역으로 본다. Melvin Blanchette, "Pastoral Counseling and Spiritual Direction", James M. Lee ed., *Handbook of Faith* (Birmingham, AL: Religious Education Press, 1990). 245-63.

3. 통합적 학문 교류

기독교교육학은 일반교육 체계를 따름으로써 여러 전공 영역들로 구성되어 있지만 그것들을 하나로 묶을 수 있는 구심점은 없었다. 각 전공 영역들은 기독교교육학이라는 유명론적 체계 안에 유기체적으로 결합되어 있는 것이 아니라 전공 영역들의 모임으로 존재해 왔다. 그런 까닭에 이제는 기독교교육학이란 울타리 안에 여러 전공 영역들을 하나로 통일시킬 수 있는 구심점이 필요하며, 이 연구 또한 그런 노력의 일환이다. 기독교교육의 탐구 영역을 신앙을 가르치고 배우는 현상에 대한 탐구로 구상할 경우, 그것을 중심으로 기독교교육은 새로운 체계를 갖출 수 있을 것이다.

이 책에서는 신앙교육의 구조를 드러내기 위해 구조주의 방법을 빌어 왔다. 만일 구조주의라는 방법이 없었다면 신앙교육의 구조를 드러내기 어려웠을 것이다. 구조주의와 현상학적 방법을 원용했듯이 기독교교육현상을 보다 잘 드러내기 위한 방법론의 탐구를 위해 철학의 도움을 받을 수 있을 것이다.

신앙교육의 구조와 관련해서 학문 교류가 필요한 영역은 우선 구조면에서이다. 즉 가르침과 배움의 각 단계들이 다르게 구성될 수 있거나 좀 더 세분될 수 있다는 여지를 두고 타학문과의 교류가 필요할 것이다.

가르침의 구조에서 상담은 교사의 기본적인 자세의 차원에서 기독교신앙교육과 연관시켜 탐구될 수 있을 것이다. 상담은 '도움을 주는 관계'(helping relationship)인데, 교사는 학습자의 발달이나 성장을 촉진하는 사람이기 때문이다.[65] 가르침과 배움의 구조의 차원에서도

---

65) 정소영, "상담과 기독교교육: '진리가 자유케 하리라'", 서울신학대학교

상담 과정의 이해는 도움이 될 것이다. 상담을 학습지도와 병행하는 활동으로 이해하나,66) 사실은 이미 학습지도 안에 내재된 활동이다.

또한 기독교교육을 기독교교육 되게 하는 성령에 대한 특별한 연구가 요청된다. 사실 성령과 교육의 관계에 대한 연구는 성령이 초월적인 인격자라는 이유로 기독교교육에서 방만하게 연구된 사각지대였음이 사실이다. 그러나 성령과 교육, 그리고 여기서 논의한 가르침과 배움의 구조에서 각 단계에서의 역할 등에 대한 연구는 관심만 갖는다면 새롭게 인식할 수 있는 내용들이 많을 것이다. 예를 들어, 심층심리학으로부터의 도움도 가능할 것이다. 융(Carl G. Jung)의 심리학은 성령에 대한 이해를 더한다.67) 융에 따르면 성령은 인간의 의식적인 의지와 충동을 뛰어넘어 전일성(wholeness)으로 이끄는 조력자이다.

기독교교육연구소 편, 『기독교교육개론』 (서울: 기독교대한성결교회 출판부, 1994), 273.

66) *Ibid.*, 313.

67) Wallace B. Cliff, *Jung and Christianity: The Challange of Reconcilation*, 이기춘·김성민 역, 『융의 심리학과 기독교』 (서울: 대한기독교출판사, 1984), 206－16.

VIII

결   론

  '기독교교육학은 현재와 같이 타학문들의 종합적 응용학문으로서 탐구되어야 하는가?', '그리고 왜 기독교교육이론은 대체로 교회의 교육 현장에 무력한가?'라는 물음으로 시작된 이 연구는 그 두 문제를 해결하기 위한 방안은 기독교교육학이 학문적 정체성을 수립하는 일이라고 전제하고 진행해 왔다.

  기독교교육학의 학문성을 수립하기 위한 탐구를 진행하면서 밝혀진 내용들은 현재까지의 기독교교육학은 크게 신학과 사회과학(특히 교육학)의 영향 속에서 학문성을 정립하려는 노력을 해왔다는 것이다. 그럼으로써 기독교교육학은 타 분과학문에 의존함으로써 독자적인 학문성을 확보하지 못했다는 것이다.

  이 같은 사실은 미국과 독일, 그리고 한국의 기독교교육학의 동향을 살펴봄으로써 확인할 수 있었다. 이들 나라의 기독교교육학은 신학과 사회과학과의 관계에서 기독교교육학을 수립하려는 노력을 해왔다. 그러나 단순히 학문적인 차원에서가 아닌 자신들의 문제들을 해결하려는 역사적 동기가 배어 있었다.

종래의 기독교교육학이 학문성을 수립하지 못한 원인 중의 하나는 기독교교육을 기독교와 교육이라는 원소주의로 보았기 때문이다. 기독교교육학이 학문성을 갖추기 위해서는 기독교교육학을 전체로 보는 시각이 필요하다. 그렇지 않을 경우 기독교교육학은 단순히 기독교와 그와 관계있다고 여겨지는 내용들을 가르치는 것이 된다. 그리고 그러한 실천적 기능을 다하기 위해서는 여러 분과 학문들에 의존할 수밖에 없게 되는 것이다. 그래서 기독교교육학은 일반교육학의 체계를 따르게 된 것이다. 그런데 일반교육학의 하위전공영역들 자체가 교육의 본연의 가치를 충족시킬 수 없는 내용들이기 때문에, 그것이 기독교교육학에 그대로 대입될 경우 기독교교육학은 더욱 자신의 정체성을 상실할 수밖에 없다.

따라서 이런 문제들을 해결하기 위해서는 새로운 독자적인 기독교교육학을 수립하는 과제가 요청되는 것이다. 연구자는 이 같은 과제를 수행하기 위해 학문의 과학성 차원에서 볼 때, 기독교교육학은 학문의 최소 기본조건인 고유한 탐구 영역을 지녀야한다고 했다. 그리고 그것을 신앙을 가르치고 배우는 현상으로서의 기독교교육적 사실이라고 했다. 즉 기독교교육학은 일반교육학과 가르치고 배움이라는 차원에서 공통점을 가지나, 가르치고 배우는 현상 전체에 걸쳐서 독특성을 띠게 하는 영적인 신앙을 포함하는 가르치고 배우는 현상이야말로 기독교교육학의 탐구 영역이라고 했다. 기독교교육학은 바로 신앙을 가르치고 배우는 현상을 탐구하는 학문이다.

연구자는 그것을 수립하기 위해 학문의 내적 원리 설명에 유용한 구조주의적 방법을 이용하여 그 구조를 제시하였다. 기독교교육의 구조는 학생과 교사가 가르치고 배우는 과정인데, 그 과정은 가르침의 차원에서 환영-마련-소개-바람의 단계로 되어 있으며, 배움의 차원에서는 나옴－처함－접함－바뀜의 단계로 전개된다. 이 구조에는 또 다른 요소가 있는데 그것은 성령으로 가르침과 배움의 구조, 그리고 학습자와 교사의 차원 양편에 모두 작용한다고 보았다.

그러나 이 같은 기독교교육학의 정체성은 확정된 것이 아니다. 학문은 발전을 꾀하기 마련이고 기독교교육학 역시 그런 면에서 예외는 아니다. 더구나 현대의 학문 세계는 학제적 연구를 통해 자신의 분야를 좀 더 정교화하며 풍성하게 발전시켜나감으로써 정체성을 수립하고 있다. 기독교교육학 역시 정체성을 수립했다고 하더라도 그 정체성은 언제라도 변할 수 있는 것이다. 즉 정체성은 변하지 않는 것이 아니라 변화의 과정 속에 있는 주체성이라고 할 수 있다. 그래서 교류적 연구가 필요한 것이다.

교류적 연구는 두 방향에서 이루어져야 한다. 하나는 기존의 기독교교육학의 하위 전공영역들과의 관계에서이다. 즉 신학, 교육학, 심리학 등 사회과학들과의 교류를 통한 연구이다. 다른 하나는 기독교교육학의 구조적 차원에서의 교류이다. 즉 앞에서 언급한 신앙을 가르치고 배우는 구조를 좀 더 정교화하기 위한 의도에서 관계된 구조주의나 인식론 등에 대해 관심을 갖는 것이 필요하다.

지금까지의 기독교교육학의 학문적 정체성에 대한 탐구의 결과, 전체적으로 다음과 같은 결론에 이른다. 첫째, 기독교교육학에서 학문성은 그 초기 탐구의 상황에서 '기독교교육학이 무엇이냐'는 정체성과 연관되어 있다. 기독교교육학은 '기독교교육이 무엇이냐'는 정의에 따라 연구의 방향이 다양했다. 그 같은 연구에서의 기독교교육학은 기독교교육의 정의에 후속하는 학문이었다. 그럴 경우, 기독교교육의 학문성은 기독교교육에 대한 누적적 정의 속에서 망각될 것이다. 기독교교육학은 '기독교교육이 무엇이냐'가 아닌 '기독교교육학이 무엇이냐'를 묻는 데서부터 탐구되어야 할 것이다.

둘째, 기독교교육학의 학문성 수립은 타학문과의 무연관성에서 출발해야 한다. 기독교교육학은 신학과 교육학을 포함하는 사회과학 사이에서 학문적 정체성을 수립하려고 해왔다. 신학과 사회과학과의 연관에서가 아닌 전체로서의 기독교교육학의 입장에 대한 연구는 소홀했다. 기독교교육학 자체를 출발점으로 삼는 입장에서의 연구만이 분과학문으로서의 지위를 확보할 수 있다. 그렇지 않을 경우, 기독교교육학은 모학문에 대한 종속적 학문의 지위를 탈피할 수 없다.

셋째, 기독교교육의 학문성은 신앙(신학이 아님)과 교육과 연관된 신앙교육에 대한 이론적 탐구이므로, 신앙적 성격의 학문성과 과학철학적 의미에서의 학문성을 동시에 소유하는 고유한 것이다. 여기서 논의된 기독교교육의 학문성은 과학철학적인 의미에서의, 즉 경험과학적인 의미에서나 철학적 의미에서의 학문성과는 다르다. 과학철학적 의미에서(특히 분석철학적 입장에서)의 학문성(과학성)의 공통적 기본전제들은 다음과 같다.[1] 우선, 과학적 언어가 있어야 한다. 어떤 과학의 언어든지 그 과학에서 유의미한 술어만을 포함해야 한다. 그리고 그 유의미한 술어들로부터 유의미한 문장을 구성할 수 있는 형성 규칙이 있어야 한다. 또한 과학의 명제들은 논리적 추리규칙에 의해 체계를 구성하여야 하며, 논리적 추리규칙에 의해 명제의 정당성을 합리적으로 논의할 수 있어야 하며, 명제의 체계로서의 과학이 그 체계성을 확보하기 위해서는 논리적 모순이 없어야 한다. 무엇보다 경험주의적 과학성이다. 즉 "순수한 사고에만 의존하고 관찰이나 실험 등을 통한 경험적인 검사를 하지 않고서는 현실세계의 성질이나 관계 및 법칙에 관한 정보와 지식을 얻을 수 없다."[2] 기독

---

1) 이초식, "과학성이란 무엇인가?", 「철학연구」27 (철학연구회, 1982), 75-85.

교교육학은 이와 같은 의미에서의 과학성을 배제하지 않는다. 기독교신앙교육의 현상을 이론적으로 탐구할 때, 과학적인 학문적 자세는 당연히 따라야 할 조건이다.

그럼에도 불구하고 기독교교육학은 과학적 이론에 의해 해명될 수 없는 초자연적인 차원을 갖고 있다. 그렇기 때문에 기독교교육학은 가치중립적이지 않다. 그러나 가치중립적이지 않은 학문이 오늘날 어디 있겠는가. 일종의 사회과학이라고도 볼 수 있는 기독교교육과 같은 학문에서는 주관과 대상이 완전히 분리되기가 어렵다. 즉 탐구 주관과 대상이 내적인 연관을 갖고 있는 신앙교육과 같은 현상에 대한 탐구는 사실상 가치중립적[3]이기 어렵다. 그러므로 가치중립성은 편견이나 선입견에서부터 가능한 한 벗어나자는 이상으로 보아야 할 것이다.[4]

다섯째, 기독교교육의 학문성은 활동으로서의 학문성이 아니라, 이론으로서의 학문성이다. 이것은 철학을 과학언어의 분석이나 과학의 논리로 보았던 논리실증주의와 철학을 활동으로 보았던 비트겐슈타인의 경우가 그 예가 될 것이다.[5] 기독교교육학은 일반적으로 그것 자체로 탐구되기(예를 들어, 과학철학적으로)보다는, 현실 상황에 대처하기 위한 학문, 즉 행위적 성격이 강했다. 기독교교육학 자체가 무엇인지는 이미 아는 것으로 전제하고, 현실적 문제를 해결하기 위한 구체적인 대안들까지 제시하고 있지만, 그 배후에 있는 기독교교육학의 학문적 성격은 각기 다른 형편이다. 기독교교육학의 이 같은

---

2) Stegmüller, *Hauptströmungen der Gegenwartsphilosophie*, Band I (Kröner, 1969), 346. 이초식, "과학성이란 무엇인가?", 82 재인용.
3) 학문성과 관련된 가치중립성에 대해서는 *Ibid.*, 70 – 75 참조.
4) 이영호, "논평", 「철학연구」27 (철학연구회, 1982), 98 – 99.
5) 이초식, "과학성이란 무엇인가?", 88.

상황은 그 학문성이 아직도 정립되어 있지 못하다는 반증이 된다. 기독교교육의 학문성은 현실적 요구에 응답하려는 차원에서는 수립되지 못할 것이다. 기독교교육 그 자체에 대한 과학적 탐구만이 그 학문성 확보의 가능성이다. 이론과 행위적 성격이라는 두 가지 기독교교육학 탐구의 방향은 이론이 우선되고 행위가 뒤따르는 순서로 탐구되어야 할 것이다. 그것이 행위적 성격의 학문 탐구에도 도움이 되며 보다 효율적인 대안 제시도 가능할 것이다.

이 책의 공헌은 우선 이론적인 면과 실천적인 면에서 찾아볼 수 있다. 이론적 공헌은 첫째, 기독교교육학의 학문성이 신학과 사회과학 사이에서 성립된다는 일반적 인식에 대해 기독교교육학은 타 분과학문에 의존하지 않는 차원에서 수립되어야 한다고 제안한 점이다. 둘째, 자율적 학문으로서의 기독교교육학을 수립하기 위한 구체적 내용(탐구영역, 구조, 인식론 등)을 언급했다는 점이다.

실천적 공헌은 이론적 공헌으로부터 나온다. 기독교교육학을 신앙의 가르침과 배움이라고 했을 때, 그 같은 기독교교육적 현상은 세계에 널려 있으며 그것들을 정연한 논리에 의해 규명해 내는 것이 기독교교육학의 과제이다. 그렇다면 기독교교육적 현상은 이미 기독교교육을 하고 있는 교회, 교회학교, 목회현장, 그리고 가정에 존재하고 있다. 그렇기 때문에 그 모든 현장들을 여기서 논의한 기독교교육학의 원리를 따라 수용한다면 교육목회에 대한 새로운 접근이 될 뿐만 아니라 열매를 맺는 노력이 될 수 있을 것이다.

이 책의 다른 공헌은 기독교교육을 일반교육과 차별화시키는 요소를 영적인 성격으로 보고 그와 같은 입장에서 기독교교육의 학문성을 논의함으로써 기독교교육을 하나님의 교육(Educacio Dei)으로 회복시켰다는 것이다. 사실 기독교교육학은 영적인 면은 교육의 범위

밖이라고 전제하고 논의되어 왔다. 그러나 영적인 성격이 기독교교육의 본질적인 문제라면 이 문제를 회피할 것이 아니라 대면해야 할 것이다.

그러나 이 책의 한계와 아쉬움이 남는다. 무엇보다 제기된 문제들에 대해 충분한 논의를 하지 못했다는 것이다. 예를 들어 학문성에 대한 과학철학적 입장에서 충분한 논의를 전개하지 못했으며, 구조주의적 방법에 대해 실례를 들어 설명하지 못했으며, 기독교신앙교육현상의 구조로 제시된 내용에 대한 현상학적 설명이 뒷받침되지 못했으며, 기독교신앙교육의 구조를 교육목회와의 연관에서는 설명하지 못했으며, 기독교교육학의 타학문과의 교류적 연구의 예가 제시되지 못한 아쉬움이 있다. 이 같은 여러 문제들은 개별적으로 또 하나의 연구 과제가 될 수 있는 것들이며 기독교교육학의 정체성 수립과 관련된 앞으로의 과제가 될 것이다.

이 책의 후속적 연구 또는 과제는 앞에서 한계로 언급한 문제들이 될 수 있을 것이다. 이와 더불어, 여기서 제시한 교육 구조의 하부 구조를 보다 정교화하기 위한 탐구를 할 수 있을 것이다. 그리고 목회 현장에서 구체적 영역에 대해, 예를 들어 설교, 예배 등에 이론 적용을 해보고 그 타당성을 따져 보아 이론 수정에 도움이 될 수 있겠다.

이 책은 일관되게 '기독교교육학이 무엇인가'에 대해 탐구해왔다. 그 과정에서 기독교교육학은 신앙을 가르치고 배우는 현상에 대한 탐구라고 했다. 그리고 그 신앙교육이 어떻게 전개되고 있는지 그 구조를 제시했다. 그러나 그 구조를 충분히 발전시키기 위해서는 많은 노력이 필요할 것이다. 가르침과 배움으로 이루어지는 기독교교육의 구조는 대단히 단순해 보이지만 그것은 현 단계에서 그렇게 보일 뿐이다. 만일 충분한 연구가 수행된다면 그 단순해 보이던 구조는 무척 복잡한 사실이라는 것이 밝혀질 것이며, 그에 대한 탐구를 중단하지 않는 한 가르침과 배움의 신앙교육구조는 더욱 더 정체를 드러낼 것이다. 그렇게 됨으로써 기독교교육을 더 잘 이해하게 되고 그만큼 효과적인 교육 행위가 가능해질 것이다. 이 책이 그 발판으로서의 역할을 감당하기를 바랄 뿐이다.

참고문헌

강용원. "기독교교육학의 성격과 구조". 「논문집」12. 부산: 고신대학교, 1984.

강용원. "기독교교육의 사회과학적 접근에 대한 비판적 연구: 논평". 「성경과 신학」21. 서울: 도서출판 횃불, 1997.

강용원. "기독교교육과 신학". 총신대학교 기독교교육연구소 강좌, 2003.

고용수. "교회교육의 신학적 기초". 「기독교사상」325, 1985 · 7.

고용수. "기독교 교육의 신학적 접근이론: 1950년대 Neo-Orthodoxism에 기초한 교육 사상". 「교회와 신학」20. 서울: 장로회신학대학, 1988.

강내희. "분과학문 체계의 해체와 지식생산의 '절합적 통합'". 「문화과학」11, 1997 · 봄.

강희천. 『기독교교육사상』. 서울: 연세대학교 출판부, 1991.

강희천. 『종교심리와 기독교교육』. 서울: 대한기독교서회, 2000.

김광식. 『조직신학』Ⅱ. 서울: 대한기독교서회, 1990.

김균진. 『기독교조직신학』Ⅰ. 서울: 연세대학교 출판부, 1984.

김남두. "서양학문의 형성과 학문 분류의 기본 원칙". 소광희 외. 『현대의 학문 체계: 대학에서 무엇을 배울 것인가』. 서울: 민음사, 1994.

김득룡. "기독교 교육철학의 원천" 「신학지남」32:1. 서울: 신학지남사, 1965.

김득룡. 『기독교교육학 원론』. 서울: 총신대출판부, 1976.

김성재. "한국 기독교교육의 위상 모색: 한국적 삶의 상항에서". 「기독교교육」296, 1993 · 3.

김양원. 「신학의 학문성에 관한 연구: W. 판넨베르크를 중심으로」. 석사학위 논문. 광주: 호남신학대학교 대학원, 1998.

김영식 · 임경순. 『과학사 신론』. 서울: 다산출판사, 1999.

김완진 외.『학문의 길라잡이』. 서울: 청림출판, 1996.

김용섭. "일반 교육과 기독교교육에 있어서의 교육과정 및 교수-학습의 개념에 대한 비교연구".「고신대학 논문집」15, 1987.

김정근 편.『한국사회과학의 탈식민성 담론 어디까지 와 있는가』. 서울: 지식산업사, 2000.

김현숙. "실천신학의 연구방법론".「기독교교육정보」1. 한국기독교교육정보학회, 2000.

노윤백. "한국에서의 기독교교육 정립을 위한 기초요인 연구".「복음과 실천」14. 대전: 침례신학대학 출판부, 1991.

목창균. "슐라이에르마허의 종교관:『종교론』초판을 중심으로".「신학과 선교」13. 부천: 서울신학대학교, 1988.

문동환.『인간해방과 기독교교육』. 서울: 한신대출판부, 1979.

문동환.『교회교육 지침서』. 서울: 한국기독교장로회, 1970.

문동환. "행동신학과 신학교육".「신학연구」27. 오산: 한신대학 신학부, 1985.

박 현. "김용옥! 老子 말하면서 버터냄새 풍기지 말라".「신동아」486. 서울: 동아일보사, 2000·3.

박봉수.「기독교교육의 새로운 파라다임 형성을 위한 한 연구: 최근의 실천신학 논의를 중심으로」. 박사학위논문. 서울: 장로회신학대학교 대학원, 1994.

박문옥. "구조주의와 교육의 가능성".「성령과 신학」1. 안양: 순복음신학대학, 1990.

박종석.「한국에서의 기독교교육학의 학문성에 대한 연구」. 박사학위논문. 부천: 서울신학대학교 대학원, 2000.

박종석. "한국 기독교교육학의 성격과 전망".「교수논총」16. 부천: 서울신학대학교, 2004.

박종석. "한국 기독교교육학의 성격과 전망: 1960-1999년을 중심으로".『21세기 한국 교회교육의 과제와 전망: 고용수 교수 은퇴기념 논문집』. 서울: 장로회신학대학교 기독교교육연구원, 2007.

백낙청 편.『현대 학문의 성격: 전통의 재편과 새로운 영역의 출현』. 서

울: 민음사, 2000.

소광희. "결론: 학문의 이념과 분류".『현대의 학문 체계: 대학에서 무엇을 배울 것인가』. 서울: 민음사, 1994.

손승희.『기독교교육학』. 서울: 기독교방송, 1984.

송순재. "기독교교육학의 학문적 가능성".『종교다원주의와 한국적 신학: 변선환 학장 은퇴기념논문집』. 천안: 한국신학연구소, 1992.

심광현. "전자복제시대와 이미지의 문화정치".「문화과학」9, 1996·봄.

양미경. "질문의 생성을 촉진하는 교육적 조건연구".「교육학연구」33:1, 1995.

엄태동.「교육적 인식론 연구: 키에르케고르와 폴라니의 교화적 방법에 대한 교육학적 고찰」. 박사학위논문. 서울대학교대학원, 1998.

오만록. "교육학의 학문적 발전과정과 성격에 관한 고찰".「논문집」4. 나주: 동신대학교, 1991.

오인탁.『기독교교육』. 서울: 종로서적, 1984.

오인탁. "기독교교육철학". 오인탁 외편.「기독교교육론」. 서울: 대한기독교교육협회, 1984.

오인탁.『현대교육철학』. 서울: 서광사, 1990.

오인탁. "한국 기독교교육학 연구사". 한국문화연구원 편.『한국신학연구 50년』. 서울: 혜안, 2003.

윤병희. "교육연구의 방법론적 다원주의: 축복인가 문제인가?".「숙명여자대학교 논문집」34, 1993.

윤응진. "기독교교육과 정치."「한신논문집」7. 오산: 한신대학교, 1990.

윤응진. "기독교교육의 정치적 기능과 관제: 현대 독일의 기독교교육론의 전개를 중심으로".「기독교교육논총」2. 한국기독교교육학회, 1997.

은준관.『교육신학: 기독교교육의 이론적 근거』. 서울: 대한기독교서회, 1976.

은준관. "기독교교육의 신학적 기초". 오인탁 외편.『기독교교육론』. 서울: 대한기독교교육협회,1984.

은준관.『기독교교육현장론』. 서울: 대한기독교출판사, 1988.

은준관. "한국 기독교교육의 위상 모색: 교육신학적 입장에서".「기독교교육」296, 1993 · 3.

이귀윤. "교육학의 학문적 성격에서 본 교육연구의 과제". 「논총: 교육학편」50. 서울: 이화여자대학교 한국문화연구원, 1986.

이규민. "탈근대화 시대의 기독교교육과제 설정을 위한 신학적 고찰: 몰트만의 사회적 삼위일체론을 중심으로". 한국기독교학회 편.『포스트모더니즘과 탈식민주의 시대의 신학』. 천안: 한국신학연구소, 1996.

이기상. "이 땅에서 철학하기. 탈중심시대에서의 중심 잡기". 우리사상연구소 편.『이 땅에서 철학하기: 21세기를 위한 대안적 사상 모색. 서울: 솔, 1999.

이남인. "후설".『103인의 현대 사상』. 서울: 민음사, 1996.

이성규. "동양의 학문 체계와 그 이념." 소광희 외.『현대의 학문 체계: 대학에서 무엇을 배울 것인가』. 서울: 민음사, 1994.

이숙경. "기독교교육의 사회과학적 접근에 대한 비판적 연구". 「성경과 신학」21, 1997.

이영호. "논평(과학성이란 무엇인가?)". 「철학연구」27. 철학연구회, 1982.

이정근. "한국문화 안에서의 기독교교육의 한 연구: 한국문화의 정태성과 관련하여". 「신학사상」17. 서울: 한국신학연구소, 1977.

이정근. "기독교교육과 신학의 관계". 출판위원회 편. 「조종남 목사 회갑기념논문집」. 서울: 기독교대한성결교회 출판부, 1987.

이정우. "20세기 한국과 사유의 변환."「emerge」. 서울: 중앙일보사, 1999 · 12.

이정효. 「성인신앙교육에 관한 한 연구」박사학위논문. 서울: 이화여자대학교 대학원, 1986.

이정효.『현대성서교육론: 이론과 실제』. 서울: 성광문화사, 1996.

이종각.『교육사회학 신강』. 서울: 동문사, 1995.

이진우.『한국 인문학의 서양 콤플렉스』. 서울: 민음사, 1999.

이초식. "과학성이란 무엇인가?". 「철학연구」27. 철학연구회, 1982.

이향명. 「칼 에른스트 닢코의 기독교교육철학 연구」박사학위논문. 오산: 한신대학교 대학원, 1999.

이홍구.『학문론 서설』. 서울: 경인문화사, 1988.

임병덕. “키에르케고르의 ‘상심’의 개념: 교육적 전달에 주는 시사”. 「교육이론」5:1. 서울: 서울대학교 사범대학 교육학과, 1990.

임석진 외편. 『철학사전』. 서울: 중원문화, 1994.

임창복. “기독교교육과 신학”. 「교회와 신학」18. 서울: 장로회신학대학, 1986.

임창복. “기독교교육과 신학의 관계”. 「기독교사상」331, 1986·7.

장상호. “교육학의 비본질성”. 「교육이론」1:1. 서울: 서울대학교 사범대학 교육학과, 1986.

장상호. “학문공동체의 지적 풍토에 대한 소고”. 「서울대학교 사대논총」47. 서울: 서울대학교 사범대학, 1993.

장상호. 『학문과 교육(상): 학문이란 무엇인가?』. 서울: 서울대학교 출판부, 1997.

전 철. “주체성·타자성·연대성”. 「한신논총」9. 오산: 한신대학교 대학원, 1999.

정소영. “상담과 기독교교육: ‘진리가 자유케 하리라’”. 부천: 서울신학대학교 기독교교육연구소 편. 『기독교 교육개론』. 서울: 기독교대한성결교회 출판부, 1994.

정소영. 『상담과 기독교교육』. 서울: 한국장로교출판사, 2000.

정웅섭. “신학과 교육 사이”. 「신학사상」20. 서울: 한국신학연구소, 1978·봄.

정웅섭. 『기독교교육의 이론과 실제』. 서울: 대한기독교출판사, 1981.

정웅섭. “기독교교육에 대한 신학적 조명: 교회교육의 장을 중심으로”. 「신학연구」32. 오산: 한신대학 신학부, 1991.

조동일. 『우리 학문의 길』. 서울: 지식산업사, 1993.

최성수. “신학은 학문인가?”. 「기독교사상」477, 1998·9.

최성욱. “교과교육학 논의의 반성적 이해와 대안적 접근”. 「교육원리연구」1:1. 서울대학교 교육원리연구회, 1996.

최성찬. “교육의 종교신학적인 해석”. 「계명신학」5. 대구: 계명대학교 신학연구소, 1990.

최성찬. “신학이 기독교교육의 학문적 기초가 되는 이유”. 「기독교교육논총」3. 한국기독교교육학회, 1998.

최종진. "인간 창조에서 하나님의 형상 이해: 인성교육의 목표로서". 「신학과 선교」. 부천: 서울신학대학교, 1996.

한숭홍. 『기독교교육철학사상』. 서울: 장로회신학대학교 출판부, 1991.

한숭홍. "기독교 교육학의 철학적 이론형성". 「교회와 신학」14. 서울: 장로회신학대학, 1982.

한숭홍. "기독교 교육철학이란 무엇인가?". 「신학사상」38. 서울: 한국신학연구소, 1982 · 가을.

한숭홍. "기독교 교육철학이란 무엇인가?". 오인탁 외편. 『기독교 교육론』 증보신판. 서울: 대한기독교교육협회, 1985.

한춘기. "김득룡의 기독교교육관". 「기독교교육논총」3. 한국기독교교육학회, 1998.

허영식. "독일 교육학의 역사와 이론". 초등교육연구소 월례 교수세미나, 1999. 5.

Adams, Carol Chou. "The Role of Philosophy and Theology in Christian Education". 「신학과 사회」2. 전주한일신학교, 1982.

Astley, Jeff. *The Philosophy of Religious Education*. Birmingham, AL: Religious Education Press, 1994.

Barth, Karl. *Die Kirchliche Dogmatik I / 1*. G. W. Bromiley. Trans. *Church Dogmatics I / 1: The Doctrine of the Word of God*. Edinburgh: T. & T. Clark, 1975.

Bigge, M. & Shermis, S. *Learning Theories for Teachers*. New York: Longman, 1999.

Blackledge, David and Hunt, Barry. *Sociological Interpretations of Education*. Croom Helm, 1985.

Blanchette, Melvin. "Pastoral Counseling and Spiritual Direction." Lee, James Michael, Ed. *Handbook of Faith*. Birmingham, AL: Religious Education Press, 1990.

Boehlke, Robert R. *Theories of Learning in Christian Education*. 김형태 역. 『기독교교육의 학습이론』. 서울: 백록출판사, 1983.

Boys, Mary C. *Biblical Interpretation in Religious Education*. Birmingham, AL: Religious Education Press, 1980.

Boys, Mary C. "The Standpoint of Religious Education". *Religious Education* 76:2. March−April 1981.

Bromiley, Geoffrey W. Ed. *Theological Dictionary of the New Testament*. 『신약성서신학사전』. 서울: 요단출판사, 1986.

Brown, L. B. *The Human Side of Prayer*: *The Psychology of Praying*. Birmingham, AL: Religious Education Press, 1994.

Brueggemann, Walter. *The Creative Word*: *Canon as a Model for Biblical Education*. Philadelphia: Fortress Press, 1982.

Burgess, Harold W. *An Invitation to Religious Education*. Indiana: Religious Education Press, 1975.

Cliff, Wallace B. *Jung and Christianity*: *The Challenge of Reconciliation*. 이기춘 · 김성민 역. 『융의 심리학과 기독교』. 서울: 대한기독교출판사, 1984.

Conrad, Robert L. "A Hermeneutic for Christian Education". *Religious Education* 81:3, 1986.

Cully, Kendig Brubaker. *The Search for a Christian Education −since 1940*. Philadelphia: Westminster Press, 1965.

Descartes, René. *Discours de la méthode*. 김형효 역, 『방법서설 외』. 서울: 삼성출판사, 1976.

Durkheim, Emile. *Le suicide*. 김충선 역. 『자살론』. 서울: 청아, 1994.

Dykstra, Craig. *Vision and Character*: *A Christian Educator's Alternative to Kohlberg*. New York: Pilgrim Press, 1981.

Elliott, Harrison S. *Can Religious Education Be Christian?*. New York: The Macmillan Company, 1940.

Enger, Trond "Religious Education Between Psychology and Theology". *Religious Education* 87:3, Summer 1992.

Ferre, Nels F. S. A. *Theology of Christian Education*. 이정기 역. 『기독

교교육신학』. 서울: 보이스 사, 1979.

Fowler, James W. "Toward A Developmental Perspective on Faith". *Religious Education* 69, March－April 1974.

Fowler, James W. *Stages of Faith: the Psychology of Human Development and the Quest for Meaning.* San Francisco: Harper and Row, 1981.

Fryberg, Elizabeth A. "Transforming Bible Study Transformed". *Religious Education* 88:2, Spring 1993.

Gilligan, Carol. *In a Different Voice: Women's Conceptions of Self and of Morality.* 허란주 역.『다른 목소리로』. 서울: 동녘, 1997.

Groome, Thomas H. "Christian Education: A Task of Present Dialectical Hermeneutics". *Living Light* 14:3, Fall 1977.

Groome, Thomas H. *Christian Religious Education: Sharing Our Story and Vision.* San Francisco: Harper & Row, 1980.

Groome, Thomas H. *Sharing Faith: A Comprehensive Approach to Religious Education and Pastoral Ministry.* San Francisco: Harper Colins, 1991.

Hanson, Norwood Russell. *The Patterns of Discovery: An Inquiry into the Conceptual Foundations of Science.* 송진웅 역.『과학적 발견의 패턴: 과학의 개념적 기초에 대한 탐구』. 서울: 민음 사, 1995.

Harris, Maria. *Fashion Me A People: Curriculum in the Church.* Westmin－ster: John Knox Press, 1989.

Hemel, Ulrich. *Theorie der Religionspädagogik.* München: Kaffke, 1984.

Henderlite, Rachel. "Elements of Unpredictability which Create Difficulties in a Precise Definition of Christian Education". *Religious Education* 62:5, Sep－Oct. 1967.

Hess, Carol Lakey. "Educating in the Spirit". *Religious Education* 86:3, 1991.

Hirst, Paul H. "교육이론". Hirst, Paul H. ed. *Educational Theory and Its Foundation Disciplines.* 최원형 외역.『교육이론과 그 기초학

문들』. 서울: 문음사, 1988.

Horne, Herman H. *Teaching Techniques of Jesus.* 박영호 역.『예수님의 교육방법론』. 서울: 기독교문서선교회, 1980.

Howe, Reuel L. *The Miracle of Dialogue.* 김관석 역.『대화의 기적』. 서울: 대한기독교교육협회, 1965.

Hwa−Seok Yoon. *Religionspädagogik und Religionsdidaktik als konstruktiv− kritische Wissenschaft,* Dissertation, Universität Augsburg, 1997.

James, Barry J. and Curtis A. Samuels, "High Stress Life and Spiritual Development". *Journal of Psychology and Theology.* Fall 1999.

Jean Piaget. "Structure and Structuralism". Keat, Russell, and John Urry. Ed. *Social Theory as Science.* 김태수 역.『구조주의의 이론』. 서울: 인간사랑, 1990.

Kierkegaard, Sören. *Concluding Unscientific Postscript to the Philosophical Fragments.* Trans. Swenson, D. and W. Lowrie. Princeton: Princeton University Press, 1941.

Kierkegaard, Sören. *Philosophical Fragments* or *A Fragment of Philoso- phy.* 손재준 역.『철학적 단편』. 서울: 삼성출판사, 1976.

Kierkegaard, Sören. *Practice in Christianity.* 임춘갑 역.『그리스도교의 훈련』. 서울: 평화출판사, 1978.

Kierkegaard, Sören. *Works of Love.* ed. and trans. H. Hong & E. Hong. Princeton: Princeton University Press, 1995.

Knox, Ian P. *Above or Within: The Supernatural in Religious Education.* Birmingham, AL: Religious Education Press, 1976.

Lee, James M. *The Shape of Religious Instruction: A Social Science Approach.* Mishawaka, IN: Religious Education Press Inc., 1971.

Lee, James M. *The Flow of Religious Instruction: A Social Science Approach.* Dayton, OH: Pflaum Press, 1973.

Lee, James M. "Religious Education and the Bible: A Religious Educa- tionist's View". Marino, Joseph S. Ed. *Biblical Themes in Religious*

Education. Birmingham, AL: Religious Education Press, 1983.

Lee, James M. *The Content of Religious Instruction*: *Social Science Approach*. Birmingham, AL: Religious Education Press, 1985.

Lee, James M. "Growth in Faith through Religious Instruction". Lee, James M. Ed. *Handbook of Faith*. Birmingham, AL: Religious Education Press, 1990. 267－71.

Loder, James. E. "Interdisciplinary Studies". Cully, Iris V. and Kendig B. Cully. Eds. *Harper's Encyclopedia of Religious Education*. San Francisco: Harper & Row, 1990.

Loder, James. E. *The Transforming Moment*: *Understanding Convictional Experience*. San Francisco: Harper and Row, 1981.

Lyotard, Jean－François. *La Condition Postmoderne*. 이현복 역. 『포스트모던의 조건』. 서울: 민음 사, 1992.

Lämmerman, G. *Grundriß der Religionsdidaktik*, Stuttgart, Belrin und Köln, 1991.

Meissner, W. W. *Psychoanalysis and Religious Experience*. New Haven and London: Yale University Press, 1984.

Miller, Donald E. "Christian Education as a Contextual Discipline". *Religious Eucation* 62:5, Sep－Oct. 1967.

Moore, Allen J. "학문으로서의 종교교육". Taylor, Marvin J. Ed. *Changing Patterns of Religious Education*. 이기문 역. 『기독교교육의 새 방향』. 서울: 대한예수교장로회총회 교육부, 1985.

Moore, Mary Elizabeth. *Education for Continuity & Change*: *A New Model for Christian Religious Education*. Nashville: Abingdon Press, 1983.

Moran, Gabriel. *Religious Education as a Second Language*. Birmingham, AL: Religious Education Press, 1989.

Mudge, Lewis, and James Polding. Ed. *Formation and Reflection*. Phila－delphia: Fortress, 1987.

Neve, Juergen L. and Otto W. Heick. *A History of Christian Thought*:

History of Christian Doctrine. 서남동 역.『기독교 교리사』. 서울: 대한기독교서회, 1992.

Nipkow, Karl Ernst. *Christliche Erziehung und Glaube.* 오인탁 역.『기독교교육과 신앙』. 서울: 홍성사, 1983.

Oates, Wayne E. *The Psychology of Religion.* 정태기 역.『현대 종교심리학』. 서울: 대한기독교서회, 1994.

Palmer, Parker J. *To Know as We Are Known Education as a Spiritual Journey.* San Francisco: Harper & Row, 1983.

Pažmino, Robert W. *By What Authority Do We Teach?.* Grand Rapids, MI: Baker Book House, 1994.

Piaget, Jean. *Main Trends in Interdisciplinary Research.* 오세철 역.『현대학문체계와 그 엇물림』. 서울: 연세대학교 출판부, 1980.

Reichert, Richard. *A Learning Process for Religious Education.* 박종석 역.『기독교교육의 학습과정』. 서울: 대한기독교서회, 1997.

Rogers, Carl R. *Freedom To Learn for the 80's.* Collumbus, Ohio: Charles E. Merrill Publishing Company, 1983.

Rogers, Frank Jr. "Dancing with Grace: Toward a Spirit-Centered Education". *Religious Education* 89:3, Summer 1994.

Ryle, Gilbert. *The Concept of Mind.* 이한우 역.『마음의 개념』. 서울: 문예출판사, 1994.

Schipani, Daniel S. "Christian Religious Education and Revelation in a Culture of Disbelief." *Religious Education* 92:2, Spring 1997.

Schmid, Jeannine. *Religion, Montessori, and the Home: An Approach to the Religious Education of the Young Child.* 박종석 역.『가정에서의 몬테소리 기독교교육』. 서울: 한국교회교육협회, 1989.

Seymour, Jack and Miller, Donald E. *Contemporary Approaches to Christian Education.* Nashville: Abingdon, 1982.

Shields, David. "Friendship: Context and Content of Religious Education." *Religious Education* 91:1, 1996.

Smith, Wilfred Cantwell. *The Meaning and End of Religion*. 길희성 역. 『종교의 의미와 목적』. 경북, 왜관: 분도출판사, 1991.

Stein, Robert H. *The Method and Message of Jesus' Teachings*. Philadelphia: The Westminster Press, 1978.

Stock, Alex. Hrsg. *Religionspädagogik als Wissenshaft*. Zürich, Einsiedeln, Köln: Benziger Verlag, 1975.

Streib, Heinz. "The Religious Educator as Story-Teller: Suggestions from Paul Ricoeur's Work." *Religious Education* 93:3, Summer 1998.

Taylor, Marvin J. Ed. *Religious Education: A Comprehensive Survey*. New York: Abingdon Press, 1960.

Taylor, Marvin J. *An Introduction to Christian Education*. New York: Abingdon Press, 1966.

Taylor, Marvin J. *Foundations for Christian Education in an Era of Change*. Nashville: Abingdon Co., 1970.

Taylor, Marvin J. *Changing Patterns of Religious Education*. Nashville: Abingdon Press, 1984.

Valis Deux. 『學文の しくみ 事典』(Gakumon no Shikumi Jiten). 오상현 역. 『학문의 구조사전』. 서울: 더난출판사, 1996.

Warren, Michael. "Catechesis: An Enriching Category for Religious Education". *Religious Education* 76:2, March-April 1981.

Weisgerber, J. Leo. Muttersprache und Geistesbildung. 허발 역. 『모국어와 정신 형성』. 서울: 문예 출판사, 1993.

Westerhoff III, John H. Will our Children Have Faith?. 정웅섭 역. 『교회의 신앙교육』. 서울: 대한기독교교육협회, 1984.

Westerhoff III, John H. "A Discipline in Crisis". *Religious Education* 74:1, January-February 1979.

Westerhoff III, John H. and William H. Willimon, *Liturgy and Learning through the Life Cycle*. 박종석 역. 『교회의 의식과 교육』. 서울: 베드로서원, 1992.

Westerhoff Ⅲ, John H. Ed. *Who are We?: The Quest for a Religious Education*. Birmingham, AL: Religious Education Press, 1978.

Whitehead, Alfred N. *Process and Reality: an Essay in Cosmology*. 오영환 역. 『과정과 실재: 유기체적 세계관의 구상』. 서울: 민음사, 1991.

Wink, Walter. *The Bible in Human Transformation: Toward a New Paradigm for Biblical Study*. Philadelphia: Fortress Press, 1973.

Wink, Walter. *Transforming Bible Study*. Nashville: Abingdon Press, 1980.

Wittgenstein, Ludwig. *Philosophische Untersuchungen*. 이영철 역. 『철학적 탐구』. 서울: 서광사, 1994.

Wulf, Christoph. *Theorien und Konzepte der Erziehungswissenschaft*. 정은해 역. 『해석학·경험론·비판론 사이에서의 교육학』. 서울: 철학과현실사, 1999.

Wyckoff, D. Campbell and George Brown, Jr. Eds. *Religious Education, 1960-1993: An Annotated Bibliography*. Wesport, Conneticut·London: Greenwood Press, 1995.

Wyckoff, D. Campbell. "Toward a Definition of Religious Education as a Discipline". *Religious Eucation* 62:5, Sep-Oct. 1967.

주 제

그 림

박종석

서울신학대학교 기독교교육과(B.A.)
연세대학교 대학원 신학과(Th.M.)
한국 4개 신학대학교(감리교신학대학교, 서울신학대학교, 장로회신학대학교,
    한신대학교) 공동 박사학위과정(Ph.D.)

<현재>
서울신학대학교 기독교교육과 교수
한국복음주의신학회, 한국기독교교육학회, 한국복음주의 기독교교육학회 편집위원

<저서>
「기독교교육의 지형도」, 「기독교교육학의 선구자들」, 「기독교교육심리학」 외

기독교 교육학은 무엇인가?

- 초판 인쇄   2009년 10월 15일
- 초판 발행   2009년 10월 15일

- 지 은 이   박종석
- 펴 낸 이   채종준
- 펴 낸 곳   한국학술정보㈜
  경기도 파주시 교하읍 문발리 513-5
  파주출판문화정보산업단지
  전화   031) 908-3181(대표) · 팩스   031) 908-3189
  홈페이지   http://www.kstudy.com
  e-mail(출판사업부)   publish@kstudy.com
- 등   록   제일산-115호(2000. 6. 19)
- 가   격   25,000원

ISBN   978-89-534-8438-2 93230 (Paper Book)
          978-89-534-8439-9 98230 (e-Book)